發現
新北京

深度探索胡同人家的百種風貌

石詠琦

著

【推薦序一】

古都北京面貌已變，風華依舊

高長

　　改革開放35年，中國大陸快速崛起，經濟、社會、老百姓的價值觀等都已發生不同程度的變化，城鄉風貌更因為經濟發展，已大大改觀。

　　北京古都歷經世代更迭，這個城市早已在我們心中定了型，那兒有飽含故事的老胡同、莊嚴肅穆的紫禁城，以及萬頭鑽動的天安門和王府井大街，當然也有名聞遐邇、香氣四溢的全聚德。然而，隨著經濟全面快速發展，時間的推移與環境的改變，傳統的北京印象已逐漸開始不同。這本書帶領讀者認識由傳統走向現代、由閉鎖走向開放、不同風貌的北京城，久居北京的作者以臺灣人的角度，娓娓細數這千年古都的點點滴滴，其箇中三昧非短暫停留數日的觀光客所能體會。躍然於紙上的北京，或許會顛覆你所認為的北京曾經，值得你我細加品嚐。

　　本書安排有十八個篇章，涵蓋了老北京的文化與進步城市的繁華，不僅探討生活的文化，也涉及政治的文化。作者從北京近幾年的崛起為開頭，並談論到政治與社會的議題，作為傳統與現代北京的分水嶺，自此，一個進步且現代化的一線城市展露了它不同於以往的風貌；「王府井」、「大悅城」、「金融街」、「藍色港灣」等充滿「洋氣（臺灣所謂的「時髦」）」的紙醉金迷，已重重打破臺灣人對北京的土味印象。

　　「傳統懷舊的北京」一章述說現在，文情並茂，也保留了些許古韻風華，反映千年古都的深層底蘊；或許前往人氣鼎沸的天安門或紫禁城溜達，與人摩頂放踵甚感疲憊，不如往「五壇八廟」的方向前進，作者認為後者經過歷史風塵的洗鍊後，成為皇城之下最值得細細探究的景點。

　　回到現代化的北京生活，在繁華的外表下也隱藏著許多赤裸裸的艱辛，北漂或臺灣人在此處生活著實不易；其難處不外乎在語言習慣的差異，以及在北京的人情世故都需重新適應。本書作者針對這些問題的經驗談，觀察入微，對讀者而言，這些內容作為茶餘飯後聊天的題材，相當有趣，外地人入鄉隨俗，也有值得參考之處。

　　有人說「食」在中國，近來更有「舌尖上的中國」節目的播出，作者在書中提到的北京飲食文化，也是相當令人著迷，無論「鹵煮火燒」或是「宮廷小點」，鹹甜各具滋味，讀來令人舌底生津。儘管道地的北京飲食中，不乏臺灣民眾較難以接受的食物，如豆汁、驢肉或酸奶等，但在作者巧妙的文筆下，也就將這些看似食不下嚥的食物變為可口佳餚，更別說在北京必定吃一遭的烤串、火鍋涮羊肉以及烤鴨；光那羊肉的故事，其來龍去脈與不同部位的刀工紋理，作者皆細細描述，一股膩香彷彿從書頁中滴了下來，令人垂涎。在甜食小點方面，「稻香村」作為糕點業界龍頭，其產品在作者筆下的描述可說宣傳效果十足，北京飲食文化的迷人之處在此表露無遺。

　　另就社會、文化與飲食旅遊這三個層面來談此書值得閱讀之處。本書從社會層面上探討許多目前的北京社會現象，如第二篇「現代時尚的北京」、第五篇「北京的社會生活」、第十一篇「北京的教育難題」、第十二篇「北京的高大上」、第十三篇「北京的兩性之間」、第十五篇「北京人的工作效率」等六個篇章，帶領讀者細察這個古都，城市生活中飽含酸甜苦辣的社會議題。

　　就拿第五篇中的「上班族？擠死累死」一節來說，當中提及北京上班時間的交通現象，就算在天朝之下的那一個「大」，也容不了這城市中猶如沙丁魚般的

北京後海小巷裡的便民修車站。

人潮，無論自行開車的或是搭乘大眾交通運輸通勤的，都難以避免被困在三四五環裡頭轉悠，還沒打卡上班就已經先失了半條魂。不僅如此，該節還談論到北京上班族的薪資以及油費，以這樣一個進步的一線城市而言，上班族平均月薪約僅23,000元新台幣左右，但物價水平倒是高的嚇人，就連油費平均每公升都較臺灣貴上五元新台幣，要在此座城市討生活的北漂們著實辛苦。

　　本書對北京的「人文」特色也談了不少，例如第四篇「北京的文化符碼」、第六篇「北京人的性格特色」、第七篇「北京人的語言語詞」、第八篇「北京的人情世故」等，有感性，更有知性。雖然臺灣人與北京人說的話相去不遠，彼此在基本的溝通上沒啥大問題，但要在北京生活，不學幾個方言或幾句當地的順口溜，便彷彿與這座城市脫了節，那北京味兒也就失之毫釐差之千里也。本書對於與北京人溝通上所需注意與認識的語詞介紹，著墨甚多，讀來趣味橫生。

　　本書作者對北京社會、文化、商業和家居生活的解析，非常全面且精闢，有志前往北京或其它大陸一線城市工作或求學的臺灣人，建議多加細讀，一方面可做好一些社會環境適應上的心理準備，更快地融入這個城市的生活，另一方面，在工作上與北京人的應對進退，以及語言文字的使用，可有更好的掌握，工作和生活皆能得意。

　　對一般欲赴北京旅遊的民眾而言，當然也不能錯過閱讀本書。除了飲食文化，作者對北京風土人情、特色旅遊景點的介紹，生動有趣，尤其以第十八篇「北京郊區掠影」為例，若不想待在城中，成為紫禁城內或天安門廣場上那密密麻麻、萬頭鑽動的其中一員，不妨往城外走去，那兒雖不算觀光熱點，卻也不乏歷史古韻，還少了些社會化的痕跡與觀光客們的喧囂，值得一探究竟；例如「懷柔區」有雁棲湖與千年古剎紅螺寺，或是到「平谷區」賞桃花嚐農家菜，猶如臺灣也正流行的農村生態旅遊一般，親近大自然，都不失為瀏覽北京的好選擇，值得參考。

　　本人有幸與作者結緣，那是在20多年前中華民國企業經理協進會的場子，加上後來的四季會，在參與社團、投入公益活動的路上長期相處，對她的才華，以及為人處事態度印象深刻，更暗中學習而獲益不少。欣聞作者隻身赴京打拼多年有成，大作即將付梓，基於多年來的情誼，樂於為序推薦。

　　作者工作之餘，更勤於筆耕，她的著作等身，又都受到讀者的歡迎。本書對由傳統走向現的北京，有關風土人情、湖光山色、文化底蘊等方面的敘述，兼顧了感性和知性，值得大家細細品嚐。

【推薦人】

高長：原臺灣經濟研究院研究員，國安會副秘書長，行政院大陸委員會副主任委
　　　員，現為東華大學公共行政研究所教授。

【推薦序二】

談石詠琦老師新書

陳生民

「真正的發現之旅，不在於找尋新天地，而在於擁有新的眼光。」
——20世紀法國知名的小說家馬塞爾・普魯斯特（Marcel Proust）

許多思想家都引用過這段話，我在看完石詠琦老師寫的《發現新北京：深度探索胡同人家的百種風貌》這本書後，對這段話有更深刻的認識。

我喜歡在旅行中用相機記錄所看見的風景與人物，每當我回顧自己拍過的影像，常常被自己當時拍下的情景所感動，因為喚起了對當時情景霎那的感受，我稱之為「初見」，我想這可能是普魯斯特所說的「發現」（Discovery），即便經過了很長的時間，我還是記得自己的第一感受。但，不知道為什麼，當我在這個城市住下來後，那種「初見」的觸動就逐漸消失了。

詠琦老師在2006年的冬天來北京看我，當時我談到，要了解真實的中國大陸最好的方法就是在這裡住下來，在兩岸飛來飛去看到的都是皮毛，沒想到隔年她真的和我一樣移居北京。

北京是一個國際大都會，常住人口加上流動人口將近二千一百萬，面積一萬七千平方公里，人口相當於臺灣，面積則不到臺灣的一半。過去，我看到一些專家

喜歡談「從台北看天下」，處處拿北京和臺灣比較，有些觀點似乎也頗有新意，但是缺乏讓人感動，至少和我住在這裡超過十年的看法是違和的。因此，我才思考，什麼才是真正的「發現之旅」？怎麼才能一直用「初見」的眼睛看到新世界呢？

我發現「初見」是充滿了好奇、驚喜與欣賞，在第一印象中會拋除評判而無條件的接納。記得我1990年第一次到北京的時候，走在王府井大街，刮著大風、踩著落葉，一夜之間，所有的枝枒都禿了，隔年春天我再來時，看到枯枝上吐出嫩芽，二週之間，柳樹就能成蔭，這時才驚覺原來生命的更迭是一年一個循環，這個震撼直到現在記憶猶新。

然而，為什麼住下來後，「初見」的觸動會消失呢？因為我們又開始用老的眼光看這個世界，心裡就出現了各種比較和評判，比如說，這裡的秩序、衛生、禮貌與我們過去的經驗相比，產生了厭離，「初見」的接納、包容、欣賞等正面價值都不見了，替代的是談問題：為什麼交通那麼擁擠？為什麼辦事效率那麼差？為什麼同文同種，溝通起來卻總有這麼一道牆？

我想起以前讀過的一篇文章「初念淺，轉念深」，談到我們第一個跑進腦海的念頭往往是膚淺的，除非我們再經過思考與琢磨，那麼，「初見」是不是也是如此呢？

的確，「初見」有好奇、驚喜、和欣賞，但如果沒有探詢、反思、尋找與自己內在意圖與未來志向的關聯，「初見」就僅僅是一種印象，大多數的「初見」總是像劉姥姥進了大觀園，看見什麼事都是新鮮的，但這也許是一種桃花源的情結投射，也許是一種下里巴人的執著，並不是真正的事實。所以，當時間越久，接收訊息越來越多後，就會回到「全世界到哪裡都一樣」的舊思維、老窠臼中。

因此，我想真正的「發現之旅」，除了要時時保持「初見」的新視角外，還要時時探究自己當初為什麼來到這個城市？和自己內在的使命與信念映照，這

樣才會有「異鄉的視角與在地的情懷」。當我們在一個城市居住下來，我們的身分已經不再是異鄉人，但我們又能夠不被成見或俗氣所囿，那是我們多了一份關懷，時時省思我能為這裡做什麼？這也是讓我們常保「新鮮的眼光」和「接地氣的感知」。

　　在詠琦老師的文章中，我看到了北京從奧運之後一連串變化以及改革，從反腐倡廉的廟堂議題到小老百姓腳下穿的布鞋，她都有涉獵，就像是一本了解北京的小百科，但也有她獨特的評論觀點，例如：在「北京新農民」這篇文章中談到在北京近郊的大棚，「有的是草莓專業區，有的是花果區，也有的是蔬菜養殖區。……新農民都忙著多角化經營。他們有自己的『大棚網』專門開發休閒產業，不僅有採摘，還有『農家樂』、甚至還有民宿。大人小孩不但可以一日遊，年輕男女還可以來這裡拍婚紗。小朋友更可以親近大自然，回歸土地田園生活。」此外，新農民還會利用網路科技，如：「平谷縣資訊中心，在他們的資訊平台上，設立了一個『農校』專欄。不僅是可以教導農民一般大桃剪枝、蔬果和套袋技術。還和縣電視台合作，專門開設了科技講座點播，片長達三百分鐘。『網農』不但可以點播技術片斷，還可點播專家們的講座。據說，這個農業網的點擊率一直很高，目前已經有萬餘人次經常在網上瀏覽。」所以，農民的「新」不是由於他們的背景，而是他們的視野「新」。

　　讀詠琦老師的《發現新北京：深度探索胡同人家的百種風貌》這本書，會為你對北京帶來新的認知、新的想像，從而有新的聯結、新的感受，故樂意為之序。

【推薦人】
陳生民：北京清華大學經管學院領導力研究中心研究員。

【推薦序三】

千金難買早知道，你不懂得的真實北京

唐聖瀚

　　大陸對臺灣人來說是個感覺很熟悉，等到真的接觸到的時候才發現其實很陌生的地方，我因為工作關係來回大陸也有二十幾年，公司有不少大陸的客戶，每次到大陸大概都住上一個禮拜左右，在上海交通大學擔任客座教授也有四年時間，認識的朋友、教的學生每個都是大陸的企業主，自認為已經很懂大陸了，去年有個上海百貨公司的老總說我沒長住就不了解大陸，我心裡還有點不太服氣，結果到北京大學念博士長期住下來之後，才發現我是真的不懂大陸。

　　從最簡單的生活起居來說，以前出差大陸的時候住五星級飯店，樣樣方便已經舒服慣了，一碰到自己租房子住在外面就發現問題多多，位置好的公寓要找有關係的人才有機會訂下，還要跟派出所報備什麼的，所有的費用像是水、電、電話費、網路費用等等全部都要預繳，我們在臺灣習以為常的先消費後付款方式在大陸根本不存在，要開辦手機、上網這些事情都要填一堆表格、要證件、要照片，很多時候都是在辦這些生活小事，最令人氣結的是花很長時間還辦不成，像我在中國聯通辦了手機門號，想上網選方案儲值沒密碼，電話客服告知要本人帶證件去營業廳，排了一個小時隊之後被告知不能給密碼，密碼要在網路上實名認證後才給，我說請他現在辦因為我實人和實證都在場，客服說規定不能現場辦只

北京的交通景象。

能網路辦，但我就是上不了網路才來現場辦，像這類陷入無限迴圈的事在大陸一直發生，直到某天某人告訴你一個捷徑立刻就能辦好，你才恍然大悟原來照規定來一輩子也辦不好，在這裡辦事就是要找到門道才行，只能平心靜氣另外找方法，慢慢習慣這裡的模式。

　　和石詠琦老師結識是源於她在臺灣創辦非常知名的新世紀形象管理學院，成立十多年來以提升個人與企業的品質、品德、品管、品牌、形象、管理為宗旨，學院裡面的每個成員都必須具備高學歷及良好的形象，數年前的一次年會主講人無法出席，臨時推薦我代替上陣，這個偶然的機會讓我認識了石老師，石老師非常親切的邀請我加入學院，每年的學院活動都沒忘記找我參加。之後我為鳳凰網

撰寫臺灣博客時意外發現石老師已經是裡面非常熱門的知名作者，我受邀到新浪開設微博帳號時又看到石老師早已是微博的貴賓級大號，因為長期拜讀石老師專欄的關係，不知不覺中我早已成為石老師的諸多鐵粉之一，我想有這麼多的巧遇，代表我和石老師還是非常有緣份的。

當我住到北京的時候就立即向石老師請益，石老師對於一個算不上非常熟識的我，好幾次不辭辛勞橫越半個北京市來看我，給我許多生活上的指點和幫助，後來從各方面得知石老師的風格就是這樣，充滿著活力與熱情，不斷的提供無私的幫助給每個身邊的朋友們，難怪她會擔任這麼多學校的老師和各個協會組織的理事長，原來一個淑女就是這樣養成的。

關於本書《發現新北京：深度探索胡同人家的百種風貌》，石老師每寫完四篇文章就寄一次郵件給我，文章中從北京的思考模式到北京的食衣住行玩樂，深入淺出的完整勾勒出仍在跳躍式變化的北京現況，讀完全書後絕對讓讀者對北京又有更深層的認識，對於本書，我只能說出版得太晚，早讓我看過這本書，我在北京可以少繞很多圈，真正能「聽懂」北京人到底要告訴我們什麼事情，真正能了解臺灣人在北京的生活該如何過，在此謹向廣大的讀者們推薦本書。

【推薦人】
唐聖瀚：中華企業形象發展協會榮譽理事長、國立臺灣師範大學設計研究所助理
　　　　教授、北士設計負責人。

【序】
是偶然，不是必然

　　2005年春節前後，我突然萌生一個想到大陸走走的念頭。這距離我2001年夏天離開上海天津有五年的時間了。2001年，我結束了味全國際總監的工作，進入校園擔任講師，並且感於大學生在校內沒有禮貌，成立了一個禮儀學苑，此後，這個學苑延續至今，改名為新世紀形象管理學院。

　　離開企業界有著不為人知的不捨，主要是味全國際的總裁，也就是我的老闆黃南圖先生56歲英年早逝。他是我的學長、好友和貴人，我們認識將近二十年，一起工作，沒想到他發病只有半年時間，就因為肺癌去世。他去世後，我們辦公室打烊。這使我產生對於企業的畏懼，認為人生辛苦周折、努力打拼的結果，不過成了黃土一堆，實在不值得。因此，任何人此後找我出山，一律拒絕。

　　進入校園也是偶然。在我工作的最後幾天，我的秘書小邱說，有個學校急著找老師代課，我聽了一句就說：我去。原來是一位致理技術學院的老師難產，臨時缺老師帶秘書課。我到學校一看，系主任居然是我學弟，自此風生水起的執起教鞭，一口氣教了將近二十個學校，搞得天昏地暗，但是也因此決定了我日後的教育長途。

　　成立自己的學院後第五年，我帶著其他三位講師到了青島濟南，原因是想第一，我們沒到過山東；第二，我們想找找有沒有相關的教育資源；第三，想看看闊別已久的大陸（原來我們的企業總部在上海）。一個禮拜的旅程中，我們結識了家在濟南的王金嶺先生，他很熱心的介紹我們很多朋友。以致在那次旅程中，感覺大陸好像在對我們招手。

　　事實上，自1992年開始，幾乎每年都會因公或因私到大陸，對內地一點也不陌生，只是中間有2001～2005年之間的停格，有那麼一點「近鄉情怯」的感受。不過，即使在那次訪問之後，我們幾位都繼續各自的校園教職，直到次年一月，有個海峽兩岸的學生交流活動，才正式展開了寒暑假帶學生參訪大陸的行程。

　　2006年夏天，我帶著一群學生在北京訪問。一天清晨，我在校園晨跑，遇見一位正在打籃球的教授李道湘博士，他聽說我是臺灣來的，就問我是否有興趣在學校教外語。我一時興起答應試試看，他就派人給我面試通過，並且希望我這就留下來教書。我說，這批學生還要帶回去，而且在臺灣我還有很多學校的課、佳音電台的節目主持、以及很多演講邀約，於是他說下學期來吧！那就是2007年3月。

　　春節過後的2007年，我懷著興沖沖的念頭來到北京。住進了學校，見到了李道湘，沒想到他面有難色，告訴我學校的校長換了，意思很明顯，我這工作沒了。我這才意會到自己隻身來北京闖天下是個錯誤，擺著臺灣的好差事不幹，來這裡冒險，實在是又傻又呆。但是，既然來了總不能第二天就回台北，那豈不是太沒面子？

　　好在身上還帶了幾文盤纏，趕快到外頭去找了個住的地方。一切就緒，發現自己在這裡既無朋友，也沒事可做，不禁是欲哭無淚。好在是，上海的老友周昌明（周鵬邦）來電問我在幹甚麼？逐好心推薦我到上海參加一個對接會（當時我還搞不懂甚麼是對接會），憑藉著自己在臺灣講課千餘場的經驗和資歷，自此一點一滴的生活下來。

　　起初在北京的生活是很艱苦的。首先是，兩岸處於緊繃的時代，在北京這個政治氛圍濃厚的地方，老實說，很多人是帶著雙層有色眼鏡看著臺灣人。記得有一次，北京的一個企業找我上課，所有條件都談好了。說好講課前一天下午去看看該公司的老總。進了門，那位抽著菸、翹著二郎腿的老總聽說我是臺灣來的，毫不客氣地說：「臺灣來的？臺灣人懂甚麼禮儀？」我當時應邀去講的就是「商務禮儀」。第二年奧運前，我出版了一本《奧運禮儀》風靡大江南北，自此一掃陰霾。

同時，2007年下半年開始，由於馬英九當選，兩岸關係丕變，由以前的冷冰突然變得火熱，一連串的三通與交流，讓臺灣人在北京不至於受到「特種歧視」。

其次，北京的氣候是有春夏秋冬的。四季分明的季節對臺灣人很難適應。尤其是乾燥，大約來北京一年之後，由於皮膚缺水，看來好像老了五歲。特別是秋冬很長，長達半年幾乎不能出門，北方從每年的11月中到次年的3月中都會供暖，也就是家家戶戶有暖氣，使得房間內異常乾燥。一條大毛巾沾濕以後掛在屋裡，半小時以後就又乾又硬。還有，腳後跟會因為冷和乾而龜裂，即使穿兩層毛襪還是一樣。到了春天，全身又會脫皮，好像是蛇蛻皮一樣難受。

最後，還要適應北京的生活。無論食衣住行和語言個性，北京與臺灣都有著極大的差異性。雖然我的父母是北京長大，我從小就聽慣了「京片子」和了解北京人的語詞，不過真正在這裡長期生活，才能了解我們臺灣人所了解的北京與事實上的北京差異性很大。這也是後來我應邀在「鳳凰博客」、「新浪博客」、「環球網博客」裡面開始寫一些觀點的原因。我認為，基於兩岸分治已經六十年，彼此的心態、理念、想法、見解、決定、法治、商業模式等等，都不一樣。嚴格說來，兩岸除了聽得懂彼此的所謂「普通話」以外，其餘全都需要重新「翻譯」。

去年初，臺灣《旺報》的老同事來訪，寫了點我在京的點滴，似乎有很多讀者有興趣。隨後在十一月初又有記者來訪，並且建議我把這些在北京的經驗寫出來，或許有人喜歡知道。報載刊出當天，就有人聯繫我談出版計畫。在此之前，我已經在兩岸出版了二十五本書，而且手上的工作著實不算少，但是我認為，兩岸的交流和了解必須有更多的文字和語言來溝通，這樣才能減少誤會，增加了解。因此大膽決定寫這本新書，希望廣大的華人社會能更深一層了解北京，以及北京生活與社會與其他地方到底有那些差異。

目次 Contents

第一篇　北京的崛起

第二篇　現代時尚的北京

01

北京
的
崛起

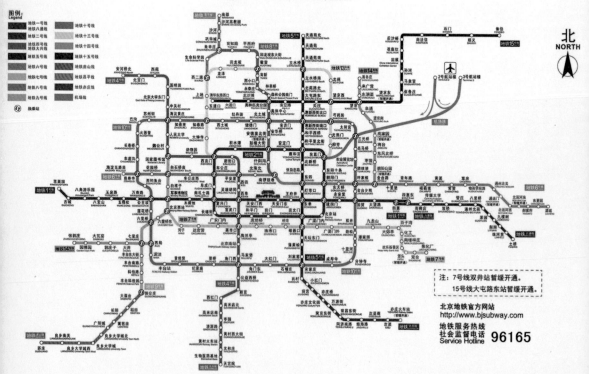

北京2015年的地鐵路線圖。（圖片來源：北京地鐵官方網站）

奧運後的北京

　　唐聖瀚，一位臺灣知名的設計師，在回答《旺報》記者的提問時這麼說：北京在奧運以後就不一樣了。這句話同時也解除了很多人的心中的疑團：北京，到底是甚麼時候開始真正崛起的？

北京奧運讓世人了解北京的實力，外國人開始真正重視中國的力量。

　　的確，2008後的北京，猶如一隻浴火重生的高飛燕，快速的飛進世界各個角落的視野與腦海。北京不再是古老的紫禁城和長城，北京是一連串令人稱豔的驚嘆號：鳥巢、水立方的奧運開幕式、十多條地鐵的同時完工、千餘名來自各國的嘉賓、無與倫比的金牌選手、倏忽間進場撤場的秩序、星羅密布的志願工作者、迎奧運樹新風的口號，甚至還有早在一兩年前強迫拆遷的爛房子，以及必須及時遮蓋的大面古宅和舊牆，加上多數以往沒有門的廁所改建，全部耳目一新。

　　遠在斯里蘭卡的朋友發過來一張郵件，上面寫著：恭喜北京奧運成功。這位女企業家和數以千萬計的外國人一樣，從奧運轉播的實況中看見了崛起的東方龍，正在用一種千姿百態的形象，述說著嶄新的古老中國。他們中間有很多人以為今天的北京人還在留著清朝的長辮子，還有人認為來到北京必須帶著乾淨的礦泉水，還有人擔心買不到新鮮的水果蔬菜，更有人以為上個廁所可能要打傘。

　　無疑的，這些假設和想像都錯了。

　　早在申奧成功的那一刻起，北京的各項準備就千頭萬緒的展開了。因為各種展場和賽場的建設，國際的鋼價漲了；因為要迎接外國客人，街頭的計程車司機開始每天練英語。小學生熟讀奧運有哪些比賽，中學生參加志願工作者的形象大使，大學生從萬中選一的角逐參與機會，武警忙著操演超大型舞蹈與排練，即便是一個火炬手都要從含著眼淚的試煉中走進人們的視角，更多的藝術家、建築師、美術設計，環環相扣的交織出一幅幅北京的新畫面。

　　於是，唐聖瀚這個參與過台北101世界高樓，以及台北故宮設計的老將，在與北京的設計師再度交手後，被對方一句話折服：**奧運後，我們不一樣了。**奧運這個國際化的盛會，給北京的不僅是增加了碩大但此後毫無用處的建築物，更給了北京一個參與世界洗禮的契機。中央電視台的一個訪問節目中，一位年過六旬的老者，眼見可能會有招呼不周的來客，自發性的每天背單字，以便在奧運期間

能夠「看見外國客人不認路，可以幫他一下」，這在以往保守而防禦心很重的北京人來說，算是破天荒的驚人之舉。

馬路畫上了奧運專用車道。開車如果走錯要罰錢。在這以前，罰錢的意義在北京不大。普通老百姓很小心，駕車很少錯誤到要罰錢。敢被開罰單的爺兒們，多半是有背景的老大。罰單對他們不管用，有的當著交警的面就給撕了；還有的拿回單位報銷了；更有的還會給開罰單的單位一頓排頭。大街小巷許多黑頭車可以逆向行駛，閃著大燈，車上裝著空氣喇叭，高速公路可以走路肩，普通道路可以闖紅燈。計程車司機還會指著某些車牌說：這種號碼牌的車，咱惹不起。

奧運後，這些霸王車不僅銷聲匿跡，北京市政府還逐步管制上路的車輛。實施每天有兩個尾號的車輛不能上路、嚴打酒駕、買車必須搖號（抽籤），公車站牌前有志工吹號（吹哨）提醒人們排隊，外地進京車要檢查，超重車輛要嚴查，一連串的管理措施，讓以往的髒亂無序社會，逐漸有了「好習慣」。雖然說，滿地吐痰和丟垃圾的人還是不少，但比起奧運以前的北京，無異有天壤之別。

綠化也是另一個改變的好例證。北京每逢國慶節，就會從外地運來千萬株鮮花綠草點綴著這座城市的「秋風得意」。可是細心的人很容易就發現，這些佈滿大街小巷的花花草草，不用幾天就全數歪歪倒倒，可見質量「很一般」。但是奧運前後北京的綠化極為徹底，就連氣象局都能打包票可以「改變天候」，讓比賽那段時間「風平浪靜」「不冷不熱」，事實證明，果真如此。此外，選手村也悉數採用世界最先進的環保科技供熱排水，讓各國選手刮目相看。

可以說，2008年的奧運，不僅僅是表面風光而已。更重要的是，這個舉世矚目的體育賽事，讓全世界看見的不是「廣告的中國」，而是「進步的中國」。讓北京人不僅是驕傲於可以在這個首都完成了光輝的一頁，更透過各種實質的參與八年的準備過程，完成了「自我提升」的任務。

　　最後，還有一個環節絕對不能忽略，那就是在此之前的「兩岸大和解」，讓北京沒有了「後顧之憂」。托天之幸，臺灣在2007年的大選中藍綠變天。兩岸的握手畫面讓過去六十年的冰霜雪雨，一下子成了春風化雨。以世界的角度來看，這兩個不溶水火的「傢伙」居然可以突然間「稱兄道弟」，簡直是不可思議。想想北韓和南韓，吵吵鬧鬧、打打停停，至今還是弓在弦上的緊張狀態；而兩岸就在那麼關鍵的一年前，完成了「不可能的任務」。更讓春秋，加上潑墨的一筆。

　　時勢可以造英雄，英雄也配合了時勢。

為了北京奧運拆遷了許多老房子。

反腐倡廉的中國

中南海，一個美麗又權威的名詞。現今最令世界矚目的動作，不是在調整以往最關心的GDP，而是在執行最殘酷的任務：反腐倡廉。

問題，還得從一句全大陸都耳熟能詳的台詞開始談起：「我爸是李剛。」2010年10月16日晚上9點多，一輛牌照是「冀FWE420」的黑色轎車，在河北大學新區超市前面，把兩個女孩撞倒，一人死亡、一人重傷。這本是一件普通車禍，卻因為車窗搖下後，開車的人撂下一句：「有本事你們告去，我爸是李剛。」自此引起軒然大波。

李剛，保定市某公安分局副局長，開車的是他兒子李啓銘。李啓銘開車撞倒兩個正在玩直排輪的大一新生，非但沒有停車減速，還從第二個人身上輾過。學生和校警攔下他，這年輕人居然說：「你看把我的車刮的，你知道我爸是誰嗎？有本事你們告去，我爸是李剛。」酒後肇事的這個李啓銘自此成為「官二代」的代名詞。網友還據此賦詩一首：「葡萄美酒夜光杯，欲見女友把命催，醉駕撞人咱不怕，李剛就是我老爸。」

「官二代」的種種囂張行徑，早就讓大陸老百姓敢怒不敢言，此案一出，無論是媒體或是網民，紛紛加碼大肆發表意見。還有所謂「國產四大名爹」的出爐，自此，各種節目和活動中，「拚爹」的笑話更是層不出窮。不必靠努力，只要仗勢欺人就可以橫行霸道，一時成為風尚。有些小姑娘甚至說，「沒爹，拚乾爹」也行；所以，巷議清談變成「拚爹」口語大競賽。有人還寫了歌曲，諷刺這

個笑貧不笑娼的社會。

「富二代」也不遑多讓。這些腰纏萬貫的紈褲子弟，往往一擲千金的氣不喘、心不驚，讓人看得瞠目結舌，咬牙切齒。這兩年的案例是「七千萬嫁女」。話說一位山西柳林的煤老板是當地的首富，2012年在海南島的三亞為女兒辦婚宴，包下當地的幾家頂級酒店，找了大明星開演唱會，還用三架專機運送所有親友入場，搞得噱頭十足，風光無限。然而僅僅不到一年，這位煤老板就因為負債三百億，公司面臨重整或破產。

「官二代」和「富二代」當然不是這一兩天或一兩年形成的。但是愈演愈烈的社會驕奢風氣令人咋舌，卻是這兩年最熱議的話題。電視上的徵婚節目，打一部「非誠勿擾」開始，讓廣大的觀眾見識了當今社會的男男女女，用甚麼態度面對自己的婚姻。一句「寧可在寶馬車裡哭，也不願在單車上笑」的節目對話，成了許多青春二代的價值觀。

問題是：社會的財富是哪裡來的？又花到哪裡去了？

驕奢浪費如果是自己賺的錢，倒也罷了。但是大家知道，「官」和「富」的財源，往往在中國都是不明不白的居多。當官的有錢，都是貪官。發財的有錢，都是不義之財。這才是社會的亂源。一個小小的村書記，也可以在當地充「土豪」，吃喝嫖賭不說，完事後還能把對方捏死。更大的官就更不必說有多黑了。

中南海，終於下猛藥。只要有人檢舉，先查再說。而且，無論多大的「官」都照樣拉下馬。

於是，先是要求各公家機關必須公開「三公經費」。哪「三公」呢？就是指政府單位的「公務出國」、「公務用車」、「公務接待」費用。換句話說，為了要實施一種陽光法案，讓各單位自己說說，你們到底要花多少預算在這些「灰色地帶」。

此令一出，立即見效。一位北京的計程車司機說，自從「三公」之後，街頭的公務車明顯少很多，以往過節送禮的人群也不見了，還有，以前搭車的時候

北京天安門廣場。

車資是30元卻要300元小票（發票）的也沒了。連機場出差的客人也少了一半以上。

　　這只是頭一招而已。不久之前頒布的一紙《決定》，更徹頭徹尾的粉碎了許多人認為「新官上任」只有「三把火」而已的論調。事實上，中南海這回是「玩真的」。一套「深度改革」的高壓政策已經讓許多大小官員人人自危，深怕自己的事跡敗露，不知道哪一天就被查到。

　　最有趣的是，陸續「落馬」的官員，多數都是被自己的「二奶」所舉報的。網路上的「落馬官員一覽表」當中，居然還有女市長擁有十一個情夫，其中之一是自己的女婿。

　　反腐倡廉不僅是一種國家政策、社會風氣，更重要的是一種改革。有些專家稱之為商鞅變法，無論怎麼變，總比沒有變要好。北京開風氣之先，過去一年多以來，據統計已經倒了兩三千家豪華餐飲酒店。目前又在雷厲風行的嚴查「會館」與「會所」，讓以往的這些神秘地帶無所遁形。

　　清潔大掃除之後，中國會變得更乾淨，GDP自然會更增長。

860年的帝都

2013年秋天，北京首都博物館和黑龍江省博物館舉辦了一項別具意義的展覽：「白山、黑水、海東青——紀念金中都建都80周年特展」。其中一場「從金中都看女真人對中華文化的貢獻」學術講座，尤為全面的解說了北京城從860年前的女真族金朝開始，在北京建立「金中都」的始末。

北京城，就是從「金中都」開始建城的。西元1122年，金朝與北宋攻打遼國，遼國敗，金朝女真族起先把當時稱為「南京析津府」的北京城依約交給北宋，北宋還改名為「燕山府」。但隨後的海陵王完顏亮即位，在1151年下詔書遷都，由原來的「上京會寧府」（在今天的黑龍江省阿城南白城子），遷都到燕京。這也是「白山、黑水、海東青」的由來。

北京市規劃展覽館的城市模型。

元大都遺址公園外觀。

這個建都的過程，可說是一將功成萬骨枯。完顏亮派尚書右丞相張浩監督，就原有的「南京析津府」往四周擴建。總共役使民夫八十萬，士兵四十萬，共計一百二十萬人。新建宮城完工後即遷都，稱為「金中都」。這就是最早建都的「北京城」。事實上，當時共有四京為陪都：東京是遼寧遼陽、西京是山西大同、南京是河南開封、北京是遼寧寧城西大名城。所以說，最早的「北京」不叫北京；最早的「北京城」叫做「金中都」。

不過，「金中都」雖然是女真族所建立，卻採取了中原人的規劃設計，把宮城擺在正中間、左祖右社、以御道分界、還有禮制建築（祭天地的天壇、地壇、日壇、月壇等等）。這也給後來的「元大都」設下了基礎。可惜這座美麗的中都城，從1153年4月21日遷入，到1215年5月31日被蒙古大軍攻破、一把火燒成灰燼，前後不過62年。

今天在北京，還有個「金中都城牆遺址公園」，紀念曾為王朝起始的地方。雖然這是個不起眼的公園，位於豐台區東管頭街，中國戲曲學院西南，但還是可以看到部分「金中都」殘缺的城牆——南垣與西垣遺跡。三處土堆確實的地點是在：鳳凰嘴村的萬泉公園、萬泉寺水產冷凍廠院內以及高樓村。這些當然只是供歷史研究的人憑弔和參考而已，算不上重點名勝古蹟。

蒙古鐵騎攻陷「金中都」之後，燒殺擄掠，把京城洗劫一空，最後放一把火，燒了一個月，才把它燒個乾淨。好在上天眷顧這個地理位置和資源豐厚的好地方，所以當忽必烈當上可汗之後，又決定把大元帝國（元朝）遷到燕京地區。1272年，他將中都改稱為「大都」（突厥語稱為汗八里，帝都的意思），這也是今天的北京經常被叫做「燕京」或「帝都」的由來。

新的宮殿是由阿拉伯人也黑達兒設計的。著名大將及水利專家郭守敬負責水運，也就是今天的北京積水潭及相關運河。這個「元大都」規模比「金中都」

只剩城牆的元大都遺址。

要大得多，花了20年時間才建成，但也只維持了101年就垮了。明太祖朱元璋在西元1368年揮軍北上，元惠宗倉皇逃走，明太祖進城後改「元大都」為「北平」。

今天的遊客到北京的第一站就是看看「紫禁城」，或者稱為「故宮」。整體來說整個北京的街道，城門，殿宇，都是在「元大都」時代那二十年奠定的基礎。當年的繁華富庶，比之現代北京毫不遜色。遊者如果能夠抽出些許時間參觀一下北京的「首都博物館」、「北京城市規劃館」、「元大都城垣遺址公園」、「郭守敬紀念館」就能體會到當年這個「元大都」的恢弘氣勢。

「北平」兩個字也不是朱元璋開始的。隋朝時，北京就曾被稱為「北平」。朱元璋死後，朱棣從南京篡位後又回北京做王，這時又改「北平」為「北京」。他花了15年建立北京城。那時候的北京城號稱「內九、外七、皇城四」，意思是說：有內城（京城）九座，分別為正陽門（前門）、崇文門（哈德門）、宣武門（順治門）、阜成門（平則門）、西直門、德勝門、安定門、東直門、朝陽門（齊化門）；外城（國城）有七座，分別是永定門、左安門、右安門、廣渠門（沙窩門）、廣安門（彰義門）、東便門、西便門；皇城四，指的是東安門、西安門、厚載門（地安門）、大明門（天安門）。這些門到今天多數還都存在，連名字也沒有改。赫赫有名的「宮城」是現今的「紫禁城」，有六個門，分別是，承天之門（天安門）、端門、午門、神武門、東華門、西華門。初來北京的人常會被各種「門」和「城」搞得團團轉，但只要弄清楚前述方位與來由，就比較明白，何謂真正的「北京城」。

在「明城牆遺址公園」可以看出以往明朝城牆的些許遺跡。這個原來總長度25公里的城牆，如今剩下1.5公里，而且還是老百姓把蒐集來的古牆石捐出來搭建的。不過這裡還保留了一個全國最大的城垣轉角角樓，每到夜晚，燈光照耀

之下，顯得氣派莊嚴。公園位置在崇文門東大街到東便門之間，記述了明代「老樹明牆」的格局。還有一處遊客必到的「皇城根遺址公園」，非常靠近王府井大街，是建立在北京城第二重城垣之下，全長2.4公里的明清皇城根東牆舊址。

　　清軍入關之後的北京城更是碩大輝煌。據歷史記載，「東西長7.95千米，南北寬3.1千米，面積24.49平方千米。內、外城面積合計為60.06平方千米，大於明初的南京城，在中國首都中，僅次於唐長安城、北魏洛陽城為第三大城」。清末的北京，還是當時全世界最大的城市。

　　如果看歷史劇，觀眾可以感受的是康雍乾盛世的偉大與清末腐敗的悲涼。這一切都發生在北京城這個地方。清代的北京城與明代沒有多大的變化，只是經過幾次大規模的修繕而已。最大的變化是擴建了天安門前的宮廷廣場。另外由於李自成離開北京城時燒毀了一部分宮殿，所以要陸續重修，這其中著名的乾清宮、慈寧宮是皇帝皇后所用。其餘陸續完工的亭台樓閣多不勝數，以致當時的俄國大使羅馬尼亞人尼斯米列斯為文記載說：「皇城的瑰麗與雄偉，使歐洲所有皇宮都相形見絀。（皇宮）裡有豪華的宮殿，寬闊的御花園、參天的樹木、小溪和假山。皇宮裡有許多漢白玉石獅，做工精巧細緻，還有亭台樓閣、精妙的小橋，以及其他工藝品，令人賞心悅目，讚歎不已。總之，中華帝國一切稀世珍寶，皇城裡無不應有盡有。另外，國外進貢的所有珍寶也都收藏在這裡。所以，整個皇城猶如一座寶山，擁有的珍寶璀璨奪目，舉世無雙。」

　　這座860年的帝都，除了滄桑，更有昔日偉大的輝煌。

北京市規劃展覽館的模型角樓。

中國威脅論？

西方對中國始終帶著有色眼鏡。想到北京，至今還有許多人以為，這裡的人還穿著長袍馬褂，梳著大辮子穿梭在小胡同裡。等有些人實際來北京看過一遍，又驚呆的認為，不得了了！東方龍這條怪獸很快就會造成未來世界的威脅！因此，崛起的北京飽受「中國威脅論」的困擾。

單從人口來看，中國人的確給人很大的威脅。即便是控制生育了這麼多年，讓世界上人人感覺這是個毫無人道的「殺嬰」國家，至今中國人口依舊逼近14億（至2012年底是1,354,040,000人），是全世界人口最多的國家。北京市人口就國家統計局國家調查總隊在2013年2月7日發布的統計，至2012年底，常住人口2,069.3萬，其中外來人口占37.4%，而城鎮人口又占常住人口的86.2%。人口密度為1261人／平方公里。站在北京市區的任何一個角度，看到的都是數不盡的「萬頭鑽動」。對一個西方人來說，的確「超級恐怖」。

再就媒體的宣傳力度來看，北京的電視報紙雜誌都是一言堂，與實際社會的感覺出入很大。西方社會以一個具有「神秘色彩」的國家來論斷中國北京，的確也不為過。許多遊客在來到中國北京以前，都會接到一本重要手冊，「導讀」北京林林總總的「禁忌」，比方說：人民幣假鈔很多、穿衣不能太曝露、不可以談政治、吃飯容易中毒、街上黑車多、公車上有小偷，看起來北京成了個可怕的地方。

北京地鐵上下班時的壅堵。

　　鼓吹這種「中國威脅」論調的並不只是傳統「仇中」的美、日而已。印度的「商業標準報」在2013年12月28日的標題上寫道：「崛起的中國不好相處」。文中明確的指出：「中國的咄咄逼人對地區不是好消息，對印度來說格外麻煩。北京快速增加的國防支出、擴張性海上主權要求、進攻性的主權維護行為、對朝鮮和巴基斯坦這類國家的支持，以及不透明的擴軍，都讓人質疑中國充當負責任國家的誠意。如何應對中國崛起、影響中國的行為，將是新德里今後面臨的最大外交挑戰之一。」

　　這樣的說法當然也不算是空穴來風。中國的電視新聞常常用一半以上的時間談軍事、秀武力、捧經濟，甚至各種電視連續劇都是「打仗篇」，讓人感覺是「猛男秀肌肉」。或許可以說，這些自我宣傳是給老百姓信心，但是也在另一方面給人以「船堅炮利」、「堅甲利兵」的壓迫感。無怪乎隨著中國軍事、政治、經濟的高度成長，「中國崩潰論」和「中國威脅論」甚囂塵上。

　　見不得人家好，這是很自然的想法。眼見清末至今一百年之間，中國由腐敗動亂不堪一擊，到如今各樣指標都幾乎達到國際一流水準。羨慕的人有之；忌妒的人有之。說好話的不多，說壞話的抱團取暖。

　　北京給了哪些實質的威脅？首先，可能是那230萬世界最多的常備軍。正規軍事武裝力量甚至可能超過400萬。2011年中國的軍費開支是一千億美元，僅次於美國。其次是經濟，早在2000年，中國還是世界第七大經濟體，2007年超越德國成為第三，到了2010年，日本內閣府發布的統計資料顯示，其當年的GDP為54,742億美元，比中國少4,044億美元，中國自此超越日本，成為世界第二大經濟體。

　　雖然有些專家說，中國在十九世紀的GDP就已經佔有世界的20%，如今不必沾沾自喜。但是看看中國強大的購買力，著實令人咋舌。如果說三十年前臺灣錢「淹腳目」，當今的中國買主可能已經「淹喉嚨」了。

　　舉例一，中國大媽買黃金。2013年五一黃金週，中國大媽推著超市的購物車，把中國的金店席捲一空。現金1,000億人民幣，300噸黃金，瞬間全部抱回家。這讓華爾街的投資專家傻眼：買金條就像買蔬果一樣，搶貨。

　　舉例二，中國購物團。豪不誇張地說，中國旅行團無論到哪裡「殺拼」肯定是第一名。歐洲各國商場的40%業績靠中國團撐起，2012年赴杜拜的中國購物團成長11%。到香港買珠寶是一斤一斤的買，到法國買皮大衣是一打一打的買。

　　舉例三，土豪橫行。標準口語是：我現在窮的，除了錢甚麼都沒有。土豪嫁女，一揮手就是7,000萬人民幣，氣不喘、心不驚。土豪葬禮，撒的冥紙是貨真價實的美金。土豪大媽揹著旅行袋裡的金條來買車。每天的「土豪」幫版面，佔據了人們的視野。

　　這些，可能才是真正的「中國威脅論」。飛彈大砲沒甚麼可怕，一群沒頭沒腦的「飛龍」在天，才可能是「亂象之源」。

外國人在北京

　　2013年12月，英國首相卡麥隆到北京，說出一句公道話：中國有甚麼可怕的，危機就是商機。這位首相還帶領了一隻龐大的訪問團，被英國保守派人士譏諷為「賤賣英國」。團員中除了有他的岳父、六位內閣大臣、還有著名企業Air Bus、Rolls Royce、英國石油、Barclays Bank、利物浦大學及英國商會。很顯然，這些人是來做生意的。

在秀水街購物的外國客。

　　不管喜歡不喜歡，沒有人會把財神爺往外推。中國自英進口的商品總值，從2009年的78.8億美元增至2012年的168億美元，年均增長率高達28.7%。這種數字即使被罵兩句，又有何妨？卡麥隆在訪京前一個禮拜就開始做功課，先去看了「中國古代繪畫名品特展」，在首相官邸唐寧街十號招待華人吃點心，並且還開了一個中文微博，在在讓人知道，他要來北京當「超級推銷員」。

　　他說：我們有機會成為中國成功的一部份。

　　想成為中國一部份的外國人何其多？只要在北京大街小巷隨處走走，到處都有操著不同口音的外國人，他們欣賞風景、上班或者做生意。央視四台每週六下午一點，有個「外國人在中國」的節目，經常訪問一些在北京定居的外國人。這些人並不是走投無路來中國掏金、或是看上中國姑娘來泡妞，他們可是貨真價實的來這裡淘一桶金。並且許多人有模有樣的，把來北京當成終身職志。

　　最有名的可能就是「大山」了。他可是家喻戶曉的人物。不認識他？那就遜斃了。大山原名是Mark Henry Rowswell，加拿大渥太華人。1984年他考上多倫多大學東亞系以後，開始攻讀中國研究。他的老師給他起了個中文名字叫路世偉。1988年，他到北京大學讀中文系，偶然參加央視著名的春節聯歡晚會（春晚），扮演一個叫做「大山」的青年，自此一夜成名。他拜相聲演員姜昆學藝，成為中國第一位外籍相聲演員。2006年榮獲加拿大勳章，2010年被任命為加拿大總代表，2012年被加拿大總理任命為加拿大中國親善大使。

　　另一位是「胡潤」。沒聽過他是誰，在中國也就甭混了。胡潤本名是Rupert Hoogewerf。1970年出生於盧森堡。1993年畢業於英國Durham University。此人有極佳的天賦與語言天才，通曉中、日、德、法、英、盧和葡萄牙語。他是英國註冊會計師。曾經在人民大學學習漢語。1999年他創立了《胡潤百富榜》，每年發表中國首富的排名，被認為是「單槍匹馬闖入中國財富人物的外國人」。

雖然內地很多人對他發表的數字有些質疑，但是他所經營的三本雜誌：《胡潤百富》月刊（Hurun Report），《胡潤馬球馬術》（Hurun Polo & Equestrian），以及《名校指南》（The Schools Guide），還是中國商業界和媒體熱議的指標。

「老外在北京」常駐的不計其數，所以他們自有一些網路社群，透過彼此的互動，找工作、找房子，甚至教導如何「翻牆越獄」（訪問國外被封鎖的網站）都一應俱全。另外，如果到北大、清華這些名校，那更不用說，他們還有專門替外國學生幫忙解惑的各種團體。北京各樣的「中國通」多如牛毛，走在北京街上看到老外，他們開口講的「京片子」有時候比中國人還溜。他們燒出來的中國菜，也可能比道地的北京人煮出來的還好吃。

老外當然也不單指西方人。東方面孔的外國人，在北京也數不勝數。根據韓國《文化日報》在2008年底公布的資料，中韓建交後，在華韓人的數量呈幾何級數的增加，中國已成為全球最大的韓國人僑民區。「駐華韓人會」更進一步調查，顯示目前每年來北京定居的韓國僑民都至少增加十萬人次，意思是說到2010年，在華的韓國僑民已經超過200萬人了。

這些數字無須考證，只要搭上北京地鐵就可以知道。北京地鐵13號往五道口、望京、中關村、清華園一帶，半個車廂都是韓國口音的年輕人。他們已經在北京安家立業，有自己的房產、生活圈、穩定的工作、舒適的環境，中國就是他們的第二個家。而他們來北京定居的原因也很簡單：穩健強勢的經濟增長、足夠發展的工作空間、優渥舒適的生活條件、相近的文化傳統，以及很熟悉的生活習慣。

最能印證老外在北京的地方有三處：一是秀水街、二是三里屯、三是使館區。就算不買東西，到秀水街去逛一下商場，看看那些會砍價的外國人和操著流利各國外語的售貨員討價還價，真是一種樂趣，同時也能享受一種特殊文化與異

北京前門大街的外國遊客。

國情調。三里屯酒吧一條街更不用說，根本是外僑大本營。吃吃喝喝之外，還可以看看不同國家的小館和餐廳。使館區有好幾處，上班的幾條街都戒備森嚴，但到他們的住宿地方，就可以知道北京與外地有多大的不同。

　　當然也不是所有的外國人都受到北京的歡迎。這些年來「境外」的滋事分子也有不少人混了進來，造成政府必須清理「三非」：那就是「非法入境」、「非法居留」、「非法就業」的外國人。但仔細想來，也就是北京條件好，才會有人要來這裡，若是活不下去，無利可圖，還有人會來嗎？

02 現代時尚的北京

北京的中心商務區。

東富西貴

　　到北京來，一定會有人告訴你：東富西貴。意思是說，北京城東邊住著有錢人；西邊住著大貴人。事實上也是如此。北京的中軸線很明確的劃分兩個不同的世界。天安門以東，就愈來愈時尚；天安門以西，就顯得懷舊而靜謐。商業經濟多半落在西單以東；做官和搞文化的，住在西邊的比較多。因此之故，北京人問你是住在東邊還是西邊，當下就能猜出你的身分。

　　在東邊，真的不一樣。生活水準、語言層次、還有做事的效率和方法，都與西邊的大不相同。舉個最簡單的例子，每天搭地鐵1號線的人都會發現，西邊上車來的很多都是些「農村樣式」、「做小買賣」、「工薪階級」、「小辦事員」模樣的人；而只要跨過地鐵西單這個站，上車下車的多半是「時髦男女」、「小資階級」、「人模人樣」、「講話斯文」的人群。所以，西單有點像是臺灣的濁水溪，讓兩地涇渭分明。

　　西單有甚麼迷人之處，讓地鐵1號線裡面一半的年輕人都在這裡下車呢？簡單的說，這裡就是台北的西門町或者東京的秋葉原，不管有沒有戀人，來這消遣一下就對了。下班後或者週末，北京的男男女女都會在這裡約會、小吃、逛街、購物。他們都會打扮的很時尚，年輕人會拿著新款手機，穿起短裙，嘻嘻哈哈、三五成群瘋一下。

　　也有的校園美女，一心一意打算畢業後到這裡擺地攤。她們並不在乎能掙幾個錢，只要能在西單擺個攤，那就是有本事的人。差一點的（北京話說，次一點

西單大悦城內一隅。

的）年輕人，在西單櫛比鱗次的高級商場、百貨、酒店、服務業打個工，那也比北京其他地方要大款的多。至少，每天看著數以百萬計的人潮，讓人看得目不暇給不說，眼界也能提高許多。

「大悦城」恐怕是年輕人的最愛，無人不知，無人不曉；就跟上海的新天地一樣名震邇遐。這個大商城並不比北京其他商城更大，但是因為定位在「中國真正的國際化青年城」，所以，只要是說去「大悦城」，就跟說是要去「萬達廣場」（電影院集中的地方）一樣，每個人自然會把你歸類為那一類的年輕人。其實，大悦城是個國資企業，屬於中糧集團。「大悦」的由來是孔子論語裡面的「近者悦，遠者來」，但這個Joy City沒有國產的土味，而有著時尚達人、流行前線、城市新貴、新潮風尚的味道。

年輕人會告訴身邊的朋友，哪一層的哪個店裡的哪種東西最好吃，還會知道到哪一家攤位去買最時尚、最划算的精品。甚至，他們會成群結隊打扮得奇形怪狀，讓人看了十分恐怖，卻自以為樂。Shopping Mall裡面聚集著超級年輕的消費者，各層樓也述說著面向世界的不同概念：趣味、炫目、優雅、性感、潮流、動感、衝撞、快樂、約會、童真、興奮、夢想，充分體現青春個性和獨特風味。

「大悦城」其實還擁有幾個世界之最：世界最長跨度的飛天梯（手扶梯）、可容納1,800名觀眾的數位化電影院、北京最大的化妝品超市SEPHORA等等，更有數不清的咖啡座、甜品屋，還有港式、泰式、澳式、台式、義式、韓式、和日式各色餐廳，可以供約會休閒的年輕人盡情享用。就算每次駐足一家，一年四季都去，總也吃不完、喝不盡。更何況還有名品店、精品屋，只怕沒錢，不怕沒有。就算身無分文，坐在中庭看看人來人往，也能歡欣愉悦。

有西單，當然就有東單。東單靠近王府井大街，長條型的東方廣場裡面是著名的東方新天地。與西單最大的不同是消費層次，這裡被稱為「貴族街」。走進東方新天地可以看到世界各國名牌的旗艦店，單看一下櫥窗擺設就值回票價。商

北京飯店大廳的耶誕節布置。

場分為七個主要購物區：繽紛新天地、都市新天地、庭苑新天地、寰宇新天地、活力新天地、尊萃時光別館和天空大道。旁邊還有北京東方君悅大酒店，氣勢輝煌，再往前走就是王府井大街和北京飯店。

王府井大街全長1,600公尺，南起東長安街，北到中國美術館，有700多年歷史。王府井的名稱，是由於明朝這裡曾有一口甘甜的水井而得名。如今這條長街上匯集了許多「百年老店」（中華老字號），吸引著來自全世界遊客的目光。每天下午到黃昏，這條步行街上可以看到操著不同口音的觀光客，吃著王府井的特色北京小吃，逛著有十幾層樓的書店，欣賞百年歷史的大教堂，走累了還有叮噹觀光車可以載著遊覽，十分愜意。

北京飯店，外表看來戒備森嚴，但還是可以進去走走。這裡是接待各國政要和領袖的地方，莊嚴典雅，從1900年開業，早就超過百年歷史。除了住宿，裡面的各色餐廳也首屈一指，最特別的是譚家菜，又稱官府菜餚。譚家菜是清末官僚「譚宗浚」的家傳筵席，因為他是同治二年的榜眼，又稱「榜眼菜」。當然，這麼高檔的地方，價格肯定也是五星級。現在這裡稱為北京飯店萊佛士（RAFFLES），是具有125年歷史世界頂級酒店連鎖萊佛士的一部分。

甚麼叫「洋氣」？

　　真正的北京人，很少說「時髦」兩個字，取而代之的是「洋氣」。比方說，今天換了個髮型到辦公室，很多人看著不錯，北京人就會誇一個，很「洋氣」。相對的，如果你去了髮型設計師那裡，想要剪一個「時髦」的髮型，只要告訴他們你想弄一個「洋氣」一點的髮式，他們立刻會明白你要的是甚麼。

　　洋氣，又稱貴氣，是氣派、大方、時尚的意思。相反的形容詞，當然是「土氣」。北京話說，一個人「土的掉渣兒」，那就表示這個人的形象太差、粗俗、素質不高。那麼，哪種人是洋氣的代表呢？當然是有著時尚精神的都會男女，按照北京的標準稱呼就是「高端洋氣上檔次，低調奢華有內涵」的人。

　　這樣的人，到哪去找？答案之一是，金融街。

　　金融街可不是華爾街，它是位於北京西邊靠市中心，「復興門」旁邊的一條街。功能跟華爾街也差不多，是中國的金融決策監管中心、資產管理中心、金融支付結算中心、金融資訊中心。據說，每天在這裡進出的人民幣流量，高達一百億，但很少有人把這裡與「洋氣」掛勾，外地人和觀光客也很少在這裡駐足。

　　然而，在這裡上班的工薪族，可就不是一般檔次了。這裡密布著各國銀行、酒店公寓、購物中心、各式高檔餐廳，還有超高檔的連卡佛（Lane Crawford）商場，把世界頂級的600多種商品都收納入庫。如果說，新東方廣場你還看不上，那就得到這裡來逛逛，保證奢華考究，絕對夠「洋氣」。

　　「洋氣」點之二，可以到「世貿天階」去看看。

　　「天階」是高級上班族聚集的地方。位於東區迎賓國道東大橋路的東側。是北京CBD（Central Business District，中央商務區）的西區門戶。北京CBD從

北京的世貿天階。

1991年開始規劃，陸續完成方圓七公里的一大片商務區，類似紐約的曼哈頓。
這裡擁有世界五百強的各個總部，摩托羅拉、三星、德意志銀行、惠普，還有
中國國際貿易中心、建外SOHO、萬達廣場、嘉里中心、世貿國際公寓、購物中
心、北京電視台和中央電視台。無論是白天或夜晚，這裡都是北京高檔人士聚集
交流的主要區域。

　　2006年「天階」開始陸續投入使用，結合美食、娛樂、藝文空間等等，為
CBD內的白領階層提供流行時尚和商務設施。有六星級的夜店、特色餐廳、美食
廣場和品牌旗艦店。所謂「天階」，就是由南北兩面商業走廊加上兩座辦公樓組
成，中間有戶外階梯連結。這裡還有亞洲首座、全球第三大的天幕，總耗資2.5
億元人民幣，由曾獲奧斯卡獎和四次艾美獎的好萊塢舞臺大師Jeremy Railton擔
綱設計。臺灣歌手蔡依林曾在這裡發表新歌《大丈夫》，成為了第一位在「天
階」播放歌曲MV的歌手。

　　「洋氣」區域之三，是這些年特別火紅的「藍色港灣」。

　　「藍色港灣」國際商區，英文名SOLANA，源自Solar，太陽的意思。這是
一個位於亞洲最大的城市公園──北京朝陽公園西北湖岸的歐式商業小鎮；一個
極為浪漫、高級、國際化的Solana Lifestyle Shopping Park。每年元宵花燈節，
北京市民都可以到這裡欣賞別緻的燈光璀璨以及歐洲式的建築群，商區內還有
1,000多種知名品牌、800多家名品店、影城和滑冰俱樂部。

藍色港灣元宵節燈飾。

　　這個區域位於北京城市的東北角，專門滿足朝陽區那一帶的高檔生活人士以及愛玩、愛熱鬧「洋氣」的年輕人。藍色港灣還有許多西式的餐廳，比方瑞士吧西餐廳、亮馬頭酒吧街、蘭姆叔叔越南餐廳、巴黎貝甜藍色港灣店、北德風尚啤酒坊等等，可以讓喜歡西式美食的人們吃個痛快、喜歡高檔時尚的人們買到手軟。

　　「洋氣」區域四，當然是「上地」、「望京」和「五道口」這一大片地方。

　　最早這些位於北京西北角和正北地方的長形地帶，是高新產業（高科技、創新科技）的發源地。著名的中關村以及著名的學府北京大學、清華大學、人民大學都在這一帶。由於國際化較早，加上國際學生來來往往，吸引世界級的微軟、谷歌等大型企業入駐，許多外國人都在附近買房定居，形成另一大片北京時尚的精華區。隨後國內的大企業只要與科技有關的，幾乎都在望京和上地發展，形成另一個北京「洋氣」的所在。

　　在這裡上班的男男女女，不但打扮「洋氣」，說話也很「洋氣」；三不五時加上幾句英文稱呼，甚至上班都講著外語。這裡的人來人往，絕對與北京政府機關（北京稱單位上班）的那些人形象完全不同，口氣也不同，他們代表了新潮流、新世代、新經濟和新社會。

　　如果你的印象中，北京還是個「老土」的地方，那就至少到以上幾個地方逛一下，保證對北京刮目相看。

房價就是天價

　　如果時尚的定義不只是吃的、穿的，還包括住的話，你也該了解一下，北京的高檔住宅區都在哪裡？換句話說，就是北京的有錢人都「扎堆的」往哪裡住？

　　首先要了解一個概念就是，如果是真正的北京人，而且他又有棟房子的話，那已經算是有錢人了。因為，在北京必須要有戶口才能買房。拿到北京戶口很難。再者，在北京買房子，房價就是天價。

　　北京的環狀道路目前已經延伸到了六環，意思就是若以天安門附近為北京的中心，繞著城市的內圈是二環，再擴大一點是三環、四環、五環和六環。以一間西區四環內的住宅樓（居民樓）來說，如果是小套房大約18坪左右的房子，又不是頂層，在十年前大約台幣三百萬就可以買到，在七年前大約四百五十萬，現在呢，大約是一千兩百萬，還不一定買的到。北京的房價過去七年漲了不只三倍，所以說，只要在北京有棟房子的人，賣了房，基本上吃一輩子都綽綽有餘了。

　　北京的樓房價格，是以地理位置為主要定價標準，每「環」的標價都是一個落差。二環內當然最貴，而且稀有。其次往三環、四環、五環、六環推，預計七環將來建成以後，可以涵蓋到天津市，所以如果在天津市買房子，投資效益是指日可待的。前兩年，四環以外的房子還少人問津，認為是接近農村，然而就這一下子，五環邊上的房子，稍看上眼的，都要三萬人民幣一平米。

　　另一個指標是樓層。北京市內的房子很少有低層（如別墅）建築，因為土地資源有限，多半是高樓連雲的社區（北京稱小區）。高層比較貴，說是視野比較好，低層比較髒、比較吵，所以價格也有很大的差異。北京較偏僻的地方也有許多類似國民住宅的建築，叫做保障性住宅，這些是要抽籤抽中的低收入戶才能入

住，外型看來還不錯，但是裡面的格局與設施很差。

不過，大陸的「分房制」很值得學習。意思是說，如果都更（都市更新）到某個區塊，政府的通知會在幾年以前就發下。不僅有補助，而且會依照每家每戶的人口結構分房。政府會在離原住區不太遠的地方，先蓋好大片房子之後，最後讓大家全體遷進去。因為得到新家之餘還有拆遷費，所以老住戶通常都會很樂意搬新家，而且靠這個也能發點小財。有些農村的老百姓，會在很久以前就先「種房」，比方說把原有的破房頂上加蓋半層，或者把旁邊的土地弄個小房，以便將來政府派人來算樓層和人口數的時候，可以多分一點。

還有很多軍區大院（軍宅、眷宅）的房子，或者老單位（政府機關）的老宿舍，會以非常低的價格賣給原有住戶，這種兩房三廳的房子在西區四環內，只要總價十幾萬人民幣就可以成為自有住宅。雖然略呈老舊或者賣相不佳，但是自己有個房子，還是挺好的，總比沒屋的窩牛族好些。許多長輩因為有這類房子，就會先給小輩結婚當新屋，等他們將來有錢再購置房產。

再加上，許多外地的有錢人都會到北京置產；幾乎各省各地的大款，只要能說出個名堂的人，在北京都有房產，這些房子他們也不一定住，可是「在北京有房」成了中國人炫耀的口號。於是，北京的房子年年水漲船高。據說，有很多人在北京有個二三十套房子也不足為奇。

有些郊外的別墅區，因為都是外地人買來不住，或者是官員灰色收入來的「貢品」，形成「鬼屋豪宅區」的也為數不少。長城邊上有很多千戶大社區，就屬於這類產品。開車從社區大門口一直開，一個小時都開不完的大社區，裡面住戶寥寥無幾。每棟房子可都是車庫、花園、壁爐等等具備的高尚別墅，可是除了門口鐵籠裡的狼狗，一個人也沒有。

真正有錢的北京人，住在北京市區裡的，大致有三塊地方。第一塊首選，不用說就是「國貿」附近。這在前一個單元已經介紹過了。其次是在北京舉辦過亞運和奧運村的四周，現在也是高檔住宅區了；第三處就是前個單元也介紹過的上地、望京那一大片地方，現在都已開發成高檔的小區和別墅區。

根據網上售屋公司的公示，北京2010年開盤的十大高端華宅，分別是：

（1）位於朝陽區東北三環，太陽宮橋南側、光熙門城鐵東側的「和平大道」。

（2）位於朝陽區南沙灘東路的「綠城北京城園」。

（3）位於朝陽區東北三環太陽宮橋向北800米的「紅璽台」。

（4）位於朝陽區高端公寓聚集區域——朝陽公園板塊核心的「萬顆公園五號」。

（5）位於朝陽區東二環外交部東側50米的「悠唐麒麟公館」。

（6）位於燕莎使館區與CBD商圈的交匯處的「PARK北京」。

（7）毗鄰亞奧、望京、燕莎商圈的「太陽公元」。

（8）位於朝陽麥子店西路的「華遠九都匯」。

（9）位於朝陽雙井廣渠路的「富力十足」。

（10）位於長安街CBD核心區的「長安8號」。

由這些說明可以看出，位在東邊朝陽區附近的名宅還是多於西區。

此外，位於紫玉山莊（亞運村），棕櫚全國際公寓（朝陽公園），世茂奧臨（北五環），國奧村（鳥巢），NAGA上院（東直門），東方普羅旺斯（亞運村北），麥卡侖地（亞運村北），溫哥華森林（亞運村北），上元君亭（北五環），萬科星園（北五環）這些靠近亞運奧運村地點的高級住宅區，也是城市內白領族喜歡的地方。

至於市郊的各種大型而有名住宅區更多，榜上有名的就有：嘉浩別墅、米蘭花園、欲京花園、麗京花園、麗嘉、麗斯、麗宮王府、麗宮淺水灣、麗高王府、名都園、歐陸園、澳景園、萊蒙湖、龍灣別墅、譽天下、矜・尚品、上東別墅、優山美地、美林香檳小鎮、水蜻蜓、莫內花園、水木蘭亭、棕櫚灘別墅、格拉斯小鎮、阿凱笛亞莊園、祥雲國際生活區等等，一大串的名字，不外乎在述說著一個事實——北京的有錢人多的是！

不過，臺灣人要來北京置產，可得拿現金喔！

來看太空艙

　　看完民宅，我們可以來看看北京的大型現代公共建築。這其中的代表作，除了首都機場就是北京南站，特點就是都像太空艙。

　　北京的主要民用機場有兩個，一個是規模很小的南苑機場，另一個就是為了奧運增加了第三航站樓的首都機場。首都機場的繁忙可以用滴水不漏四個字來形容，經常往來的旅客可以注意到，停機坪上候機等待的飛機，就跟高速公路上排隊的感覺很接近。每幾秒鐘就有一台飛機下來上去，中間不能有一點差池，的確是驚險萬分。

　　第三航站樓（北京話說「三號樓」）規模的確很大，比早年的二號樓要大大的跨越一大步。不僅空間設施達到國際標準，整體氣勢輝煌。最令人激賞的是，自從這個三號樓建成之後，以前那些「黑車」接客的、來拉生意的、要人填寫問卷的、推銷某種旅行VIP卡片的，都一概銷聲匿跡，也沒看見甚麼武警或公安來維持秩序或者善意驅離。

　　太空艙設計是目前許多國家機場建設的方向，首都機場也是一樣。了解設計的圖案之後會發現，在天空鳥瞰這個機場，就像看見一隻鵬飛的大鳥。事實上，這座花了275億人民幣的機場航站樓（簡稱T3），不僅是全世界單體面積最大的航站大廈，也是世界最大的有頂建築。總建築面積98.6萬平方公尺，有170個足球場這麼大。負責設計建築的是香港赤鱲角機場的設計者Norman Foster爵士。他以「龍」為意象做為整個設計發展的主軸，其中有象徵「龍背」的曲面金色屋頂與紫禁城相呼應，還有具中國傳統色彩的紅色柱列，以及國際到港層大廳兩邊

北京首都機場飛機起飛。

的《清明上河圖》和《長城萬里圖》。旅客一看就知道，這裡是北京，可以「飛龍在天」。

　　緊接著完成的太空艙就是「北京南站」。北京有四個火車站。最傳統的叫做北京站，在東邊；其次是北京人暱稱為西客站的北京西站；而後是在西直門附近完工的北京北站，以及超現代的建築物，北京南站。北京人潮洶湧，各地來京、返京的人們以往把火車站擠的是水洩不通，毫不誇張的說，就像難民潮一樣。如今，隨著四大車站的相繼啓用並且與地鐵連接疏運，又實施網路實名制（必須本人）購票，亂象已經不復存在。

　　即使不來搭車，到北京南站逛逛吃吃也挺愜意的。搭地鐵到北京南站下車，往上層搭兩次長扶梯，就可以進入如同太空艙一般的火車站。當然，並不是只有北京南站如此這般的「大款」，等中國高速鐵路通八達以後，幾乎各地的火車站全都會長的一樣「很太空」，只不過北京南站落成和使用時間略早一些。

　　北京南站，是中國最大的特等客運站，也是中國第一座高標準、現代化的客運專線大型火車站。裡面是普通鐵路、高速鐵路、市郊鐵路、城市軌道交通（簡稱城軌）、公共汽車與計程車招呼站的大型交通樞紐，客流量名列世界第三，被譽為亞洲第一站。成功處是讓所有旅客一目了然、井然有序的搭車，並且可以獲得所有必要的服務與協助。這裡的車票分為三種，C字頭的「城鐵」去天津和塘沽；G字頭的是「高鐵」，去往上海虹橋、南京南、杭州、杭州東、寧波東、合肥、福州、濟南西、青島；D字頭的「動車」去上海等等。只要用第二代身分證（新式卡式）到各販售機前，不用排隊，馬上買就可以走。動車和高鐵無疑是子彈列車的翻版，快速、舒適、準時、不貴。

上圖　北京西站（西客站）與蓮花池公園。
左圖　北京南站的地鐵出入口。
右圖　北京西站（西客站）一隅。

國家體育場「鳥巢」內部。

　　如果還有些許遊興，可以去看看北京的兩個「天圓地方」。第一個當然是大家熟知的鳥巢與水立方；另外一個則是國家大劇院（與人民大會堂）。

　　「鳥巢」和「水立方」都是奧運場館。眾所周知，各國舉辦奧運結束，剩下不用的場館，存廢都是問題。北京奧運結束後也有的場館立即拆除，但是永恆的建築「鳥巢」和「水立方」以及四周規模宏大的奧林匹克公園，都成為著名景點，中外遊人如織。

　　「鳥巢」是個暱稱，正確名稱是國家體育場。工程面積21公頃，內部可容納91,000觀眾席，因為外型酷似鳥的巢，象徵著人類孕育著希望，而被人直接稱為「鳥巢」。如果能進去看一眼裡面的設施，就會被這座「太空艙」所吸引、讚嘆。歷時五年完工，花費22.67億人民幣，耐火等級一級，抗震設防烈度8度，地下工程防水等級一級。最精采的是整棟建築採用狄斯耐的簍空原理，裡面沒有一根柱子，外層的鋼材Q460是一種低合金高強度鋼，由中國河南舞陽的特種鋼材

夜晚的水立方。

科技人員自行研發成功，總共用了400噸這種特種鋼材。「水立方」是旁邊的國家游泳中心，因為外層設計是利用電腦合成技術製造出的三萬多個造型各異的水立方體造型而得名，夜間看來酷似藍色的水泡，非常有趣。

　　最後，看來像個外太空飛船的國家大劇院，更值得介紹。這座建築物完成以後，受到北京許多保守人士的批評非議，認為不倫不類。然而它絕對是個北京指標性的現代化「太空艙」性建築物，無論內外都可圈可點。這個「巨蛋」位於人民大會堂旁邊，設計方是法國巴黎機場公司，目前是亞洲最大的劇院綜合體。整個半橢圓形球體外殼，是由18,000多塊鈦金屬板拼接而成，球體外環繞著人工湖，各種通道與入口都設在水下，整體造型現代化、科技化而又浪漫合宜，是北京的「湖中明珠」。

　　除此之外的北京「太空艙」式建築當然還有許多，新舊交融下，使得這座城市有古典、傳統的設計，更有時尚、現代化的一面。

╱展演遍天下

　　翻開國家大劇院的網頁，人們總可以找到來自世界各地的一流表演節目單。更確切的說，世界各國的表演團體，都會希望到北京來表演，在古老東方夢幻神秘的國際展演廳，表演給一群中國人看，這是一種不一樣的感覺。

首都博物館大廳。

　　事實上，只要是對文化藝術展覽表演有興趣的人，在北京是絕對不會寂寞的。除了頂級的國家劇院以外，附近的北京音樂廳也是「中國音樂聖殿」，這是一座以黑色大理石構成的白色長方型建築，造型典雅端莊，除了聽表演，還可以看到著名畫家的作品，真正是多功能的文化殿堂。相較於國家劇院，這裡的表演比較溫馨和多元，還有許多藝術家的個人展演也在排隊等檔期。

　　首都博物館也是個來京者必遊景點，這裡的展覽堪稱北京第一。博物館原來是北京的孔廟，在2005年才完工佈展。地下二層，地上五層，整體建築物融合了古典與現代，即使不看展覽，在裡外照個相都很值回票價。基本陳列有《古都北京·歷史文化篇》、《古都北京·城建篇》、《京城舊事──老北京民俗展》。精品陳列有《古代瓷器藝術精品展》、《燕地青銅藝術精品展》、《古代書法藝術精品展》、《古代繪畫藝術精品展》、《古代玉器藝術精品展》、《古代佛教藝術精品展》、《書房珍玩精品展》。鎮館之寶是一座「乾隆御製碑」，碑上兩首詩由滿、漢兩種文字寫成，生動具體地表達了乾隆皇帝「在德不在險」和「居安思危」的治國思想。簡單的說，在此一遊除了可以了解北京的歷史、可以看展覽、吃飯，也可以欣賞一年四季的特展。

　　北京的各級公私立博物館和紀念館很多，如果都要買票會吃不消，所以有一種北京博物館通票，一套120元人民幣，一年內可以在北京的110座博物館和旅遊景點享受很多優惠。也有很多大型博物館是需要預約但是不收費的，這其中最大的、最新的就是位於天安門廣場旁邊的國家博物館。

　　中國國家博物館是世界最大的博物館之一，投資25億，藏品一百二十多萬件，有48個展廳，2011年3月竣工，即使整整逛一天，也不見得可以看得完所有的展覽，而且還會迷路。這裡的鎮館之寶是著名的「司母戊鼎」（或稱後母戊鼎），重達832.84公斤，是世界出土最大最重的商周青銅器。因為鼎大的可以放馬槽，所以又稱為「馬槽鼎」。

左圖　中國國家博物館。
右圖　首都圖書館。

　　私人的保利博物館（新保利大廈）也是值得推薦的「北京新地標」。外層是柔索玻璃帷幕牆，內部是懸浮式特式吊樓，靈感來自古代宮燈，裡面就是為了搶救圓明園國寶而設立的保利藝術博物館。館藏展示以青銅器與石刻像為主體，還收藏有三個100多年前被搶走的圓明園牛首、虎首和猴首銅像，非常有名。

　　除了這些現代化的大型建築物展館，北京還有傲視群倫的國家圖書館和國家數位圖書館，這兩座圖書館也是宏偉壯觀的現代標竿性建築。中國國家圖書館是藍色雙塔建築，目前藏書3,119萬冊，總面積二十五萬平方米，每年接待海內外讀者四百多萬，是亞洲規模最大的圖書館。其中以四大專藏：「敦煌遺書」、「趙城金藏」、「永樂大典」和「文津閣四庫全書」最受矚目，是恢弘的知識寶庫。在其一旁另有一座當今中國最大的數位圖書館，將所有圖書分為二十二類共二十萬冊數位化圖書。

　　如果您對這些巨大厚重的建築物都沒有興趣，那不妨到前衛新潮的「798藝術區」去走一趟，也能感受北京的另一種時尚。「798藝術區」又稱為「大山子藝術區」，有點類似台北的「華山文化園區」，是由一些原有的國營電子工廠改造的。現已在這裡形成一種798生活方式。這裡是畫廊、藝術中心、藝術家工作室、設計公司、餐廳酒吧的聚集地，一種國際化色彩的SOHO式藝術聚落。798是原有工廠的廠號，這裡有很多以前的工廠，其中就有個第798號工廠。現在每天中午過後，就有來自世界各地的藝術愛好者在這裡辦活動、約會、喝咖啡、

首都博物館的老北京民俗麵人。

欣賞藝術品、攝影、唱歌、採購，非常熱鬧。這裡還舉辦過「大山子國際藝術節」，吸引許多國際新潮的藝術家和作品來此觀摩展出。

最後，您可別忘了北京還有不少的私人博物館，裡面可都是價值連城的收藏品。舉個例子來說，位於北京高碑店的「中國紫檀博物館」，就是香港企業家陳麗華女士的個人收藏品。裡面是耗資兩億人民幣的骨董家具，共計有四層，收藏有各種朝代、各式木料的家具，嘆為觀止。有佛教文化藝術品展示；有傳統傢俱材料、造型、結構展示；雕刻工藝展示；另外在這裡你還可以領略到中國古建築景觀：故宮的角樓，紫禁城御花園中的千秋亭與萬春亭，盡顯皇家氣派；山西五臺山龍泉寺牌坊，320條蛟龍姿態各異，精湛的圓雕、浮雕、透雕，世所罕見；古色古香的北京四合院，翹入雲天的山西飛雲樓，大型的老北京古城門建築模型等等，絕對可以值回票價。

在這附近，還有一個「晉商博物館」，是目前世界上規模最大、館藏最為豐富的晉商（山西商人）專題博物館。現有藏品四萬餘件，涵蓋帳冊、信函、文稿、票證、印章、鈔版、票版、廣告、包裝、牌匾、貨幣、衡器、量具、算具、交通運輸工具、神佛禮器、日用器具等等。這些展品是多位企業家近30年的私人收藏品，囊括了現存可移動的晉商遺物中絕大部分珍品。

現代時尚的北京建築和區域還在增加，未來將給北京及世界上的遊客，更多的驚喜與讚嘆。

03 傳統懷舊的北京

位於北京後海的巷弄。

砍大山

　　想了解北京其實也不難，只要搭上北京的任何出租車（計程車），一路上師傅（司機）就會跟您「砍大山」。「砍大山」就是海闊天空的聊天。「砍」源自「侃」，有調侃時政、時事的意味。簡單的說，「砍大山」就是「東一榔頭、西一棒槌的砍」一座山，也就是閒時調侃，或者拿鋤頭砍山的「瞎聊」吧！

　　北京的出租車師傅以資深、績優的居多。原因是，北京沒有「個人」出租車（如果有，也是鳳毛鱗爪），千篇一律是「靠行」的。這些司機大哥們多半開了半輩子出租車，而且都是地道（或者道地）的北京人，他們才是真正的「老北京」。沒有個人營業的原因有幾個：第一是買不起車，也養不起車。第二，出了問題沒保障。所謂問題是指事故（車禍）或是被殺害（也有搶匪），那就沒人保護。第三，必須加入單位（公司）才有五險一金（各種保險）。第四，政府不鼓勵個人營業，因為不容易控制。

　　於是，北京的出租車師傅就多半是靠著名為「金建」、「銀建」這類的大型出租車公司來營生。師傅多半是兩班制，也就是開白班或晚班的輪流，交班後回家休息。每個月，他們必須有兩天回公司接受「培訓」，也就是集中訓練。「培訓」除了聽課，主要還是繳交「份兒錢」（給公司抽成的錢）。如果不回去上課和繳費，車上的智慧型收費機會自動鎖死，車子發動不了，也就沒戲唱了。這種智慧型機器還有GPS定位，無論車子走到北京哪個角落，公司都知道，並派人監督。按規定，北京的出租車在沒有核准的情況下，不可以離開北京市。所以說，

在北京搭車非常安全。如果與客人發生糾紛，客人向公司舉報，司機就OUT了，被判下崗失業。

　　因此之故，北京師傅都是找自己認識的哥們或家屬親戚「倒班」（各做一半），而且彼此離家很近。比方說，下午五點該換另一個人，就開到另一個人家門口或者指定的地方，兩人都有車鑰匙，交班立即可以做自己的事情。這些開車的師傅（也有女的）多半是軍人轉業或者原來在大公司幫老闆開車的，也有少數以前是開大貨車的營業駕駛，因為嚮往比較自由的生活，收入也比較豐厚穩定（大約8,000元左右），所以很喜歡這種行業。

　　想想看，師傅每天在車上也是挺無趣的。雖然可以用手機，但不可以講太久。北京車堵也是名震遐邇，有時候一公里的路要走半小時，所以師傅們很喜歡和乘客瞎聊「砍大山」。他們多半練就火眼金睛，只要客人上車就大概知道來人是幹甚麼的，從哪裡來，還知道該講哪些話題，讓雙方在車上可以聊得起來。乘客下車的時候會收到一張小票（發票），上面很清楚的寫明從哪裡到哪裡，幾點幾分，行蹤無所遁形。乘客只要有這張發票，就可以隨時找到這輛車；東西掉了，也可以立馬追回來，不用著急。

　　司機師傅的北京知識足夠可以當導遊。也因此有很多懂得門道的外國人，上車就問司機師傅一些問題，確認這人有耐心又有點知識內涵，就會向他約定某個時間包他的車去遊覽風景。如此一來，不只價錢公道，又有人一路解說景點、歷史、文物等等，甚至哪些餐廳或者怎麼買票比較便宜，都可以給外地人很多方便。

　　北京人口中的「外地人」就是指「不是北京長大的人群」，有點像臺灣人說「外省人」那種含意。至於臺灣人麼？既不算「外地人」，也不算「外國人」，近兩年來就定位是「臺灣人」。在北京，「臺灣人」比「香港人」吃香，是拉攏的對象。如果上車後發現客人是臺灣來的，師傅們多半會說他們也打算到臺灣走

北京的出租車。

走，聽說「那裡不錯」。還會問一下馬英九、蔡英文怎麼樣？許多臺灣的政治人物的一舉一動，北京司機師傅都可以如數家珍。

師傅們上車如果發現客人不是「砍大山」的對象，就會自動打開收音機聽聽「說書」、「相聲」之類的節目；其次才是聽交通台或者新聞廣播。「說書」——臺灣人說「講古」，彷彿是種連續劇，在現代北京還是很受「老北京」的歡迎。內容都是一套套的歷史故事，由某個說書的名家講個不停，聽完之後「明天待續」或「下回分解」，還會留個懸念。「相聲」更是人人都愛，專門有所謂相聲名家，資深的或年老的都不缺，他們的「段子」也分成傳統的或新編的，各自有人追捧或者欣賞。

除了講北京的稗官野史，北京師傅們以往還很能講「政治」，對於哪個人作官的怎麼樣，他們的孩子怎麼樣，都很能成片成片的說個不停。習近平上台之後，還有個司機說遇到習主席搭過他的車，拿出小票佐證，讓新聞上了頭條，到底是真是假？也沒人知道。

讓我們來讀「弟子規」

　　王世紅博士是北京黃埔大學的董事長，北京大學的法學博士，40來歲，最近最「痛快」（高興）的事，是忙著讀「弟子規」。他說，在他唸小學的時候，學校喊的口號是「打倒孔家店」，所謂的「孔孟學說」「大學、論語」等等，都是到現在才開始「補」起來。

　　正是同樣的心境，讓北京過去這幾年一片「國學」熱。無論甚麼跟「國」字沾點邊的學問，都被奉為圭臬，用大陸的名詞說就是「橫空出世」。比方說，中醫是國學、武功是國學、諸子百家是國學、養生是國學、寫毛筆字是國學，就連推廣穿漢服，也「當然」被視為是國學。其中的佼佼者，往往被推崇為「國學大師」。不僅是在電視「百家講壇」被捧上了天，還在企業課程被認為是「國學寶典」，動輒一天叫價幾十萬課酬。

　　「弟子規」，就是被推廣的最火紅的基礎課程之一。原因之一是，淺顯易懂；原因之二是，社會上有很多人開這種課推廣賺錢。「弟子規」原名為「訓蒙文」，作者是康熙年間的秀才李毓秀。他以論語中的「弟子入則孝，出則悌，謹而信，泛愛眾而親仁。行有餘力，則以學文。」為宗旨，以三字一句，兩句一韻的方式編纂而成。告訴弟子們在家、外出、待人、接物和學習該注意甚麼。簡單的說，如果臺灣的孩子小時候讀「三字經」，大陸的小孩（加上大人）現在就流行念「弟子規」。全文1,080個字，大家都可以朗朗上口：

〈總敘〉

| 弟子規 | 聖人訓 | 首孝弟 | 次謹信 | 泛愛眾 | 而親仁 | 有餘力 | 則學文 |

〈入則孝〉

父母呼	應勿緩	父母命	行勿懶	父母教	須敬聽	父母責	須順承
冬則溫	夏則凊	晨則省	昏則定	出必告	反必面	居有常	業無變
事雖小	勿擅為	苟擅為	子道虧	物雖小	勿私藏	苟私藏	親心傷
親所好	力為具	親所惡	謹為去	身有傷	貽親憂	德有傷	貽親羞
親愛我	孝何難	親憎我	孝方賢				
親有過	諫使更	怡吾色	柔吾聲	諫不入	悅復諫	號泣隨	撻無怨
親有疾	藥先嘗	晝夜侍	不離床	喪三年	常悲咽	居處變	酒肉絕
喪盡禮	祭盡誠	事死者	如事生				

　　想想看，這些不是咱們在幼稚園裡就給小朋友講的故事嗎？現在需要大人們從頭學起，情何以堪。

　　其實國學在大陸如此盛行，還多虧臺灣來的兩位教授——南懷瑾和曾仕強——在改革開放以後就來宣揚國學。南懷瑾大師在當代國學界素享盛名，在他去世之前，除了在世界各地講學，也在大陸他的老家浙江做了大量工作，他成立基金會、修建禪堂、設立太湖大學堂等等，所以大陸人對他並不陌生。現任臺灣智慧大學校長的曾仕強教授，更是當年企業界炙手可熱的人物，知名產品「中國式管理」全套書籍，幾乎每個企業領導階層都聽過、買過。

　　大陸學者于丹和易中天也是家喻戶曉的人物。這都要拜央視電視節目「百家講壇」之賜，讓千家萬戶都能看到這兩位辯才無礙的學者的風采。于丹，北京師範大學教授，被喻為是中國電視界的軍師。2006年十一黃金週短短七天，于丹在電視節目「百家講壇」中講論語，風靡大江南北，從此邀約不斷，到世界各地

去開講座，迷倒眾生。易中天，湖南長沙人，武漢大學文學碩士。曾在「百家講壇」主講「漢代風雲人物」、「易中天品三國」等等，帶動另一波國學熱。

自此，無論是國家領導或企業領袖，都忙著聽國學課，更助長了各種國學的興起。「易經」、「孫子兵法」、「論語」、「鬼谷子」、「三國」都被熱炒，電視上或者坊間書籍、甚至兒童讀物，都大量充斥著各種所謂名家、大家、大師的言論、解讀、作品、視頻（Video）。央視以外各地的電視台也紛紛有「國學大講堂」之類的節目，一時之間，洛陽紙貴。

細看這些所謂名家，除了真正終生以國學為根柢的國文老師以外，多數人只不過是抱殘守缺的拿著一點點皮毛，忽悠（欺騙）悠悠大眾而已。更有甚者，是斷章取義的，他們將最簡單的古典文學，附庸風雅或穿鑿附會的強行加添梗概在現代企業裡，並且強說他們從這些歷史的典籍裡可以獲取怎樣的養分，用以讓今天的企業經營者可以發光發亮，做大做強。鑑古喻今當然是對的，但是勉強湊合卻是不對的。

最近，這一大批的國學熱漸漸消退。不過，新一批的所謂「身心靈」又悄然而至。打開網頁一看，各種靜坐、瑜珈、佛經、道場，都假借著身心靈課程來到北京。手機短信常會接到不名人士邀約去某某清幽雅淨的地方坐禪，其中往往夾雜了很多異端邪說，與真正的「身心靈課程」相去甚遠。

無論是國學熱或是身心靈，或多或少都折射出現代人的虛無、虛空，還有就是這一輩的中國人，對於真正的中國文化了解太少。總認為讀一點四書五經，或者背背「弟子規」，就能夠飽含詩書、成為有用的人。更關鍵的是，中國傳統的倫理道德和四書五經，在中國從小學到大學的課程裡面含量太少，即使有識之士奮發圖強讀一點「論語」、「易經」、「老莊」、「三國」，在擁有十三億人口，其中有八億是農民的中國，著實起不了多大的作用。

治國，還是得從基礎的教育著手。

老北京布鞋

深圳的才女希希在美國哈佛大學留學，暑假來京找表妹玩。到了王府井，甚麼也看不上，就看上一雙「老北京布鞋」。布鞋是黑白兩色、船型，沒有任何特殊花樣，但是這個現代潮女就是要它；而且，馬上買，馬上穿，還說「好穿、又舒服」。這麼個老玩意兒，怎麼看就不像是大姑娘的東西，希希就是喜歡。

其實，不只是希希，只要不是冬天下雪，一年四季，很多北京人都穿著「老北京布鞋」。「老北京布鞋」並不是指哪種牌子，或者一定是很守舊的款式，這是一種文化，也是一種出行的方式。北京地方大，走路的機會多，不穿布鞋，行遠路會很吃力。

要買老北京紅布鞋，最好去紅門鞋城。

　　「老北京布鞋」的發源地據說是在山西平遙古城，有三千多年歷史，西周時代的武士就穿著布鞋。現代的北京所做的布鞋款式多，既新穎大方又舒適合腳，更重要的是有著中國文化的氣息，即使是冬天的高靴子布鞋，男女穿上都比皮靴還要古典高雅。北京有個「大紅門」鞋城，是鞋子的批發市場，裡面有各種布鞋品牌：步瀛齋、內聯升、漱芳齋、泰瑞合、福聯升、四合院、唐禦族、標王、合記、宮內等等，許多外國人都知道去哪裡買最便宜。

　　當然不只是鞋子，舉世現在都流行「中國風」，所以穿著古樸典雅的中國裝慢慢也在流行。

　　中國風首推「中國紅」。在北京的街頭一看，黑壓壓的人群中，大致只有三種顏色，一是黑色，百變不離其宗；二是綠色，是那種列寧裝的綠；三就是中國紅，很艷麗的紅。比起上海等地的南方城市，北京除了高檔生活區以外的百分之八十的老百姓，可以說穿的都很「一般」，甚至可以說很「抱歉」。這就直接反映出這個城市的保守風格，從做官的到販夫走卒，沒把色彩搭配當一回事。相對的，如果您穿著「花紅柳綠」的樣子出現在街上，肯定很多人會多看你一眼，把你當異類。

　　許多人甚至從早到晚，從禮拜一到禮拜天都穿同一套衣服、褲子、鞋子和襪子，很少看見他們更換。就算換了，顏色款式也差不多，感覺不到甚麼變化。

　　女士們也很少化妝。並且由於天氣乾燥，風吹日曬，北京人皮膚粗糙，往往看起來比實際年齡大很多。在街上看到一個「老大爺」或者「老大娘」，相問之下，年齡不過五六十，但看起來好像是七八十。多數人也不注重保養，平時很少用甚麼護膚產品。這幾年，慢慢有年輕或中年人會去沙龍做個保養，說是要獎賞自己。

街上的北京人。

　　奇怪的是，「足浴」和「按摩」在北京卻是大大的風行。走在北京任何一個角落，就算沒有好餐廳，也有好「洗腳」的地方。雖說是「千里之行，始於足下」，腳部按摩很不錯，但是到了北京就得找個地方按摩腳，也確實是個很奇特的風尚。據說「春天洗腳，升陽固脫；夏天洗腳，暑濕可祛；秋天洗腳，肺潤腸濡；冬天洗腳，丹田溫灼。」不知道是不是真的？但是足浴之後，穿上老北京布鞋，肯定可以健步如飛。

　　臺灣朋友到北京的第一晚，如果沒事，就會到處問，哪裡可以洗腳、按摩？師傅好不好，貴不貴？有沒有黃的？說實在的，有沒有黃的，看價錢就知道。任何城市都一定有黃的，但是很明目張膽的在洗腳店出現的黃並不多。想來北京放鬆一下的人，還可以上網看一下，有個中國足浴網，上面介紹想要按摩足浴的人各種門道和常識，只要不到暗巷或奇特的地方，基本上問題不大。現在的手機也可以用百度地圖搜索，其實很簡單。

　　另外，北京男女不喜歡穿襪子也很奇特。照理說，穿上裙子或褲子，接著就穿襪子才穿鞋子。可是到街上看，除非冬天怕冷，北京人會穿上棉毛褲和襪子；到了天暖，襪子就消失了。女孩子穿上一條挺好看的裙子，卻不穿絲襪是常有的事。就算到學校去看老師和教授們，也都是光溜溜的一雙腿就穿上皮鞋。有時候，皮鞋是新的，磨破腳後跟，就用「創可貼」（OK繃）貼的滿腳都是，但是還是不穿襪子。男人們也不遑多讓。很多人穿著皮鞋卻穿雙白色運動襪，或者壓根兒不穿襪子，但上面是西裝褲和西裝外套，你說，怪不怪？

　　還有，男人喜歡留個大光頭也很稀奇。著名演員「非誠勿擾」的男主角葛優是「百姓影帝」，標準的北京人，招牌就是個大光頭。最近又有個更有名的光頭導演兼演員——《人在囧徒之泰囧》的男主角徐崢。就連女生也開始有人留個大光頭，比方在「中國好聲音」一舉成名的女歌手王韻壹。這些人，不知道他們是天生禿髮還是時尚？北京的農村裡，到現在還有父母給小孩子剃個光頭，但是前面留一個纘，看來像是童話書裡的桃太郎，也很神奇。

　　整體而言，北京人是保守的，甚至有些土氣，這也跟這個城市的千年文化不無關係。

「魔王」走了

一個和風煦日的冬天早晨，「魔王」田學明決定暫時告別北京，帶著他的魔術雜技團到加拿大去發展。「北京這裡的人對文化太不重視。」他悠悠的說，語氣有點遺憾，又有點堅定。他從小學習中國雜技藝術，自稱「魔王」，不僅會魔術，武術、京劇、雜技樣樣精通，並且自己創立一個文化藝術表演團體。可惜，「市場」氛圍始終不好，靠北京和其他各地的巡演，入不敷出。

「魔王」接受訪問的地點在「中國木偶劇團」的貴賓室。這個「中國木偶劇團」也

京劇是老北京最重要的藝文活動之一。

遭逢過同樣的命運。木偶劇團成立於1955年，創作演出了將近三百個劇目，也到過三十幾個國家去巡演，但是直到趙永庄女士在2006年領導北京永庄文化傳媒進駐之後，才讓這個傳統企業轉型現代化。其中最大的轉變，就是讓傳統的表演團體與展演場地，轉虧為盈，有了生機。

「我是從頭來過」，趙永庄董事長在一項女性人才國際研討會中侃侃而談，描述她在接手以前和接手以後，整個劇場的改變。簡單的說，正如北京其他上百個表演團體與劇場一樣，以往這些單位都是用一種「國營」單位的心態經營文化藝術，每個人工作只想著上下班和放假、日子到了拿薪水，哪有甚麼創新與突破。「賺和虧跟我無關」，這就讓很多傳統藝術和文化工作者，黯然下場。

以往很多挺不錯的傳統藝術表演，漸漸失蹤了。有一個很棒的蒙古族表演「騰格里塔拉」，遊客可以吃到蒙古風味料理，又可以看到大型歌舞劇演出，對弘揚蒙古族文化很好，但是不知甚麼原因沒有了。現在北京的「內蒙古大廈」和其他小型蒙古餐廳也有表演，但是與原先的「騰格里塔拉」不能相提並論。

當然，蒙古歌舞算不上北京本地的文藝項目。真正要看，至少要到「人藝」、「天橋」和「梅蘭芳大劇院」去看看。

「北京人藝」全名是「北京人民藝術劇院」，1952年創立，首任院長是戲劇大師曹禺。著名的劇目「武則天」、「雷雨」、「駱駝祥子」、「趙氏孤兒」等等至今海內外藝文界耳熟能詳。這個團體以話劇聞名於世，現在演出的地點分別是「首都劇場」、「人藝小劇場」和「人藝實驗劇場」。

同樣有名的是相聲團體「德雲社」。德雲社的主要關鍵人物，是在大陸家喻戶曉的相聲泰斗郭德綱，他在1995年創立這個德雲社，長年演出而又高朋滿座的地點就是北京「天橋」。

著名戲曲活動變臉。

　　「天橋」，老北京難忘的懷舊文化演出地點。「北京相聲大會」在這裡演出，經常是一票難求。或許有人會問，這些老掉牙的東西，會有人看麼？答案很簡單，不妨抽個時間來看一下就知道，看看甚麼叫做萬頭鑽動，人山人海。德雲社前幾年由於演員毆打記者，曾經鬧的沸沸揚揚，後來在郭德綱的大力整頓下重新開張，並且在2013年成立墨爾本分社。「德雲社」演出的場地除了「天橋劇場」之外，在北京還有「三里屯劇場」和「張一元天橋茶館」。

　　「梅蘭芳大劇院」也是藝文據點之一，隸屬於中國國家京劇院，地上五層、地下兩層，可以容納1,028個觀眾，由中國京劇名家「梅蘭芳」而得名。梅蘭芳是中國表演藝術的大家，但這個大劇院也並不只是表演京劇，也接受國際級的舞蹈和戲劇在這裡演出。最正宗的京劇在北京當然到處有人傳唱，但是在這裡可以聽到和看到最完整的梅派弟子的精彩演出。

上圖　老舍茶館外觀。
中圖　老舍茶館的碗蓋茶。
下圖　老舍茶館的茶食。

　　如果您真的無暇東奔西跑看演出，懷舊又風雅的人們可以選擇到「老舍茶館」，把老北京的各種表演一次看個夠，同時也可以吃到正宗的北京菜。

　　「老舍茶館」位於前門，地點適中，交通方便，基本上每天都有演出，不必排隊，價格也不貴。「老舍」是近代著名的小說家、文學家與戲劇家，滿族正紅旗人。為了紀念他，1988年成立了「老舍」茶館，現在幾乎是外地遊客和外國旅遊團必到的地方。

　　最理想的方法就是先在「老舍茶館」樓下的餐廳品嘗晚餐（或中餐），一邊吃著北京的炸醬麵和皇家小點，一邊欣賞現場的皮影戲；之後，就上樓去欣賞一下各種茶具、紀念品與茶在北京的介紹等等，拍個照，然後去欣賞兩個多小時的綜藝表演，節目有茶藝表演、曲藝（京劇或崑曲）、雜技、魔術、還有人人期待的「變臉」。

　　當然除了以上的藝文演出地點，各種演唱會、音樂會、話劇歌劇、少兒劇場、魔術雜技、舞蹈芭蕾、戲曲、雜技等等，在北京都可以看的到。比方說長安大戲院也有京劇演出；安貞劇場、劉老根大舞台、北京展覽館劇場有「二人轉」；人民大會堂也會有大型歌舞晚會等等，不勝枚舉。

　　懷舊又有藝文氣息的人們，來北京三個月都看不完。

五壇八廟

　　根據老北京人的說法，遊覽北京要從
「東單西四鼓樓前，五壇八廟頤和園」開
始，可惜多數人來去匆匆，只當看過天安
門、上了八達嶺就算征服首都，這也太遺
憾。若想深度看看這皇城腳下，應該來看
看「五壇八廟」。

　　所謂「五壇」，現指：天壇、地壇、
日壇、月壇和先農壇（也有一說是社稷
壇）。既然是「壇」，那當然是祭祀的地
方。古代對於大自然的祭祀，可以反映出
古人們對於天地的理解和尊崇；各種祭祀
的禮節形式，在今天的人們看來可算是繁
文縟節。不過，研究這些禮儀制度，可以
讓人肅然起敬。

　　「天壇」在北京南邊、「地壇」在北
京北邊；「日壇」在東，「月壇」在西。
多數外來的參觀者都會去「天壇」，這裡

北京天壇祈年殿外觀。

地壇公園廟會。

不僅規模最大，可以「穿鑿附會」的景點也多，觀光導遊們當然樂於介紹這個讓人流連忘返並且嘆為觀止的地方。「天壇」在永定門內大街路東，自從地鐵開通之後，搭乘五號線在「天壇東門」站下車就可以看見，交通非常方便。

無論「天壇」或「地壇」，售票買票都有點複雜。原因是裡面有「通票」或普通票。不明白就裡的人們往往買了一張票之後，走到一半就被攔下，要買另一種票才能繼續進入。這實在是多此一舉，不只擾民，並且還要多出一些人來守著第二重關口。除了多收點錢，看不出還有甚麼意義。既然是國家資產需要保護，或者是全部封閉，或者是全部開放，搞雙重標準豈不是成了遊樂園設施管理模式？

「天壇」最早叫做「天地壇」，建於明永樂18年（1420年）。多數人印象最深刻的就是「天壇」的祈年殿和迴音壁。到了明嘉靖9年（1530年），皇帝決定天地要分開祭祀，所以「天壇」主體是「圜丘祭天」；「地壇」主體是「方澤祭地」，也就是「天圓地方」。無論「天壇」或「地壇」都有內壇和外壇兩個部份，階梯中央還有神道，主要建築物都集中在內壇。

「天壇」的「圜丘壇」是冬至舉行祭天大典的地方。「圜丘」意為天，共有三層，上層中心為一塊圓石，外鋪石塊九圈、內圈九塊，以九的倍數向外延伸，象徵「天數」──九重天是也。許多遊客喜歡站在中心照相，據說可以吸收天地正氣。特別神奇的還有皇穹宇院落前的「三音石」：站在第一塊石板上拍掌可以聽到一聲回音；第二塊有兩聲回音；第三塊有三聲回音。這跟近代的大教堂或是歌劇院的迴音原理很接近。這個圓形的牆壁四周，也有迴音效果，故稱「回音壁」。

　　「祈年殿」四周每天都圍滿了一探究竟的觀光客。好在裡面不能進去，否則一定會被踐踏的無以附加。祈年殿裡面看的是二十八根楠木巨柱支撐的圓頂，據說中間四根「龍井柱」象徵的是一年四季；「金柱」十二根象徵十二個月；外層十二根「檐柱」象徵一天的十二個時辰；此外，中間以及外層的二十四根柱子，也代表了二十四個節氣。

　　「地壇」又稱「方澤壇」，位於地鐵二號線與五號線著名景點「雍和宮」北側。「雍和宮」經常人山人海，跨個橋下來另一邊的「地壇」遊人不多，以四周居民鍛鍊散步為主。這裡一度被稱為「京兆公園」，設有「通俗圖書館」，後來晉升為國家級園林。「地壇」與「天壇」相反的是以「方形」為主體設置，天壇數字為九，這裡為八：中心點為36塊方石，四周圍繞有上台8圈石塊，內36塊外92塊，每圈遞增8塊。下臺也是8圈石塊，內200外156塊，每圈遞增8塊。總計上層為548塊，下層1,024塊，均為雙數。

　　「地壇」除了祭壇之外，還有皇祇室、齋宮、神庫、神廟、宰牲亭和鐘樓等，與「天壇」相仿，只是沒那麼氣魄。「皇祇室」需要另外付費才能進去，裡面黑漆漆的，伸手不見五指，有很多歷代皇帝的神位，另外一些展示品、編鐘和大鼓，還有一些殘留的屋簷瓦璧等等，遊客進來也無人嚮導，很冷清。倒是隨後的「地壇中醫藥養生文化園」裡面奇花異草，清幽有古趣，值得逛逛。

　　「日壇」公園又稱為朝日壇，主要景觀有圜壇、西天門、北天門、神庫神廚、宰牲亭、具服殿、祭日壁畫、西南景區、曲池勝春、玉馨園、牡丹園、老年活動區等。由日壇的西靈西門通過西天門的道路是用漢白玉鋪成的神道，據說歷代皇帝都是通過神道前往祭祀。現代遊人對這些不太重視，老人小孩都在園裡嬉

上圖　先農壇，現已改為學校不開放。
中圖　社稷壇現已改名叫做中山公園。
下圖　社稷壇遺址。

戲，年輕男女在亭裡談情說愛，公園沒有任何莊嚴肅殺的氣氛，倒是有著和諧雅致的感受。

「月壇」公園只要搭乘地鐵一號線在南禮士路下車再轉兩站公車就到。這裡是明清兩代在每年秋分時節祭祀月亮和天上星宿神祇的地方，整個區域呈長方形，又分成北園和南園兩部分。裡面的各項景點大致有鐘樓、天門、神庫、月壇蟾宮，碑廊、雙環映月池、廣寒橋、嫦娥奔月雕塑、天香院、攬月亭、霽月亭、爽心亭、月桂亭，看看這些名稱就明白全都與月亮有關。據說每逢丑、辰、未、戌年皇帝都要親赴月壇行祭祀禮，其他年份「朝日則譴文臣，夕月則譴武官」代行。

「先農壇」是古代帝王祭祀炎帝神農氏的地方，現在已經消失了，但是「社稷壇」值得好好看看。北京的社稷壇非常容易找，但是也很容易被忽略。多數人來北京都會去天安門廣場和故宮，然而天安門的左側有個很大的中山公園，門口掛著個牌子就是「社稷壇」了（南門）。這是用漢白玉砌成的三層四方形平台。規制表面上與天壇地壇很相似，只是上層鋪的是五色土，代表五行又象徵「普天之下、莫非王土」。五色土壇台中央有個錐形石稱為「社

太廟。

主石」亦稱「江山石」，上銳下方表示江山永固。壇的四面都有漢白玉的「欞星門」，四周圍的稱為宇牆，也分青紅白黑四色。根據說明指出，「社稷壇」建於永樂18年（1420年），係按照《周禮》左祖右社建造於故宮午門之外西側，是現今中國唯一的國家級社稷壇。左祖就是皇室祖廟，又稱太廟，現改為勞動人民文化宮。

「太廟」是北京「八廟」之一，其餘還有奉先殿、傳心殿、壽皇殿、雍和宮、堂子、孔廟和歷代帝王廟。「太廟」原為紫禁城的一部份。紫禁城大門口左邊是社稷壇祭天（現在叫做中山公園）；右邊就是祭祖的「太廟」。這符合古代所謂「左學右廟」、「左祖右社」的原則。古代舉凡皇帝登基、親政、冊立、大婚、出征、凱旋、回朝等活動，都要在這裡祭祀祖先，也就是現代的「家祭」──感謝列祖列宗的保佑護衛。北京的「太廟」是在明永樂18年建造（公元1420年），清代曾經改建修繕，1924年改稱和平公園，1931年由故宮博物院接收為故宮分院，1950年才對外開放為「北京市勞動人民文化宮」。這裡屬於總

工會，內設劇場、電影院、球場、科技館、圖書館、畫苑、藝術廳、展覽室和兒童遊藝館。

接著來看看「孔廟」。北京「孔廟」建於公元1302年，是元、明、清三朝祭祀孔子的地方，佔地2.2萬平方米，有三進院落，院內有198座元明清三代進士題名碑，還有14座明清兩代的碑亭。進士碑共有51,624人，上刻著進士的姓名、次第與籍貫。其中元朝有三座（通）、明朝七十七座、清朝一百一十八座。著名的進士如張居正、徐光啓和潘季訓等人的題名碑都歷歷在目。每個題名碑的字跡斑斑，很多都看不出寫的是甚麼，但是一旁都會有說明的牌子，讓人發思古之幽情。孔廟的右側穿過去，連接的部份就是「國子監」。所謂「國子監」就是歷代科舉考試的考場，同時也是皇帝講學的地方。

「奉先殿」在故宮裡面，現在叫做「鐘錶館」。「堂子」搬家了，改建到中華民族園裡面去也。「傳心殿」也在故宮裡面，但是不開放。「壽皇殿」現在改為「兒童少年宮」。最後介紹「雍和宮」和「歷代帝王廟」。

「雍和宮」名氣大不是沒有原因的，首先是悠久的歷史背景讓這裡有說不完的故事；其次是藏傳佛教充滿神秘的色彩；第三是地理位置很適中，所以來北京的遊客，除了紫禁城、長城、天壇之外首選的景點，必定是這座喇嘛廟。可以說進入雍和宮不外乎是三種人，第一是世界各地來的觀光客；第二是虔誠敬拜的佛教徒；最後才是研究歷史文化的人。雍和宮1980年起開放。門票25元，是個小封套，裡面有張可以播放五分鐘的光碟，簡單介紹雍和宮的特色景致。

「歷代帝王廟」是明、清兩朝祭祀三皇五帝、歷代帝王和文臣武將的皇家廟宇。祭拜以三皇五帝為祭祀中心，展現了三皇五帝崇高的祖先地位。隨著廟中入祀人物不斷增多，到清乾隆時期，除了在景德崇聖大殿內供奉三皇五帝和歷代開國帝王、守業帝王共188人的牌位之外，另有東西配殿供奉歷代文臣武將79人牌

上圖　太廟裡的編鐘。
中圖　孔廟。
下圖　奉先殿。

位。清代建有關帝廟，單獨供奉關羽。歷代帝王廟佔地21,500平方米，整體佈局氣勢恢弘，顯示了皇家廟宇的尊嚴和氣派，為中國古建築的精品。

　　這些地方，或許你只是聽說，或者看過一兩個，但這才是北京最需要細探的景點。

歷代帝王廟。

04 北京的文化符碼

北京的道路工程人員修繕下水道的情形。

北京精神

北京長安街綿延三十公里，大大小小的招牌上，最醒目的就是四個大字：北京精神。北京精神，英文是Beijing Spirit，內含八個大字，四個指標，分別是：愛國（Patriotism）、創新（Innovation）、包容（Inclusiveness）、厚德（Virtue）。這是北京市在2011年11月2日所公布的。自此，所有北京的學校和黨政機構都要照著解讀，還要寫報告。

根據說明，這八個字是北京的城市精神，「是首都人民長期發展建設實踐過程中所形成的精神財富的概括和總結，體現了社會主義核心價值體系的要求，體現了首都歷史文化的特徵，體現了首都群眾的精神文化追求」。換句話說，這八個字就代表了北京人民的精神指標，或者說就是北京的新文化符碼。

事實上這八個字也不是北京市政府獨創的，這是自2010年5月以來，北京的二十幾所大學，開了七次研討會，提出了三十多種有關北京精神的表述語言，又在網上經過三百萬人的投票決選，最後得出來的結果。目的在讓北京人能夠「家喻戶曉、人人實踐」；讓大家做個「有道德、有素質、有文化」的北京人。

公布後不久，北京網民就「愛國」這一項，寫了一首打油詩，內容是這樣的：

> 北京城，小學生，北京精神要牢記。愛國二字是靈魂，五星紅旗在我心。
> 創新突破是關鍵，贏得未來我搶先。包容文化是特徵，海納百川贏萬賓。
> 崇尚厚德是品質，博大胸懷我弘揚。北京精神我踐行，爭當北京好少年。

　　為甚麼北京精神首要是「愛國」？其他城市的人不需要愛國嗎？北京人最不愛國嗎？當然都不是。這個Slogan站上首位的主要原因，按照說明是因為「愛國」是北京精神的「核心」。「是北京城市精神最深刻、最顯著的特徵，源遠流長，歷久彌新。這體現了北京市民所具有的『天下興亡、匹夫有責』的愛國精神，講政治、顧大局、樹正氣、重奉獻的時代精神，展現了北京時刻與民族命運緊密相連、心繫國家發展、勇擔時代使命的向心力與凝聚力」。

　　其次是「創新」，這是北京精神的「精髓」。有個網民看了這個「精髓」發表了他對創新的理解，內容是這樣的：

> 我們創新。（要把）三千年的萬象更新，一日千里的城市風貌，都是創新給了我們動力和源泉。創新意味著風險、付出和改變，但創新更給了我們激情、自信和責任。因為創新，我們得到了巨大的回報，新技術提升了我們的生活、新觀念改變了我們的人生軌跡。現在，在我們的身邊湧現出了大批敢於失敗、敢於實踐的創新型人才，「中國芯」讓世界對我們刮目相看，「水晶石」讓科技插上了藝術的翅膀。創新帶給了我們無限的活力和創造力，也必然會讓古老的北京充滿新的生機。

　　由此可見，北京人的創新是在看過「嫦娥三號」等一連串航天科技與探月活動之後發出來的驚嘆，感覺在中國的首都，除了歷史，還有科技可以推陳出新。

　　第三是「包容」，包容是北京精神的「特徵」。這裡的包容，並不是指北京人會「排外」，而是指要北京人「寬容、容納」。「在統一多民族國家形成和壯大的漫長過程中，以自己寬廣的胸懷和開放的心態吸引、融合著各地區各民族的文化，古典的、現代的、民族的、世界的，京腔、京韻的、五湖四海的，在今天的北京都有其展示的舞臺；不同國度、不同民族、不同區域的人，都能在北京尋找到發展的機會」。北京網友的體會是：

我們包容。因為包容，所以我們善良、我們快樂、我們幸福。我們向全中國全世界敞開了胸襟，我們唱著《北京歡迎你》把您迎進家門，我們的親人和朋友遍天下。包容的北京聚集了21家世界500強總部，數量已超過了紐約和倫敦，世界級跨國公司在北京的分部數量也已超過了東京。包容的北京每年都要舉辦一次「諾貝爾獲獎者北京論壇」，來自各學科的大師們為我們的發展獻計獻策。包容的北京用最好服務接待國內外的賓客，僅今年十一黃金週中的普通一天，我們的幾大旅遊景點就接待了207萬旅遊者。包容的北京把打工子弟請進了公立學校，讓他們和我們的孩子一起讀書。包容的精神就是海納百川的境界和財富。

　　第四是「厚德」，厚德是北京精神的「品質」。北京人最喜歡引用易經的「厚德載物」，大小街道都掛著這四個字。「厚德」當然是指品德的敦厚，個性的包容。這也是實踐北京精神的方法，恢復傳統的文化生活，但是必須有敦厚的個性。按照官方的版本，就是「在建設世界城市過程中，北京也必將繼續弘揚傳統美德，建設社會主義先進文化，弘揚友愛、奉獻、互助的人文精神，不斷彰顯人文關懷的內在品質」。

　　這八個字最終拍板之前，其實有五個提案，分別是：

（1）愛國、創新、包容、厚德
（2）正大、包容、和諧、日新
（3）納百川、凝千載、踐行首善
（4）繼古開今、尚德求新
（5）包容與夢想

　　最後雀屏中選的是第一個。不知道北京人是否真的很滿意這個結果？

沒啥，咱就是個「大」

　　每天扶老攜幼來到北京的外地人，第一個感覺就是個「大」。「大」就是「美」。多少農村來的人，站在天安門廣場看著毛主席的畫像，不覺熱淚盈眶，不一定是感念他的恩德，多半是感覺「祖國真偉大」。多少外國來的觀光客，來到朝思暮想的長城腳下，抬頭一望，不盡生出無限敬意，因為「長城真偉大」。北京的大，並不只是地方大，更重要的是一種「大氣」。

　　搭乘1路公車，可以由西往東在長安街上看一遍，就知道甚麼是「氣派」。長安街是北京的東西軸線，被譽為世界最長、最寬的馬路，稱為「神州第一街」或者「天街」。狹義的說，長安街是指西單到東單的一段馬路；廣義的說，是從西邊石景山區到東邊郊區通州的這一條路，全名長安大街，也稱十里大街，有六百年歷史，總長38公里，相當於台北到基隆。北京市還打算把這條大街向西延長12公里，向東再延長20公里，使其總長度全長達45公里。

　　單單是把長安大街上兩旁的各種建築物看一遍，來北京就可以值回票價。這其中有許多赫赫有名的古蹟建築，例如紡織工業總會是清代的翰林院，北京飯店中樓是清代協尉大官廳，旁邊一棟淺紫紅色的是清代理藩部的舊址（辦理少數民族的事物），西長安街上的28中學原是清代的昇平署、住著皇家劇團，新華門原稱「望鄉門」，是為了香妃要眺望故鄉而建立的等等。現在又還有不可或缺的各個銀行大樓、頂級酒店、單位機關辦公室，在夜間欣賞，可以說是美輪美奐。

北京前門大街的步
行道，實際上寬度
不輸給一般要道。

北京的年輕人
結婚，最新流行的方
式就是結合一個寶馬
敞篷車隊，沿著長安
大街駛過，並且在接
近天安門前的時候，
放下敞篷，讓新郎新
娘站在車裡，以便隨
前隨後的攝影車隊跟
拍。他們還可以在美
麗的頤和園與長城取
景，讓自己的婚紗照
變得多姿多采。

許多人來過幾次
北京，就自認是個老
北京，「不過就那幾
個地方而已」，其實
是錯了。普通在街上
買的北京市街道圖，
仔細一看，連北京大
學、清華大學可能都
找不到，原因是北京
太大，一張地圖哪能

收納得下？普通地圖拿出來都到五環邊上就沒了。然而，現在的北京，六環都通車好一段時候了，地圖上根本畫不下。更別說北京四周的幾個區和縣，需要找個更大的地圖才能涵蓋。

最新的資料顯示是，北京市有16,801平方公里，其中有二個城區、四個近郊區、和十個遠郊區縣。東城區，41.84平方公里；西城區，50.7平方公里；朝陽區，470.8平方公里；海淀區，426平方公里；豐台區，305.8平方公里；石景山區，84.38平方公里；門頭溝區，1,450.7平方公里；房山區，1,994平方公里；大興區，1,031平方公里；通州區，906.28平方公里；平谷區，1,075平方公里；順義區，1,021平方公里；昌平區，1,352平方公里；懷柔區，2,128平方公里；延慶縣，1,993.75平方公里；密雲縣，2,229.45平方公里。前2個中心城區的面積為92.54平方公里；4個近郊區的面積為1,286.98平方公里；10個遠郊區縣的面積為15,181.18平方公里。常有人說我住朝陽區，你也住朝陽，為甚麼沒見過你？那是個笑話，單單朝陽區就有470平方公里。而台北市的總面積也不過271.7997平方公里。

簡單的說，如果只去過幾個景點，或者在市區晃晃，就說到過北京，那還差遠了。即使是老練的北京司機，也絕對不敢打包票，說他一定知道北京的大街小巷。甚至於在北京東邊叫車要去西邊，司機還常會不好意思地問你知不知道怎麼走，讓人以為他是個新手。其實不然，只是因為北京太大，有的路況真的不知道，每天還都有新的道路，不見得每個司機都明白目的地在哪裡。至於那些常說：「北京嘛！我很熟」的人，多半會讓北京人斥之以鼻。

打個比方來說，北京的公共汽車（公交車）的站牌不是以距離來安排的。有時候一個站與下個站之間，要開十五分鐘才會到，所以不能看站牌下一站就到，乾脆走路過去，那可能要走兩個小時。北京人通常會善意地告訴你，搭車比較

好，還有兩站地（還有兩站才會到），意思是提醒你，距離還遠的很，走路可能會很久。如果你偏不信邪，那可能會把鞋跟走斷還到不了。

　　北京的門牌號數也不是像其他地方一樣，馬路的門牌號碼都是依照順序排列的。就算你拿到某人的地址，如果沒有他本人確切地告訴你怎麼走，用電話指揮，恐怕就是已經到了門口，也不知道在哪裡。舉例來說，有個人跟你約好在「崇文門」地鐵口見面，你怎知道是哪個出口？因為像這種大的地鐵站，有十幾個出口，不知道從哪個出口出來的話，兩個人怎麼找也找不到一起是很正常的現象。又比方去頤和園，那就更麻煩了。頤和園可以購買門票進入公園的入口就有：頤和園正門（東宮門）、新建宮門、南如意門、北宮門、北如意門，以及中央黨校對面新開闢的園門等，如果沒有地圖或導遊，那就跟進了迷宮沒有兩樣。

　　相對的，北京的機構也是「大」的驚人。比方說，你拿到一張名片，上面寫著他任職於華潤集團，於是就說，我知道，我認識你們公司裡的某某某，可不可以幫我朋友在公司裡找個工作？對方會說，你先看一下哪一類的職務吧！於是你一查當天該公司的「最新招聘信息」，也許就有三萬多條，意思是說，你先看看想要這三萬多個職位中哪一個合適，才能幫你忙。北京大公司裡面有幾十萬員工、幾百個分支機構的多不勝數，完全不能跟臺灣的中小企業概念來比較。

　　所以，來北京千萬不要介紹自己開了一間「小小的」公司，想做一點「小小的」投資，這都是錯誤的表達方式，北京人習慣了大，隨便看一個專案（項目）都是「幾個億」的，對於「小小的」表達，不認為是謙虛，反倒認為這可能是虛偽。

「北飄」、「憤青」、「五毛黨」

　　來北京居無定所的人，叫做「北飄」。「北飄一族」代表了所有沒有北京戶口的人們，只要是外地來的，無論是中國人、外國人，常駐北京，見面第一句介紹詞就會說：我是「北飄」。

　　我頭一回見到的「北飄」流浪男在中國美術館。那是李可染紀念展最後一天，我從國外趕回來，一邊陪著的是帥哥李博士。李博士是留學巴黎的美學和藝術史學家，我們提前在館內餐廳用餐，突然間，對面冒出一個大漢走過來，說要跟我們做朋友。李博士一邊盛湯，一邊禮貌的問他是幹啥的？那人立刻表明身分，並且拿出自己的畫冊，說他是國家一級畫師，要讓我們鑑賞一下。李博士邀請到他一旁坐下，我們匆匆吃完飯，就去展廳。

　　這男人身高有一米八，穿著件厚大衣，面龐好像木板畫，有棱有角。自始至終他就拿著包跟在我們後頭，寸步不離。李博士解說著畫展及畫作，他就聽著也不講話。末了，我們看完了，他說請我倆喝個咖啡。看來也沒啥惡意，我們三人就到咖啡廳坐下。那人又拿出他的作品集和歷年媒體發表的紀錄等等，我沒說甚麼，作品水準很普通。

　　臨走之前，那人向我們要名片，我使了眼色給李博士；李博士刻意留下他自己的聯絡方式，告訴他我倆是朋友，有事找他聯繫就成。那人說他在北京沒甚麼朋友，是個「北飄」，希望能跟我們保持聯絡。離開後他開始密集給李博士發

簡訊，要求知道我的地址。又過了幾個禮拜，我問李博士這人到底想幹甚麼？他說：這人想幫您畫像，而且一定要在您的住所！

　　第二回見到的「北飄」流浪男是在公車站。一個黃昏，兩三個台商朋友吃完晚飯要去洗澡，我不想跟，正打算單獨打車（叫計程車）回去，才沒走幾步，就冒出個大漢對我說：我可以跟你做朋友嗎？四周還有人，天也快黑了，我想趕快擺脫他的糾纏，他突然拿出身分證說：我才40來歲，不相信你可以看看，我家就在這附近，到我家來吧！我心想，老娘都六十了，還來跟我玩這套。白他一眼，就上車了。

　　這樣的「哥們」後來在街上遇見很多，也就見怪不怪。

　　第三回的「北飄」流浪男是在網上遇見的。有個自稱是某學院的物理博士要跟我做朋友，我想是為了學術活動，也就加他。這人原來是搞核能的，照說應該素質修養不錯。一開始還道貌岸然的談下去，不久發現原來也是個找「伴兒」的。我問他已經有老婆了沒？他說有。那就怪了，有病。

　　之後問了幾個「北飄」朋友，他們說這沒甚麼，在網上可以交往一兩年，見面看上眼的也可以在一塊兒。不過，也要小心。交往後可能女方要求婚嫁給錢，一喊就是20萬。20萬？那會不會是假結婚真詐財？當然，「北飄」也不一定都是無聊男子，很多到北京來找工作的、求學的、或者有一段時間來北京無所事事的人，都稱之為「北飄一族」。

　　「北飄」如果長期居留北京，找不到工作，也混不下去，那可能會成了「憤青」。「憤青」，英文是Angry Young Men，可以說是憤世嫉俗的年輕人。不過，這裡的「憤青」可不是單純對現況不滿，應該說是對整個國家、社會都不滿，或者對世界徹底失望的人。他們多半是「宅」在家裡，靠網路聯繫外界，最大的樂趣就是對著所有網上的文章發言謾罵。經常使用粗話例如：牛逼（或牛

B）、叫獸（教授），對社會往往有著無情的批判，甚至做出非理性的舉措。不喜歡他們的人就會稱他們是「糞青」。可以說是一批「極端」、「偏狹」、「無知」、「粗鄙」人們的代名詞。只要是北京發生甚麼大小事，「憤青」一族肯定會來狂「批」一把，用詞尖銳，往往不理性。有人形容他們是一邊吃著箭牌口香糖，一邊罵著美國帝國主義；或者一邊聽著SONY隨身聽，一邊吼著日本人滾回去。

　　當然，這群人裡面，可能還混雜著一些「五毛黨」。「五毛黨」是指只要給五毛錢就可以幫人做「寫手」的人群。聽說大陸很多「網警」都是從這些人裡找出來的，專門監督網路上的部落格（大陸稱博客）、微博、空間、社群，甚至媒體發出來的文章，做出「網路評論員」的架式。其實，他們到底是不是政府派來的「寫手」，背後是否真的有「神主牌」，這些「五毛黨」並不能加以證實；不過，隨時看看各種博客，就可以找到這些人的「足跡」。無論在網路寫甚麼文章，這些人都會來「插上一腳」，說點「為反對而反對」的聲音，而且彷彿是代表政府發言的。

　　姑且不論一個人到了北京之後都做了些甚麼，您必須知道的是，您可能會是個「北飄」。「北飄」居無定所，又成了無業遊民之後，就會轉變成為「憤青」；如果真的文采飛揚的話，就可以加入某些特殊單位，做個「五毛黨」啦！

甚麼？誠信？

　　王志超在北京擔任導遊很多年了。早年專門帶歐洲團，近幾年開始攬臺灣團的生意。最近接了一批北京結業的學生要到臺灣大學去舉辦結業典禮，希望能幫忙找幾個教育部的官員蒞臨，「因為，這個團裡有很多高級領導，是掛著頭銜的」。

　　不瞭解大陸的人，可能聽不懂這番話裡的含意。他的意思是說，這個團是由一些在政府有掛名的人物所「帶隊」的。如果到了臺灣，拜託找幾個有對等頭銜的「首長」來開場，這樣才有派頭，「即使給些車馬費也可以」。

　　問題的關鍵是，掛名。

　　在臺灣，如果拿到一張北京人給的名片，也許上面寫的是某某協會的委員，或者是某某企業集團的老總。但其實這個人的真正身分是政府官員、黨工、或者是其他特殊身分的人。他們的真實身分，只有少數人知道。他們出示的身分也不是假的，但是外人是看不懂的，因為那是一種背景。

　　以外地人或外國人的想法，這，可不就是不夠「誠信」？天呀！連身分都是假的，還有甚麼可以相信？不過，北京人可不會這麼認為，身分當然不能隨便「亮」出來，那是要你自己去打聽才會了解。所以，歸根究底的說，「誠信」一詞在北京人的腦海裡是不存在的，這與欺騙無關。

　　但是，外地人會因此把北京人當作大「忽悠」——專門說「大話」、「官

話」和「空話」的人。外人會認定北京人真的是太會講話，可是沒幾句是真話，都是胡吹亂蓋，「說的比天還大」。「誠信」兩個字在北京也很少用，北京人會說：這些話！「不靠譜」（不一定準確）！

甚麼東西「靠譜」呢？難說。比方說，到菜市場去買了幾個蘋果，看的很漂亮，可是撕開那張小小的「保質」小標籤，底下爛了個洞。去水果攤買一小兜橘子，回來一看總有幾個是壞的。到超市去買絲襪，到家打開一看，一隻和另一隻不一樣大小。諸如此類的問題太多了，更別說甚麼食品安全，真不靠譜。

有一天去派出所，辦完事情突然想到要買一罐蜂蜜，正好隔壁就有個小舖，走進去問大娘，你這有蜂蜜嗎？那老大娘大聲說，甚麼蜂蜜？北京蜂蜜都是假的！路上的人聽到都哈哈笑。派出所的人也聽著，沒有覺得不對。大家都知道，北京的蜂蜜都是芍芡糖水變出來的，就算對著瓶子搖來搖去，也看不出有多少「蜜」的成分。可是如果去問賣蜜的，他們會說，蜂蜜本來就是這樣，不可能給「純」的。

所以，在北京無論到哪裡買東西，都得挑。早上去菜場，北京人買菜是一根一根挑的。還會問清楚這是哪來的。如果去攤子上買襪子，對方會把兩隻襪子伸到你面前，仔細讓你看過是不是有跳絲或破洞。如果不挑，那可能水果攤的師傅就會把快爛的擺幾個進去，等回家一看氣結，也沒辦法。

這種算不算不「誠信」？北京人會說：「沒事兒，大不了我給您換一個，又怎麼著了？」「我也沒看見有爛的，年歲大了，眼神不好。」一句話就讓你「蒙」了。回頭想想，對呀！其實也沒甚麼，「多大點事兒」呀！

最可怕的是進醫院。按照北京人的說法是，沒病看出有病，有病看到病死。有個設計師頭痛很多天，到醫院去照X光，診斷是腦瘤，必須立刻開刀。他嚇得半死。朋友說北京醫院不「靠譜」，最好再找一家。結果到了第二家，一照，還

是腦瘤，必須立刻開刀。他更心慌，找到第三家醫院（全是一流的醫院），還是腦瘤，需要立刻開刀。後來，朋友勸他說，反正你這腦瘤開刀也未必可以活，不如找個中醫看看，或許有救。結果去了中醫那裡，醫師說他只是用腦過度，偏頭痛而已，吃兩服藥就痊癒了。

啥意思？也就是說，北京的醫院會看病人，這個人只要來了能開刀，馬上鼓勵開。因為只要開刀，所有人都有「好處」，業績長紅。有一個新聞報導說，有個心臟病人需要做「支架」，明明只做四根就夠，醫師給他做七根，因為多做一根，醫師可以多賺幾千元。想想看，這算不算「不誠信」？可是，北京人會說，不會呀！多做幾根很好，可以保證萬無一失。

再舉一個小例子。去公園或者景點，導遊會告訴遊客，儘量不要買東西。學生們不聽，買了一個小玩意。回來一看，東西是真的，鈔票是假的。原來在給對方一百元的時候，找回來的零錢有幾張是假幣。導遊還會說，少喝景區的礦泉水，因為可能是假的。如果不信，回家仔細看一下標籤，上面果然沒有製造廠地址和日期。還有，如果你購票入場，那張票不還給你，又拿回櫃檯轉賣，這也很平常。

當然，一些小事的誠信與否可以不要太介意；但是大事的誠信與否，可就關乎千家萬戶了。大陸著名的嬰兒奶粉造假案，和最近發現的嬰兒假疫苗案，都讓很多無辜的孩子斷送了性命，這些大問題可就不應該「輕輕帶過」。「誠信」是一個人類基本的道德問題，應該比北京精神的「愛國」、「創新」、「包容」、「厚德」更為重要。

哈！又有一個被「雙規」了！

　　甚麼是「雙規」？這話可不要隨便講，講了會讓人「打哆嗦」。原來，北京是個政治中心，環繞著北京的神秘氣氛，多半與做官的有關。如果做官的人出事，最糟糕的下場，除了最後的「落馬」，那就是被「雙規」了。

　　「雙規」又叫做「喝咖啡」，是指官員被黨務機關的「中紀委」（中央紀律檢查委員會）和監察部門的人帶走、審問，用北京話說是「出事了」，用臺灣話說是「歹誌大條了」。這些人被帶去的隱蔽地方，可能是招待所、賓館、軍事基地或者是培訓中心等等，接受「雙規」雖然不是坐牢，但恐怕命運就比坐牢還麻煩了。簡單的說，這個人一旦被「雙規」，就被限制了人身自由。

　　哪些人會被「雙規」呢？當然不是普通的老百姓，而是黨員或者官員。特別是在中國十八大之後，為了肅貪所抓起來的大官，每天都有一大堆，還有的人因為怕被「雙規」，索性跳樓自殺了。

　　到底違反了哪些禁令會被抓？很具體的，在中央有所謂的「八項規定」、「六項禁令」，六項禁令分別是：

　　1.嚴禁用公款搞相互走訪、送禮、宴請等拜年活動。
　　2.嚴禁向上級部門贈送土特產。
　　3.嚴禁違反規定收送禮品、禮金、有價證券、支付憑證和商業預付卡。

4.嚴禁濫發錢物，講排場、比闊氣，搞鋪張浪費。

5.嚴禁超標準接待。

6.嚴禁組織和參與賭博活動。

聽起來，這些事情沒有甚麼了不起，也不是滔天大罪，但是確實是貪官汙吏「腐敗」的根源。

「雙規」的原因，通常是被「舉報」。現在網路很發達，只要是上網到中紀委這樣的網站，就可以輕易揭發哪個人的罪狀，如果上面派員「摸底」屬實，這個人通常會被調查、約談、審訊、居留，這就是「雙規」了。可笑的是，許多被雙規的人通常是被「小三」舉報的，因為情婦太多擺不平，所以被舉報雙規的人很多。

看看以下的報導，就知道詳情：

A.最近，「中國版的萊溫斯基」已經成為網路上的熱搜詞。原因是：山東省淄博市張店區的一名水務局長因為無法滿足情婦提出的種種要求，而與之翻臉，這名局長大人的情婦不僅通過當地電視臺把兩人的地下關係徹底公開，而且還帶著與局長同居的一系列證據到了局長的單位和當地的紀律檢查機關舉報。經紀檢機關調查，這位局長不但包養情婦的事實成立，還有著其他犯罪行為，結果當然是先被「雙規」，後被追究法律責任。

B.據報導，內蒙古自治區黨委常委、統戰部部長王素毅被情婦聯名舉報貪汙受賄近億元，包養女大學生女記者數名，房產數十套。安排近30名親戚吃空餉。

所以，「雙規」絕對不是簡單犯了前面那幾條禁令而已，而是情節重大。

被「雙規」經查屬實，就會被「雙開」。「雙開」是指「開除公職」與「開除黨籍」。以最近一個案例來說：

C.廣東省原茂名市公路局黨組成員、副調研員尤軍南（副處級），涉嫌跑官送錢求關照，並收受超100萬元「紅包」、回扣、補貼，違反計生政策生了四胎，並與情人長期保持不正當關係，其日前以犯受賄罪，被法院判處有期徒刑五年。記者昨日從茂名市紀委獲悉，紀委已對尤軍南作出開除黨籍、開除公職處分。

事實上，數字顯示，2011年，各級紀檢監察機關處分縣處級以上幹部4,843人，2012年各級紀檢監察機關處分縣處級以上幹部4,698人，已超過當年全國的礦難死亡人數。2013年網上還公布了高官「落馬」省部級官員一覽表，其中許多人都是各省的政要。

無論是在北京或者外地，只要聽說某人幾天沒來上班失蹤了，就會被群眾或者員工揣測，這人恐怕已經被「雙規」了；但是也有人偷偷出國去玩耍，沒有告訴他人，讓其他人以為被「雙規」了，等到回國之後，才急急忙忙的向社會大眾闢謠，說明他是清白的，還活著。

05 北京的社會生活

公園裡總是有很多閒坐的老人。

上班族？擠死累死

　　在北京上班，的確是個苦差事。由於地方大，又24小時堵車，幾乎每個人都得提早出門，而且還未必能準時。若是早上趕開會，那更是得起早摸黑。多早呢？多半的人，必須要提早兩個小時出門，因為從東邊到西邊搭地鐵就要一個小時，萬一還要轉車，那就需要加上轉車和等車的時間，即使提前三小時也不為過。

北京上班時間的公車塞滿了人。

左圖　北京上班時間的塞車車流。
右圖　北京雪後的道路景觀。

　　意思就是說，如果九點上班，比較安心的是六點半出門。事實上，北京上班族也都是在這個時間往外走，如果略遲七點才出門，那可能擠不上地鐵，要等好幾趟車，才能如同沙丁魚一般的擠上車、擠下車，真是痛苦。夏天還好，冬天出門，寒風刺骨，真會累死。

　　北京的所謂夏天，其實很短。北京在每年十一月中旬開始供暖，家家戶戶有了暖氣。但是冷空氣大約十月下旬就一波波的從新疆、內蒙古過來，氣溫已經很冷，再加上風大，天空甚至要到七點半才亮，想想看每天七點出門擠車那種慘況，也怪不得大家上班都沒有好情緒。供暖會持續到三月中，但是真正暖和一點，總要等到四月底五月初。也就是幾乎有半年時間，北京不利出行。

　　要是有車，自己開，會不會好一些？當然不會。北京的幾個環路，從二環、三環到四環，每天高峰期都像是大停車場，龜速不說，還經常有狀況一、二、三、四。自從開了五環之後，原以為會好一點，但是開通至今也是堵又堵，尤其是往上班集中區域的路線，如中關村一帶，出口根本下不去，大家都只有耐心的等。還有，北京很多馬路禁止停車，找個停車位也是痛苦的事，街上常看見有人為了擦撞細故下車爭吵，甚至打架。

　　北京的汽油費也居高不下，至少比很多國家都貴一點。以目前來說，零售價是89號，7.31元／升、92號，7.86元／升、95號、8.36元／升，柴油、7.76元／升。而臺灣的汽油價格，92無鉛，33.9元／公升、95無鉛，35.4元／公升、98無鉛，37.4元／公升、酒精汽油，35.4元／公升、超級柴油，32.8元／公升。（人民幣：新台幣＝1：4.862）。換句話說，以92無鉛為例，北京每公升是38.21元新台幣，而臺灣是33.9元新台幣。

　　北京人的薪資有多高呢？以《百才招聘網》公布的最新資料顯示，北京工資收入平均是每月人民幣4,786元（折合新台幣23,269.532元）。另就北京市統計局發佈的統計數字顯示，2012年，北京市城鎮非私營單位就業人員年平均工資為84,742元，與2011年的75,482元相比，增加了9,260元，同比名義增長12.3%，增幅下降3.5個百分點。2012年，北京市城鎮私營單位就業人員年平均工資為42,882元，與2011年的34,235元相比，增加了8,647元，同比名義增長25.3%，增幅提高0.5個百分點。而就網路《國安吧》的公布數字，2013年的北京平均薪資是：

　　　　1.工作1～5年的正規大學畢業生年薪：10～20萬元人民幣

　　　　2.企業骨幹：15～30萬元

　　　　3.經理（L1）：25～50萬元

　　　　4.高級經理（L2）：50～100萬元

　　　　5.總經理（L3）：100～200萬元

　　　　6.高級總經理：200萬元以上

　　以大學生剛畢業的薪資來看，北京市名列中國第二（第一是上海）。2013年北京的畢業生平均月工資是4,746元（NT$23,075），上海是4,859元（NT$23,624）。這與台北大學畢業生的22K來說，幾乎是一模一樣。

　　但是，雖然北京收入不算低，房價、車價、汽油價卻都很高。而且，在北京買車需要「搖號」，也就是每月抽籤，需要連續五年以上在北京有納稅或社會保險證明才能參與。每個月大約有兩萬個機會可以抽中，但是有二十幾萬人等著抽。即使有車，也不是每天都可以開。從週一到週五，每天有兩個「尾號」是限行的。換句話說，每個禮拜的上班日，有一天是不能開車的。

　　另外，北京抓「酒駕」非常嚴格。從2011年6月26日開始的新條例是：

一、飲酒後駕駛機動車的，處暫扣一個月以上三個月以下機動車駕駛證，並處二百元以上五百元以下罰款。

二、醉酒後駕駛機動車的，由公安機關交通管理部門約束至酒醒，處十五日以下拘留和暫扣三個月以上六個月以下機動車駕駛證，並處五百元以上二千元以下罰款。

三、飲酒後駕駛營運機動車的，處暫扣三個月機動車駕駛證，並處五百元罰款。

四、醉酒後駕駛營運機動車的，由公安機關交通管理部門約束至酒醒，處十五日以下拘留和暫扣六個月機動車駕駛證，並處二千元罰款。

五、一年內有違反上述規定醉酒後駕駛機動車的行為，被處罰兩次以上的，吊銷機動車駕駛證，五年內不得駕駛營運機動車。

　　在北京這個城市上班，真的要有心理準備。

小區無憂

　　在北京安全嗎？答案應該是：小區無憂。如果在這皇城腳下的首善之區還不安全，那可能就沒有更安全的地方了。依照北京的話說是「裡三層、外三層，裹的『嚴嚴實實』的，跑都跑不掉」。北京的口號是要建立和諧社會，「和諧」的關鍵之一，就是要安全。不僅要安全，還要居安思危。更重要的指標叫做「維穩」，社會不穩定的事件，首先要砍掉。

　　打個比方來說，北京車站人來人往每天幾十萬，只要有一個扒手在站裡偷了人家的東西，保證不用二十分鐘，馬上給抓起來。一個人如果敢在小區（社區）裡犯案，那就難保不用幾分鐘，物業、保安，甚至派出所、公安的人都來了。雖然說不是天羅地網，但可以說安全的工作的確做的很「到位」。即便是個人家裡芝麻蒜皮的小事情，也會轟動武林、驚動萬教。

　　如果到了北京要開「兩會」（人大與政協）的三月份，那街道上更是布滿各式各樣的「輔導員」。她們身上都會斜揹著一根紅布條，俗稱「大娘隊」，用意是監督來來往往小區四周的行人。這類的「督導」到處都有，各種大樓、交通要道、公共場所，無所不在，讓北京「十分安全」。

　　「小區無憂」事實上還是個很大的網站和APP，主要功能是便利市民，讓他們可以知道小區附近有甚麼日常需求的供應點。手機上下載這個「小區無憂」後，生活機能可以變得更方便。舉例來說，樓下外賣、送米送油、家政服務、維修開鎖、搬家購物、叫水、練瑜珈、家電維修、管道疏通等等功能，一應俱全。

　　事實上，每個小區都有物業管理公司[1]，每年繳了物業費，以上所說的服務，多數物業公司都會隨叫隨到，24小時服務，非常方便。即使是馬桶不通、屋裡電燈不亮，也會派人來看。

　　北京許多家庭的費用，都是充值服務的。首先是電話，無論是手機或者座機，都用充值。充值可以在網上銀行辦理，也可以到街口小書報攤上買充值卡，自己刷卡充值。主要的電話公司有「中國移動」和「中國聯通」兩家，彼此互別苗頭。電話的計價費用很複雜，加上最近由3G轉為4G，有各種套餐可以選擇。電話維修也不困難，手機壞了就去最近的保修店；座機壞了就打服務電話，永遠有人隨時耐心聽問題，並且迅速處理，很少拖拖拉拉。

　　北京的電費也差不多是這樣。家家戶戶的電表（智慧型電表）都在每一層樓裡，由物業共管。每隔一週或兩週，物業會來查電表，如果你家的電剩下不多（通常是200度），物業會在你門口貼一個告示，提醒你去銀行「購電」。那就是說，你得把家裡的「電卡」保存好，最好經常保持有電，否則一旦半夜三更沒電了，就要到附近的「國家電網」（電力公司）去購電，雖然也是24小時服務，可就是個麻煩。電費基本價格也不一樣，有普通用戶、軍用戶、商用戶等差別。而且還有個階梯式價格，意思是「用得越多就越貴」：

1. 第一檔電量為240千瓦時及以下的電量，電價標準維持現價不變，即 0.4883元／千瓦時（不滿1千伏）和0.4783元／千瓦時（1千伏及以上）；對城鄉「低保戶」和農村「五保戶」設置每戶每月15千瓦時的免費用電量。

2. 第二檔電量為241～400千瓦時之間的電量，電價標準比第一檔電價提高 0.05元／千瓦時，即0.5383元／千瓦時（不滿1千伏）和0.5283元／千瓦

---

[1] 物業公司有點像我們的大樓管理處，但是個獨立經營的公司，收取業主的年費以後，全包社區裡的所有管理事務（例如保全、修水電）。

時（1千伏及以上）。

3. 第三檔電量為超過400千瓦時的電量，電價標準比第一檔電價提高0.3元／千瓦時，即0.7883元／千瓦時（不滿1千伏）和0.7783元／千瓦時（1千伏及以上）。

　　北京的家庭用水，分成自來水、中水和桶裝水。自來水的水表都裝在自己家裡，有一種遙控裝置，讓自來水公司不用進門就可以查水表。每個月水公司會把水費條子貼在門上，住戶就到附近的銀行去繳。銀行有一個專門繳款的機器，不用排隊叫號，如果不會用，一旁的大堂經理會來幫你。「中水」，是指馬桶、洗衣機用水等等，這一部分是裝在家裡的一個中水表上。每家都有一張中水卡，快要沒水就要去物業服務那裡充值，買水，再把充值卡插回卡座，水就會來了。桶裝水是因為北京的水質不佳，自來水出來有異味，又屬於硬水，加鈣，常有沉積物。所以北京人的小區會有「水站」，也就是賣水、送桶裝水的店。桶裝水也有很多牌子，每種價格不同。沒水了就打電話叫水，幾分鐘就送來了。

　　最後是瓦斯費，北京叫做「燃氣」費。這也是用充值的方式取得。在住家的燃氣旁（臺灣叫做瓦斯爐），會有一個插槽，如果看到燃氣數字不夠用，就去指定的銀行（通常是北京銀行）充氣。基本上價格如下：

自來水價格：1.70

水資源費：1.26

汙水處理費：1.04

合計（居民用水銷售價格）：4.00／立方米

天然氣：2.28元／立方米

到底貴不貴？大家可以比較一下。

東西南北

　　外地人來到北京，最怕的是迷路，最煩的是問路。如果在街上迷路，好不容易找到一個人問他該怎麼走，得到的答案可能是這樣的：前面路口往南，下一個路口往西，再走800米就到了。你得趕緊說謝謝，否則怕人家不耐煩了。但是想想他說的，還是不會走。

北京的交通景象。

　　這就是北京，方向是用東西南北來分的，不是前後左右。問題是，面朝東往前八百米，這樣的說法，外地人真的聽得懂嗎？所以，最好的方法是，到了下一個路口，再找一個人問一下，如此之故，連續問五、六個人，保證沒錯。

　　但是如果地方更複雜一點，對方說，我們的寫字樓（辦公大樓）是在馬甸橋西南角上，那可能就真的要好好把地圖拿出來參考，或者用上手機的GPS。因為即使是當地的老百姓，要弄清楚是東南角或西北角，都會搞糊塗。還有，這種所謂的橋，很可能是個「立交橋」，也就是上下交叉好幾層的橋，東南角和西北角連肉眼都分不出來在哪裡，要怎麼找得到？

　　搭上北京的公共汽車（公交車），你可得注意車站的名稱。舉例來說，我要到東單路口東，或是到東單路口西，兩站差距很遠的；或者西泉西里東，和西泉西里南，這也可能相距十萬八千里。甚至比較大的小區，裡面有一期、二期……到三十二期，你以為已經找到了，結果在小區裡面開車可能花個一刻鐘還找不到。如果門衛（小區門口守衛）說：「我們這是西門，你要去西北門。」那就可能又要繞個大圈子。

　　還有，到了西北門，警衛說：「這個門不可以開車進去；要開車，得走東門。」哇塞！那又有得搞。最好隨身帶著個指南針，否則真的不行。

　　GPS很多車上都有，可是衛星定位與我們平時開車的方向或者習慣卻可能不同。舉例來說，明明走這條是個捷徑，GPS卻指揮你繞了一個大圈子；或者正好相反，明明已經看到酒店了，卻過不去，因為中間有個軍區擋著。

　　最實際的辦法就是，先問清楚地址，上百度看地圖，然後下載地圖或者出行方式到手機。等到快到之前，再在附近問清楚到底在哪裡。如果是王府井大街，這條街頭到街尾就有1,600米，而且一半以上是步行街，不能開車穿過。如果你在長安街這一頭，而你的朋友在那一頭的酒店等你，你想走路過去，恐怕也要走上半小時。

　　搭車還是最方便的。北京出租車的價格起跳是13元，其餘計價方式如下：

北京市計程車價格標準

收費專案	收費標準
3公里以內收費	13元
基本單價	2.3元／公里
低速行駛費和等候費	根據乘客要求停車等候或由於道路條件限制，時速低於12公里時，每5分鐘早晚高峰期間加收2公里租價（不含空駛費），其他時段加收1公里租價（不含空駛費）。
預約叫車服務費	提前4小時以上預約每次6元，4小時以內預約每次5元。
空駛費	單程載客行駛超過15公里部分，基本單價加收50%的費用；往返載客（即起點和終點在2公里（含）範圍以內）不加收空駛費。
夜間收費	23：00（含）至次日5：00（不含）運營時，基本單價加收20%的費用。
合乘收費	合乘里程部分，按非合乘情況下應付金額的60%付費。
燃油附加費	1元／運次

備註：1.早高峰為7：00（含）～9：00（不含）；晚高峰為17：00（含）～19：00（不含）。
　　　2.計程車計價段里程精確到500米，時間精確到2.5分鐘；計程車收費結算以元為單位，元以下四捨五入。
　　　3.過路、過橋費由乘客負擔。
　　　4.按日結算的包車及出北京行政區域的客運業務收費實行市場調節價。

　　北京馬路上的測速照相「探頭」（電子眼）也很厲害，如果您的愛車上沒有反雷達偵測器，恐怕很容易就會吃紅單。闖紅燈，記6分，罰100元。超速，有的扣12分、有的扣6分、有的扣3分，按照區域和輕重而定。每年12分，被扣完了就要吊銷駕照，是很麻煩的事。

　　總之，事前向車行或者熟悉的師傅預約車子來接送，會是最理想的出行方式，否則，雖然在北京的路邊都有招呼站，但是連一輛車也攔不到，那就很耽誤事情。北京的出租車是不允許拒載短程的。不過車子在街上一晃而過，想舉報這樣拒載的車輛也不是一件容易的事。東南西北出行，還是得靠自己想辦法。

準點？怎麼可能

　　機場大巴上，有一個乘客用手機向家人報平安：今天的飛機有毛病，居然準點。這句話如果給外人聽了很費解，但是北京人聽了卻認為很正常。

　　自從奧運之後，所有來往北京的班機，可以說是班班誤點。這在以前是不可思議的。以往北京的飛機，不僅是準時抵達，而且還會提前抵達。即使在起飛時有延誤，抵達的時間居然還會提前。現在好了，不準時造成很多民怨，有的時候，乘客還會和空服員吵架、打成一團。

　　起先，大家都認為是天氣因素。這應該是可以原諒的。比方說，冬天下雪之後，飛機機翼結冰，起飛以前所有飛機得排隊先除冰，讓嘩啦啦的一個像是洗車機器似的大傢伙，把各飛機洗刷一遍，這樣起飛才安全，當然是情有可原。

　　不過，夏天萬里無雲，天氣好的很，卻無端的讓乘客在關艙以後，坐在客艙枯等。有的老型號飛機還沒有空調，哇，真的會出人命。不過，中國乘客還算淡定，有時候給吃飯、喝水之後，要大家下機等明天再來，那也只能無奈接受。

　　負責任一點的航空公司，在晚上如果取消航班，會把所有乘客載送到遠郊區的酒店安頓，等第二天一早再起飛，如果是比較差一點的，會說哪時候飛還不知道，請大家回去等消息。還有的人在機場等了一個晚上沒睡，第二天早上才飛。

　　所以說，準點，反而不是常態；不準時，稀鬆平常。

　　造成這種原因的說法不一，官方的版本是交通流量管制，要控制出入班次。實際一點的原因，應該是跑道和空中交通飽和，必須開放新的區域才夠用。常搭飛機的人都可以看到，北京機場雖然這麼大，但起飛和降落都很密集，往往跑道

上停滿了等候起飛的班機,真的非常忙碌。

不耐等候的人們,現在都會改搭火車。火車和地鐵一樣,除非重大事故發生,都分秒不差。特別是現在的動車和高鐵開通以後,晚上九點上車,早上七點到上海,還可以免去住宿費,很受歡迎。即使是北京到廣州,搭車也只要六小時。

想想看,如果從家裡出門到機場和到火車站的時間差不多的話,到火車站就上車,而到飛機場還要在飛機場等兩小時(依規定要提前兩小時),又要安全檢查、寄行李等等,不一定比火車節省時間。

現在北京的地鐵四通八達,無論在北京哪個角落,幾乎都可以搭上地鐵(無論多遠都只要兩元人民幣)然後接上各火車站或機場快軌或機場大巴,真正說來,走在地下的交通,的確是要比較省時、省力又省錢。

首都機場有三個航站樓(航廈),所來往的飛機不同。如果搭飛機,可得先問清楚,否則可能會耽誤行程。最早的一號樓來往的是內地的小型飛機居多,主要是海南航空、大新華航空、首都航空、天津航空;二號樓就比較複雜,有中國東方航空、中國南方航空、廈門航空、重慶航空、海南航空的國際航班、以及其他幾十個國外的航空公司;三號樓最大,有中國國際航空、四川航空、山東航空、深圳航空、上海航空,以及許多國際航空公司。

旅客到達之後,還沒有下飛機,機上廣播就會通知行李會在哪個行李帶上,非常快速。而後旅客可以選擇搭乘出租車、機場大巴(在地下層)或者搭乘機場捷運(機場快軌)離開。如果行李很多,當然以出租車比較方便。機場排班的出租車,每個航站樓白天都有幾百輛,不過到了晚上,數量變少,有時候要等一個多小時才能等到,還不如搭乘機場大巴比較快。

機場大巴無論到市區或郊區都有很多路線,幾乎不用等幾分鐘,就會來一班車,等到人滿就開走,價格以前是一律16元,現在改為24元,算是很便宜。並且,末班車一直要到最後的飛機航班結束才會停止運行。意思就是說,即使半夜三更才抵達北京,也不必擔心回不了家(遠郊區例外)。如果要到天津也沒

問題，首都機場2號航站樓出港大廳15號門，票價80元／張，單程運營時間2小時30分鐘，北京機場開往天津的最晚班次為22：00。

　　如果行李輕便，對北京也很熟悉，那搭乘機場快軌最理想了。從三號樓到底站東直門是35分鐘；從二號樓到東直門是21分鐘，單程25元。營業時間大約是從上午六點到晚上十一點左右，平穩、舒適、快捷。沿途只停靠兩站：三元橋和東直門，這兩站分別都有地鐵可以轉乘。

　　北京發行的「一卡通」無論搭乘公交車（公共汽車）、地鐵、快軌或城鐵，都可以使用，而且有卡會自動打折。卡裡面的錢用完，可以在地鐵站裡面隨時充值。第一次辦卡時要交20元押金，退卡時可以退還，裡面最少要充值20元，搭乘各種路線的公車其折扣價格如下（2014年12月28日之調整票價）：

北京地鐵內的進出口情形。

地鐵

　　起步6公里（含）內3元，6公里至12公里（含）4元，12公里至22公里（含）5元，22公里至32公里（含）6元，32公里以上部分，每增加1元可乘坐20公里。每自然月內，乘客使用一卡通支出累計滿100元後，超出部分給予8折優惠；滿150元後，給予5折優惠；達400元後不再優惠。

公車

　　起步10公里內每人每次2元，以後每增加5公里加價1元；一卡通刷卡實行5折優惠，學生卡實行2.5折優惠。

「地接」、「全陪」

　　在北京，無論工不工作，「地接」是少不了的。「地接」就是「在地接待」。這種接待可以是官式的接待，也可以是個人的接待。無論如何，只要是在北京聽到電話響，有一半人都會問：「您在哪兒呢？我一會兒過來看您。」那就是要忙接待啦！

　　「接待」可以是接風或者洗塵，也可能是安排參加會議。北京的人很少說「公司」兩個字，多半會說哪個「單位」的？單位又分為「國企」（國家企業）、「央企」（中央企業）、「民企」（民間企業）、「私企」（私人企業）、「外企」（外資企業）等等，了解對方是哪一類的工作單位，才容易安排以後接下來的「接待」工作。「接待」工作做不好，可能會丟掉烏紗帽，非常重要。

　　如果是公家單位，「接待」是分等級的，「高規格接待」、「對等接待」或者「低規格接待」各有不同。台商到了內地，經常被「高規格接待」，所以就有點「春風得意」。其實，接待台商的主要目的，多半是為了要招商引資，當然要「高規格接待」；如果是升斗小民，就不會安排接待。看看接待的場面，就可以看出主人的準備工作和對客人是如何看待，這是在接受接待的時候，不得不知道的學問。

　　如果是官式接待，而且是受邀請參加活動（大陸的活動意思是泛指一切活動），那主人就要負責「地接」和「全陪」了。「地接」是客人落地以後的一切

接待活動，包括：接機、接車、入住酒店、餐宴、論壇會議的現場活動、旅遊等等。如果這些活動全程有一個人負責接待你（你們），那這個人就不只是「地陪」（在地陪伴），而且是「全陪」（全程陪伴）。那樣的話，表示客人非常特殊，非常尊貴，就叫做「要客」（VIP）。

　　「接待」工作至關重要的原因是，許多細節不能有半點差池。北京是官僚主義色彩非常濃厚的地方，如果請了一個重要貴賓來演講，結果來迎接他的人身份不對（對接），可能對方會當場轉頭就走，或者在上台後罵你一頓。回頭接待單位還會被以失職處分，「嚴肅」處理。所以，百分之八十的單位都有一套完整周密的「接待」計畫，絕對不可能臨時抓幾個人來應付了事。「接待」完畢之後，還要對這次的接待做會報和檢討。

　　「地接」人員必須熟知所有活動的細節，和懂得應對各種社會關係；這樣一套功夫，不是三兩下子就可以學會。特別是搞清楚對方的等級與來意，必須要很老練的人，才能聽得出所有話中的含意。

　　比方說，「您有甚麼要求隨時告訴我們」這句話經常可以聽見。「要求」是指條件。如果想搭頭等艙、住五星級酒店，那你要及時給他們「提要求」，不要覺得不好意思，很謙虛，很客氣，這些在北京是不必要的。對方如果接受會說可以考慮，但是還要報告領導確認；如果不能接受，當場就會告訴你。這和臺灣人「你應該知道」，「不好意思」提出來，「沒關係」、「都可以」大異其趣。

　　「接待」工作最困難的還有一些細節。北京的活動規模都很大，動輒百人、千人都在所難免，有很多事情容易顧此失彼，接待人員往往會受到批評，那就需要忍耐。最容易錯的是有關車輛安排的「接車」、「接站」（在車站接待）等等，有大量人員來京，就需要大量人手接待、安排、布置，這些事前培訓和規劃，往往耗費大量財力和心力。

　　民間企業雖然沒有官式接待那一套麻煩的細節，但是在北京要搞清楚關係深淺，也是非常重要的學習。舉例來說，客人是「正司級」還是「副處級」？與本單位之間有甚麼合作關係？這可是不能馬虎的。在北京的企業，無論哪一家都脫不了與政府的關係，這些關係如果建立不好，那就難以生存。

　　個人接待在北京也非常綿密。只要是在北京居住或者暫住的老百姓，一年四季都會有外地的人來找你。無論是外地的或者外國的朋友或親友，不免到京之後，就要請對方吃一頓、聊一下、陪同參觀旅遊、購物、訪親、看病等等。其中到北京來看病的人非常多，因為北京有中國最好的名醫和大醫院，有很多在各地看不好的病人，都會來北京住下，有時候一住就是半年，也有的專門來北京照顧看病的人。

　　「接風」和「洗塵」的風氣在北京也很盛行。如果您從外地來回來之後，親友知道就會擺設宴席給您「洗塵」，這是人情之常，不能免俗說不必，或者不去，那是會得罪人的。「接待」一個來京的客人，關係好的要花上四、五天，關係普通的也得花上一、兩天，一年四季單單是北京人花在「接待」上的時間，實在太多。

　　這兩年，政府的「三公經費」要被砍掉，其中的「公款接待」也就少了許多，直接受影響的是北京高級餐廳關掉三千家、送禮的看不見了、出租車生意也清淡一些，就連搭飛機的客人也變得稀稀落落。「地接」和「全陪」們可以暫時喘一口氣。

06 北京人的性格特色

北京放假人多，到處都是人山人海。

北京人怎樣打量你？

　　真正的北京人看人，眼光是銳利的。審時度勢的能力也超強。北京人在頭一次見面的時候，最重要的一件事，就是要看出對方幾斤幾兩來。換句話說，未來如何與一個北京人交往，第一印象極端重要。

　　如果你是來北京洽公，又是第一次見面，建議你最好是身邊帶個助理。北京人看見一個人「光溜溜」的來洽公，不敢相信你有多少能耐。如果帶個隨扈或者助理，即便這人是個呆子傻子，整天也不講一句話，還是表示你是個有身分地位的人；相反的，如果你一個人單槍匹馬，北京人會直接問你，將來我跟誰聯絡？如果在臺灣，老闆當然會回答：跟我聯絡。

　　但是北京人的做事習慣是，要讓自己的手下跟對方的手下繼續聯繫。如果有事或者問題，手下會向他（領導）會報，他決定後，告訴手下。手下再告訴你的手下，你的手下向你報告後，你再交代你的手下怎麼做。而不是，既然我們兩個老大都見面聊上了，將來就直接電話，有事情立刻解決。

　　或許有很多人認為不可思議，認為沒效率。但是北京人的做事方式是層級制和官僚制，如果每天高來高去，會怕出錯。還有，很多事情也不是立刻就可以拍板定案，還要給上級知道研究，最後才能給出答案。雖然緩慢，但是可以保證不出錯。不出錯，才是關鍵。

　　造成這些做事方法的原因很多，最主要的是因為地方大事情多，人際複雜，往往牽一髮而動全身。還有，始終不太信任陌生人是個很重要的問題。在這個大城市交往，最好不要亮出你和誰有關係。除非是很有辦法的人，否則你的靠山雖然在北京很有勢力，但是也許這個靠山正好有個對手也在同一單位。你亮出的底牌正好是一張死牌，那就毀了。

　　也是為了這個原因，北京人初次見面，都會有個跟班或陪客，場面上由這個人來說明你的來龍去脈，以及在北京的人脈關係；而不是你自己吹噓或亮出底牌，那樣不僅對方不相信，還會想辦法探出你的底細是甚麼？最後只能減分，不會加分。

　　台商來北京常常會陷入一個謎團，認為自己在北京的關係很好，是某某人的關係。然而，除非你對北京的複雜人際真的瞭如指掌，否則最好不要立刻「亮劍」或「認親」。不然往往想要達到的關係沒有達到，卻被暗箭所傷，而且毫不知情。最後的失敗在哪裡？自己都不明白。

　　當然也有些事情有例外。如果老闆們有極佳的利害關係或者利益關係，那就直接高來高去的談，儘量不必假手他人。事實上這樣的戲碼，在北京天天上演，靠關係能夠存活，要比靠實力來的簡單直接。只要把利益均分，那就很容易在北京打通關。只是，萬一那個關鍵人物下台，你也難免遭池魚之殃。這種機會可是很常見的。

　　普通老百姓看人，當然也很精明。社會風氣就是打量你的身價。這與上海人的打量又不一樣。上海人第一眼看的是你的財富：穿甚麼？戴甚麼？然後決定怎麼跟你繼續交往。北京人雖然也看外表形象，但是更要緊的是看你這裡面有哪些錯誤，再從這些錯誤中看出你可能是怎樣的人。

　　舉個小例子來說，如果你穿了一身還不錯的衣服（北京話說：著裝），但是卻沒穿上一雙好鞋子，看來不搭調。北京人立刻會反應：腳上沒鞋，身上短半截，自此判斷你可能是個半吊子。如果你穿的光彩艷麗，北京人更看不起，會轉頭說一句：這是誰家的孩子？意思就是你看來「兩光」。

　　北京人喜歡品頭論足，只要在街上有人走過，或者是一隻鳥飛過，北京人都會說出個名堂來。而且這些名堂都很有「講究」，都有一套學問，這就是北京人。如果是外地來的人，不是土生土長的老北京，就不會是這樣。一般人分不出來誰是真正的北京人，必須問對方，或者憑口音來辨別。

　　典型的例子是每天早晨或黃昏，都會有很多老人在公園小區散步。如果你緊跟著一對老人後面，仔細聽他們在遇見另一些朋友、小孩、鄰居之後，都會說些甚麼，你就可以聽到他們講真話，內容多半是，那個人怎麼那樣呀！批評對方的口吻多數都很嚴苛。

　　造成這種看人方式的原因，最重要的是長久以來的社會禁錮。許多人都會設定自我保護的金箍咒。一方面見不得別人有多好；一方面也很怕受傷害。所以言語之間多半是試探式的詢問，而不是開門見山式的坦白。至於年輕人這一代的北京人，當然已經擺脫了老一輩的想法，另當別論。

　　簡單的說，當你來到北京，與真正的北京人打交道，得要知道北京人的文化性格，這和個人的個性無關，是長期以來的社會氛圍所造成的。也許有些例外，不過多數人的感覺就是如此。這種性格並不能評價好壞，這是這裡人的生存方式和生存法則，無關是非對錯。

他是農村來的

在中國，最近、最新的口號就是要「城鎮化」。這也是北京人的最大問題之一，外來人口比例太高，占去太多大城市的天然資源，也搶走了真正北京人的工作與就學機會。因此之故，就會造成一些社會摩擦；也才會有北京精神之一：要求市民要學會「包容」。

「包容」並不是一件很容易做到的事情。用北京滿街的乞丐來舉例，這些人都是外地來的，顯然是長期滯留在北京，也都有了組織、紀律，但是北京市政府就從來未曾下鐵腕來整治這些都市之瘤。即使其他城市很少看見丐幫，但在北京就是有。

東區，靠近北京站的一個窄胡同裡。週日的禮拜堂鐘聲還沒響起，這裡的三步一崗、五步一「丐」已經佈置好了。不多不少，每隔五步就有一名不同模樣的「丐」幫兄弟駐守。這些人形態各異，有的擺著個音箱設備大唱聖歌，有的躺在床上只露出一截斷肢，還有的磕頭如搗蒜。

教友們在禮拜堂每週日就有五堂禮拜，就算平均每堂有一千人參加，一天下來就有五千人在這裡聚會。只要十分之一給一元，那就有五百元收入。換句話說，整體進帳

在道路邊行乞的少女。

的結果，大約比旁邊賣水果和零食的，或者偶而駛過的出租車賺錢還容易些──
至少這些收入無需成本，也沒有風險。

　　因此，如果教友們開始禮拜，或是禮拜結束人煙散盡，可以見到兩種現象：
一種就是露出斷肢的女孩會從棉被裡伸出一個玩具娃娃，或是一隻手機來玩著；
而一旁的「丐」叔叔們則開始慢慢數著面前鐵罐裡的錢，計算一下當下的收入。
並且，當活動告一段落，每一名殘者都有負責的人們，把他們接送到下一個目
的地。

　　有些擺攤的，也會吃味。春天的玉蘭花節一啟動，各大公園前就有不同形式
的江湖賣藝或乞者到場助興。小女孩唱著令人同情的哀戚歌曲；一旁的老爸則吆
喝著淒涼的口白。他們佔據了要道，擴音機震天價響。討錢罐裡總是一點點空，
一點點滿。一旁的攤販都會吃味的大喊，別給錢，他們一天賺一兩千。

　　北京過客很有同情心。無論「丐」叔叔、「丐」嬸嬸擺在哪裡，總可以滿
載而歸。於是，1號地鐵是他們的鐵飯碗。他們都會算好客流量的多寡，從最東
邊上車，差不多快到西邊就下來，躲在最前頭的一個角落，休息一會喝口水，繼
續往下一班車走一圈。這些班子可以說很有組織，每隔一陣子會換不同的班底出
現：老先生帶著老太太的瞎子、趴著走會唱歌的哥們、拄著拐杖的老大娘，千篇
一律，只要他們一嚷嚷，就得讓他們過去。

　　有些賣藝的少壯派「丐」叔，會拉著胡琴或吹著口琴。他們不是流動攤販，
而是定點駐站。除了陰天下雨（下雪）以外，其他時間都會自動出現。這些人也
武藝高強，天熱他們會自動到陰涼處，中午會拿出乾糧吃著，晚上當然也就自動
下班。更神奇的是，風聲緊的十一國慶日或者三月開兩會，他們就自動消失。

　　當然，這種行業自古至今不缺，北京是否除「丐」，也得琢磨一番。只是，
這就反映出很明顯的「從農村來」的生活方式。

　　如果在北京你要批評一個人，最重要的參考依據是：他是從農村來的。這句
話有兩面含意：第一是，出身不高。第二是，素養不夠。相反的，如果一個人介

北京郊區的農用三輪車。

紹自己是：我是從農村來的，那也有兩種含意：第一是，我是克勤克儉的。第二是，我是出身微寒的。

目前中國有大約兩億七千萬人是農村移入大城市的。根據計畫，將來還要有一億人口轉入都會區。並且要在二十多個都會建造「新區」（例如，新通過的西咸新區），以便將農村人口轉到都市來。北京已經是超負荷的大城市，不會再歡迎更多的農村人口，但是衛星城市如遠郊區和近郊區就免不了還會大量湧入外地人，他們可能會生存在某個地下室的兩三坪大小的空間，靠打零工維生，他們的孩子沒有機會享受正常小學教育，生了病也沒有社會保險，可是他們還是來這個大都會苟延殘喘。

原因很簡單，畢竟這裡機會多，賺錢比農村容易。就以小飯店的服務員來說，很多人在這裡拿最低工資是400～500元人民幣。不過，企業主可以管吃、管住，這樣就可以保證生活無憂。而且如果表現的好，就算沒有甚麼學歷，當個領班將來就可以拿個1,500～2,000元。這在窮困落後的農村，有可能是一年的收入。而且還不必靠天吃飯。

北京近郊的門頭溝、房山、密雲都還有很多土生土長的農民。他們也都是落戶北京的純正北京人，但是他們的身分是農民。家裡還有地可以耕種，多半種著玉米和地瓜一類的雜糧。僅夠拿來送親戚朋友。拿到市場賣，還不夠本錢。算是給家裡的年長者當作一種休閒。年輕人都到城市打工，有的到工廠（北京人稱為車間）；有的去開出租車或者私人轎車；還有的就留在原地做些小買賣、擺攤。

有些農村人會把自己的區域重新開發成為具有特色的文化產業區。例如在密雲水庫周邊，就有很多農村人口轉開「吃魚」的「漁村」，類似石門水庫的「一魚兩吃」、「一魚多吃」的店面比比皆是，生意不惡。這也是一種北京農村的新興行業。

專家滿街走？

　　到了北京，才會知道北京「專家」滿街走。參加會議，左邊一個是「策略」專家；右邊一個是「婚姻」顧問。參加喜宴，每個人介紹其他的人，最多的頭銜就是「專家」。總體來說，凡是有點名堂的人，都可以統稱為「專家」；凡是拿不出名片的人，也可以統稱為專家。這是個「專家」雲集的世界。

　　甚麼是「專家」？臺灣人說的好：「專門」騙人家或者「專門」整人家，就是「專家」。因此，我們有了整型專家，專門把人「整」的不成「人形」；我們還有愛情專家，專門把「正常的」愛情搞得越來越「不正常」。這些也沒甚麼大不了的。最可怕的是還有些軍事專家，整天喊著韓國要打仗，結果十年也沒聽到槍響。

　　北京的專家大體上可以分為四類：

　　第一類是：危言聳聽類專家。這種人不僅是先天下之憂而憂，而且先天下之亂而亂。比方說時下流行的養生專家，只要看到一個人，就立刻大談養生之道。從怎麼吃、如何保健，到怎麼穿、如何買藥等等，天上地下，無所不知。事實上翻開此人的簡歷，可能不過是個賣健康食品的。說著說著，就扯到他的產品上，你就買了上萬的補品。

　　第二類是：招搖撞騙類專家。這種人可能在一種技能上才學會幾天功夫，就背著寶劍行騙天下。話說有一位在北京科技行業才上過兩、三天實習課程的年輕

人，離開公司之後，搖身一變，印了一張銷售專家的名片在外售課，每小時開價一萬元，生意還很火爆。學生和企業不明就裡衝著他的資歷來捧場；而他那兩招都是「萌」（招搖）出來的──這種江湖「專家」也多如牛毛。

第三類是：道德淪喪類專家。這種人具有真才實學，但以唬人為職志。更糟的是，表面是道貌岸然的專家學者，結果是衣冠禽獸。比方某些學校的教授，得賠錢、陪睡才能通過論文考試；有的給了錢、又給了睡，還賴著不給學位。這種專家就別提是哪一位了。只要上網搜一下，很多大學和研究所都有。

第四類是：一知半解類專家。臺灣人常說，婚姻失敗的人，就是婚姻專家；感情破裂的人，就是感情專家。既然是專家，至少把自己那一段給理好，怎可能自己還是半瓶醋，就在電視上以專家自居，還在報紙、雜誌上開專欄，讓眾人皆醉我獨醒呢？大家得好好「考證」一下這些以專家自居的「專家」，到底誰才是真正的「專家」。

造成這種專家橫行的原因有幾個。第一個是，北京的市井小民很相信這個頭銜。這一點很奇怪。如果有一位作家和一位專家在一起，老百姓會認為專家的地位比較高，作家的地位比較低。專家是某個方面很強的人，而作家只不過是個耍筆桿的人。除非這個作家是個部落格的著名作者，例如韓寒這種等級的人，否則一般人不會把他放在眼裡。

然而專家就不一樣。專家是大家公認對某種事物很能講出個名堂的人。所以，專家是社會多數人都同意的一個共稱，表示你對這方面有了建樹，這樣，社會地位就不同了。例如，吃飯的過程中，有個人被介紹是「風水專家」，那肯定大家都會饒有興趣的向他請教。

第二個專家多的原因是，有很多草根性很強，但是沒有真正學歷的人，他們既不能被冠以教授或者博導（在北京的學術界，最高地位是博士生導師），也不

是哪個公司的老闆或者高管（高級管理人員），總是要有個比較好聽的頭銜，只好通稱自己是「專家」。因此，專家有時候會被濫用，社會上有些人聞「專家」色變。常看到報紙新聞說，某人受到「專家」指導而受騙。

　　第三個專家多的原因是，北京有很多「仲介」。這種中間人，生來就是替人拉關係的。他們會自稱在北京的關係有多好，專門介紹外地人投資、辦事，打通關節等等，然後抽佣。這些人的名片多半是「投資專家」。其實他們也真的很厲害，甚麼事情都可以幫你辦到，只是他們沒有甚麼真正的身分地位，所以就會稱自己為專家。

　　當然，真正的專家在北京也不計其數。北京人特別喜歡提到醫院裡的「專家」，而不會稱這些人醫師或醫生。比方說，我明天要去某醫院掛個「專家號」，意思就是要去看一個「名醫」。在北京掛號，「專家號」是比較貴的，也不一定排的到。因此有專門的黃牛，可以內線交易，幫你掛到這位名醫的「專家號」。雖然是一種陋習，但是僧多粥少，還是很多人趨之若鶩。

　　目前，北京有三分之一是流動人口，這些人都拿著「暫住證」，而不是「居住證」住在北京。換句話說，這些廣大的人群可以到北京來工作，但是因為不是「居民」，所以也享受不到可以買房、買車、醫療保險、社會福利等等所謂的公共服務。目前北京正在考慮把這些外地人轉成北京「居民」。這是一件大工程，同時也可以把社會上一些灰色地帶的人群，徹底的掃除一遍。也許在不久的將來，北京的居民會有更清楚的認識，哪些才是真正的專家學者？哪些是真正的江湖大騙子。

京城四打

　　大陸對於某種命令的執行，如果要執行的很徹底，叫做「嚴打」。北京自從奧運之後，對於許多顯而易見的社會問題「嚴打」，雖然招致很多民怨，但是也獲得不少掌聲。

　　週日在家休息，社區傳來一陣騷動，乍聽彷彿回到臺北。原來是一批業主正在糾眾遊行抗議，口喊：「要車位，找物業。」前些日子，物業曾派人挨家挨戶填單問意見，關於停車位的問題由來已久。沒想到話聲還沒落地，業主們已經按捺不住心中的怒火，前幾天自行在各大樓的公示欄裡張貼邀請，揪團週日一路挺到底。

　　北京中高檔社區的業主家家有車，早上行色匆匆的是家中的二代，載著小的去上學、老的去上班。前兩年還沒這個現象，奧運以後停車就漸漸成了「首瘤」。清早跑步，常看見橫七豎八的車子雙排或多排停在行人道上，還有人橫在路中間就不管了，得勞動警衛早上兩三人幫忙推開才能走路。起先對這種亂停車的，物業都會貼個條規勸，太糟糕的就用大鎖鎖住車輪。但是，經常一大早就看見車主在院裡對著物業的小辦事員破口大罵：誰這麼膽大，敢鎖我的車？

　　「車霸」罵罵也就算了。在車多、停車位少的情況下，每個車主都想一回家就有免費地方停。每個社區都有上萬住戶，路邊和地下停車場只有四分之一的人

可以停進去，其餘回來晚些的，自然沒有地方可停。有些可以停在周邊的馬路上還算好，更晚的就沒轍。特別是喝了酒的人們，往往半夜一兩點才回來，不顧家家戶戶都已經睡熟，猛力按喇叭、要車位，在院子裡大吵大鬧。

這些「酒鬼」晚上不睡、早上不起，還特別敏感。社區的女生往往八點多會來跳廣場舞，音樂也不過比蚊子聲音大點。而這些「晚歸」族，會拉開二十來層的窗戶破口大罵，嚇的大家東躲西躲沒處去。

除此之外，北京人上了車，就變了個性。那種大爺的「霸氣」會毫不遮掩的出現。舉例來說：

（1）車在跑，但沒車號

走遍天下也沒見過哪個城市這麼奇怪，每天都有車號限行，但是即使經過天安門廣場前面，也還有許許多多的車輛沒車牌。這樣的車是否就可以不受限？還有，沒有車牌的車為甚麼可以滿世界跑而不受交警攔下？北京是否沒有交通法規或依據可以立即開罰沒有牌照的車輛？

（2）車不讓人，人得讓車

北京的道路行駛好像從沒規定紅燈不可以右轉的，所以只要人行道綠燈亮了，本應該行人優先通過，結果都是右轉車猛按喇叭叫行人走開，這不知是個甚麼道理？還有，只要前方有一點動靜，北京的駕駛就會忙不迭的按喇叭。有那麼緊張麼？奇怪的是，路上很少有標示寫著住宅區或是學校禁止按喇叭；街道上也沒有明確的噪音分貝顯示器告誡車主：噪音已經污染了這個城市。

（3）愛抬槓，愛打架

　　無論是走到街上、商場裡、還是餐廳，北京的客人好像特別難伺候。只要一點小事不順心，馬上就會爆發。服務員是第一個最倒楣的。無論有理沒理，總是先被修理一頓。街上小擦撞也是兔不了，兩人下車就是狠打，也不管後頭排著多少車龍，有時候連機場也一樣可以看到口角造成的頭破血流。

（4）環路居然可以停車

　　顧名思義，環路應該是快速路，理論上除了引道之外，車輛不能停靠或者上下的。可北京的環路上就是會有很多停靠站，以便某些乘客上下。這樣一來，有些車為了要進入站牌就得從快車道慢慢滑向站牌，後頭所有車都得減速或者等候，這造成本來就夠慢的車行速度更顯緩慢凌亂。相對的，引道應該在車多的時候，裝有紅綠燈流量管制或者單向流量管制，這些反而沒看見。

　　北京人愛喝酒也是大問題。酒的生意好賺。電視台有一半都是酒商提供的廣告。賣「假酒」的也蠢蠢欲動：一瓶攙料的假酒原料只要十四、五元，到了飯桌上是四、五百元，而且大夥兒還說便宜，連金門高粱都有假的。很多活動和酒商脫不了關係：品酒、酒會、賞酒、參觀酒窖，都成了時尚的活動。許多人「酒經」朗朗上口，對四書五經倒是很陌生。問他們四書是哪四書？五經是哪五經？多半搖頭，問他們甚麼是皇家禮炮或白蘭地倒是如數家珍。更有甚者，還流行喝「三箭頭」──紅酒、白酒、啤酒往桌上一擺，不醉不歸。

　　喝酒的人，十之八九都要抽煙。喝的越多，抽的越多。北京現在公布一系列公共場合禁煙令，但是餐館商家想禁煙，就等於把財神爺往外推。有些地方不准

北京人的生活離不開酒。

抽了反而更麻煩，一群人擠在樓梯間裡熏，搞的上下樓的人不知該往哪走。癮君子抽完了就把煙屁股往地上一扔，反正這裡有的是打掃清潔的，不怕沒人清理。

京城打車、打酒、打煙的成效多少不得而知，打房卻能立竿見影。社區樓下一整排售樓的價格有顯著的下降，售樓的業務員成天沒事可做就在街邊抽煙聊天。那些買房套利的現在可急了，拿著「急售」小條到處亂貼。以往，電線杆上都是小廣告的景象，現在已經延伸到每家每戶的大門口了。誰能撿便宜現在還看不出來。有錢的外地人在京城裡早就安家落戶，不需要「急售」；沒錢的窮學生和上班族即使看到再好的價錢也買不起。

京城四打，也反映出北京市民的一般心情，總算把不公平的待遇和大家討厭的惡習趕走了。

數字會說話

在北京上班，一定要學會把數字說的很清楚。所謂數字，就是指第一，統計數字。第二，要分點、分段敘述。並且，分出來越多越好。即使是意義很相同的內容，也要分出很多不同的解釋，這一點北京人特別厲害。還有，數字就代表了規定或者法律，如果不懂這些數字背後的意義，那就麻煩可大了。

舉個例子來說，何謂「三公」經費，就是「因公出國經費」、「公務車購置及運行費」、「公務招待費」。何謂「四要十不准」，就是：

四要：

（一）要遵守工作紀律，切實執行各項規章制度。

（二）要抓好工作落實，忠於職守、勤奮敬業。

（三）要提高服務水準，秉公辦事、務實清廉。

（四）要端正會紀會風，維護會議秩序、提升會議品質。

十不准：

1.不准無故遲到、早退和擅自脫離崗位。

2.不准在上班期間上網聊天、玩遊戲、炒股票、外出逛街購物、打麻將和到休閒娛樂場所活動。

3.不准在工作日午間、執行公務和值班期間飲酒，借調研（調查研究）之名到下級單位吃喝、消遣。

4.不准藉口拒不執行組織決定，有令不行、有禁不止、政令不通。

5.不准辦事拖拉、不講效率，敷衍塞責、推諉扯皮，平時不抓緊、忙時亂應付。

6.不准拒不履行首問責任制、一次性告知制，對服務物件和前來辦事的人員不管不問、不理不睬，態度冷漠生硬、傲慢無禮、言語不文明、作風粗暴。

7.不准以工作正忙、還有要事等為由，拒絕前來辦事的人員合理、正當的服務要求，或故意刁難、設置障礙、吃拿卡要、以權謀私。

8.不准召開主題不清、拖延冗長、不解決實際問題的會議，會前不精心準備、在會上作不著邊際的發言。

9.不准隨意派人代會，無故缺席和遲到、早退。

10.不准在會場隨意走動、交頭接耳、大聲喧嘩、打瞌睡、隨意接打電話和讓手機亂叫亂響。

　　仔細看這些規定，難道不是本來辦公室管理就應該遵循的嗎？但是，一旦訴諸於文字，就代表：如果某人沒有遵守「四要」，就可以送到紀律委員會去懲戒。這才是真正的重點。所以，數字只要出現在公告欄（公示欄），那就是代誌大條。

　　在這一點上，許多時候外行人不能感覺出來問題的嚴重性，而這也是兩岸在溝通上的盲點，看起來文字都看得懂，但是在彼此的了解和體會上，意思是大不相同的。

　　此外，統計數字是非常重要的。無論報告甚麼，一定要提出數字。即使數字是錯的或是假的，報告人也必須拿得出數字來。最常見的例子就是發佈GDP和CPI，幾乎每個北京人都很會讀出這是甚麼，這在其他地方是很少見的。

　　舉例來說，每個季度媒體都會公布各省的GDP，2013年第一季的數字，北京的國民生產總值GDP是4,101.2億，位居全國23省區之末，這就看來很沒面

子了。其實GDP是怎麼算出來的，又是如何得到的，沒有人會細究，但是大家對這數字非常看重。又譬如，2013年7月，北京市居民消費價格總水準CPI同比上漲3.3%。其中食品價格上漲4.9%，非食品價格上漲2.7%，消費品價格上漲2.1%，服務專案價格上漲5.2%。1～7月，北京市居民消費價格總水準比去年同期上漲3.4%。這樣的數字報告，對北京人的感覺是不實在的，因為明明各種菜價都在節節高升。

也因為如此，無論是官方的報告或者民間討論某項決議的結果，數字都是被列在最顯著的位置。如果在會報上沒有數字作依據，會使人覺得你的報告的「含金量」不高，「水分」很高，這樣的報告不會被採納，報告人也不會得到掌聲。

所以在自我介紹的時候，常會聽見北京人報告自己是：曾經完成過多少任務，在哪一年哪一月完成的，完成後有幾項具體成效，每個成效可以省多少錢或者創造多少利潤，這樣大家才會點頭稱讚。

當然這裡面的虛假成分有多少，沒人知道，也不會有人徹底追究。只要數字出現，就會造成競爭上的優勢。其他人如果超越不過你，那就輸了。經常有人加班趕數字，也就是這個道理。

最後還要了解的是，北京人說話很喜歡用「縮減」版的表述。如果你在地鐵上聽兩個人的對話說「決定」，那可不是普通的決定，而是「中共中央關於全面深化改革若干重大問題的決定」。如果你聽人說，這個人是「副處」，那可不是簡單人物，表示是個「副處長」，而通常在北京，「副」都具有真正的執行權利，例如副校長，特別是常務副校長，那職位的執行力、能力往往比校長還大。又譬如，這人是「村支書」，那就是村支部的書記，這也是很受重視的官銜，千萬不要因為聽不懂，就把這人給得罪，那就麻煩了。

總之，北京人的性格與做事的方法，與整體的政治環境有莫大的關係，由於外人看不懂也不瞭解，常常會產生許多不必要的誤會。其實有很多事情，當事人也不見得喜歡這麼說或者這麼做，但是因為已經由來已久，形成一種「京」文化，任何人也難以在短時間內有所改變。

07 北京人的語言語詞

北京的外來人口居多，方言充斥在每個角落。

京片子

　　北京話，一般人稱為「京片子」，多帶「兒」音，好像是含了一顆糖在嘴裡，有時聽來很不錯，清脆嘹亮；但是外地人會經常抱怨，根本聽不出來北京人在說甚麼？有一半聲音是含在嘴裡的。

　　如果兩岸有小學生互訪，那一定會有很多孩子會回家跟爸媽說：那邊的人老是念錯字。的確，在臺灣有一門專教孩子「破音字」的課程，告訴孩子某些字有兩種發音。例如，快樂的「樂」字，如果是姓氏就要讀「悅」的音，像是春秋時代燕國的大臣「樂毅」就是一例，絕對不能讀成「肋」毅。

　　然而，北京的播音員在念稿的時候，會有很多字讀來與臺灣的發音不同，並且這些字並不是難字或者稀有字，幾乎每天都可以聽到。那麼，到底兩岸的哪一邊發音才是正確的？令人好奇。還有，這些字是從甚麼時候開始「變音」的，也不可考。或許可以讓懂國學的文字學大師來解惑，才會比較正確。茲舉例說明：

北京人互相聊天的情景。

（1）共「識」：

北京發音為「十」；臺灣發音為「是」。

這個詞，相信每天都可以在央視的新聞播報中聽到，特別是介紹兩岸交流或者加強合作的時候都要提到，不過臺灣的媒體絕對不會把「識」讀成二聲音。

（2）「角」色：

北京發音為「絕」；臺灣發音為「絞」。

這也是個差異相當大的常用詞。「角」這個字的確可以念成「絕」，但是好像是在說明古代的樂器「宮、商、角、征、羽」的發音方法才會念成「絕」。

（3）「攜」帶：

北京發音為「協」；臺灣發音為「西」。

這在我們經常搭飛機的人會碰見。比方「攜程」貴賓卡，北京人會念作「協」程卡，臺灣人聽不懂，只會念做是「西」程卡，或禁止「攜帶」（念「西」）肉類物品等等。

（4）「說」客：

北京發音為「說」；臺灣發音為「稅」。

臺灣人的說是一種動作，所以念「說」。但是如果要「說服」他人，成為「說客」就必須念成「稅」這個音。臺灣人會認為念「說客」為「說客」而不是「稅」客，是錯的。

（5）打「的」：

北京發音為「低」；臺灣沒有這個名詞，所以不會發「低」。「的」只有兩個音，一個是「得」；另一個是「迪」。

事實上，「打的」的「的」純屬外來語「的士」（Taxi）的簡稱；應該是從廣東話衍生過來的普通話。臺灣的Taxi叫計程車；北京普遍叫出租車。

（6）「曝」光：

北京發音為「暴」光；臺灣是念「鋪」光。

這也是經常聽到差異性很大的字，到底應該是哪個正確很難得知。不過如果用繁體字的字典和簡體字的字典查單字，或者用繁體字電腦搜索就會找不到這組字。

（7）熱「血」：

北京發音為「雪」；臺灣發音是念「寫」。

到底應該是念「血液」（寫意），還是「血液」（雪夜）才對？不能確定。但是如果北京人到臺灣去住院檢查，或者臺灣人到北京來看病，都會聽見不同的發音，遇到可能會搞不清楚是甚麼。

（8）大「廈」：

北京發音為「煞」，但是「廈門」的「廈」就讀「下」；臺灣全讀「下」。

北京人所說的大廈也與臺灣不同。臺灣的住宅分為公寓、大廈、別墅和透天厝四種。大廈就是指「電梯公寓」或者「豪宅」。北京的大廈經常指「酒店」。也就是，北京的大廈是公共場合，臺灣的大廈是自用住宅。

（9）田「單」：

北京念「善」；臺灣念「丹」。

這是在央視的歷史人物介紹時聽到的發音，田單的火牛陣家喻戶曉。「單」這個字的確也有兩種發音，不過臺灣認為「單」如果是姓氏就念「善」，比方著名的「單國璽」樞機主教，就要念「善」的發音。田單顯然會念成田「丹」。

（10）大「堤」：

北京念「低」；臺灣念「提」。

臺灣經常說的「西堤牛排」或是「防波堤」都是念「提」的音。但是北京話普遍的「李公堤」、「大堤」都是念「低」。會不會是因為江南的發音與閩南不同，也可以值得考據一番。

（11）「企」業：

北京念「起」；臺灣念「氣」。

（12）「茜」：

在姓名時要念「西」，例如「陳文茜」在北京就成了「陳文西」。

（13）「期」望：

北京念「七」望；臺灣念「其」望。

　　以上只是舉例而已。事實上，「京片子」的形成，主要是因為清朝在滿人入關以後，沒有學會「入」聲字，所以加上了「兒」音。最早，「京片子」是個貶義詞，是「土話」；後來，為了推廣普通話（國語），慢慢大家才把這種「北方」方言當做是一種普及化的語言。

　　根據歷史記載，清朝以前的北京人，不是講著現在的這種「京片子」（北京土話）。清朝以前的遼、金、元朝時代，北京人講的是中原話。到了元朝定都北京之後，官方語言還是中原口音，但是民間把中原口音與北京方言結合，形成了「大都話」，也就是「北京話」。到了明朝，大量移民入北京，「大都話」又式微，特別是安徽人進入北京很多，所以北京方言當時又融入了江淮口音。

　　清兵入關以後，前期和中期上朝時都要用滿州話。所以，如果是漢人當官，也必須用滿州話來報告。但是老百姓們把「旗下話」、「土話」和「官話」又融合為一體。而其中的「北京土話」占的比例高，「北京土話」又受到「東北土話」的影響，所以今天我們聽到的「京片子」就是從這些歷代前朝的語音演變而產生的。

專有名詞

隨著時代演變以及社會制度的不同，北京有很多「專有名詞」在其他地方是聽不到的。如果望文生義，也許會產生誤會。還有，許多名詞不能隨便用，否則也會有麻煩。

如果不是經常往來兩岸的臺灣人，對於某些北京人常用的專有名詞，可能完全聽不懂，甚至還會產生誤解。這些術語，有的是因應時代產生的、有的是因應事件產生的、還有的是媒體或者網民自創的。茶餘飯後說說這些，倒也無妨；倘若是正式交談或者相互溝通，可能就會把意思搞錯。中國人進行的是高語境溝通模式。有時候，適度瞭解彼此真正的意思，也很有必要。舉例來說：

一、甚麼叫「你太有才了」？

這是一句北京很普遍、也很通俗的讚美詞。可以說是不折不扣的表揚。不過，如果沒有寫出來，而是直接用口語對著一個臺灣人說：「先生，你太有才了。」這人可能會想：

（1）怎麼說我太有「財」了？──所以臺灣人會馬上回答說：「我……其實……沒甚麼錢……」

（2）我太有才？那就是笑話我是個「天才」，諷刺我「無才」，甚麼都不會，是吧？──因為，臺灣有一句很接近的罵人話是：「你這個人，有夠天才！」有才可能被誤解為一個反義詞。

二、為甚麼說我是一朵「金花」？

在北京，說某位女士是「五朵金花」，那可是人中之鳳也，算是了不得的讚美詞。可要是您到臺灣，對著一位女生說，您是一朵「金花」，那可會讓她滿頭霧水。

——說我是金枝玉葉？那就是「公主」囉！我可擔待不起；說我是「金色」的花？那未免也太俗氣，還不如直接誇一個「水」。

三、甚麼叫做「硬道理」？

難道還有「軟道理」？「硬」這個形容詞，在北京似乎很普遍。比方：「硬」件、「硬」實力、「硬」著陸，用以比喻「實實在在」的意思。這在臺灣，老百姓可就要想很久才能意會出來，到底哪些才算的上是「硬道理」：「九二共識」是不是就是「硬」道理？而且要「硬」到底……

四、甚麼叫做「發小」？

臺灣人會說：我和他是穿開襠褲長大的。說的文雅一點，就是：我們是青梅竹馬。但是「發小」一詞，臺灣人是絕對猜不出來是指兩人「童顏」「結髮」。這就跟另一個詞「閨蜜」有類似的寓意。「閨蜜」就是閨中密友。

臺灣人會說：我們兩人Body，Body啦！

北京人可就聽不懂了——因為那就是說，我們「哥倆好」。

五、甚麼是「影子銀行」？

該不是銀行鬧鬼吧？！——原來是「虛設」的銀行。臺灣人叫做「地下錢莊」或者做「丙種」。這種活動多年以前比較倡狂，可以喊出借1,000先扣300，而後每個月利息是30～50%，也就是想借1,000元，事實上只能拿到700元，過了一個月，就要還1,500元，所以也叫「吸血鬼」，往往害人家破人亡。

六、甚麼是「小金庫」？

原來是「私房錢」，而且是堂而皇之公家單位的「私房錢」。這個厲害，臺灣官員們一定都羨慕的流口水。要是臺灣各級單位都有「小金庫」，那也就不會有阿扁這一號人物還在鬧自殺囉！臺灣各級官員為了要辦點活動搞業績，往往還要親自出馬到處找財源，甭說「小金庫」，就連「小抽屜」也不見一個。

七、甚麼叫「急眼」了？

原來是發火的意思。例如：「人家就說你兩句，就讓你『急眼』啦！」表示憤怒、不安。這是東北話，可是在大陸也算很普及。在臺灣，可就從未有過這種話囉。如果在餐廳叫菜，十分鐘還不上菜，客人可不是「急眼」，而是要「發飆」了。

八、甚麼叫「數字中國」？

這肯定臺灣人不明白。原來，數位化（Digitalize）在臺灣翻譯是「數位化」或者科技化、資料化：比方「數位」電視、「數位」相機。「數字中國」原來不是問「中國的數字」，而是要讓中國現代化。

九、甚麼叫「ST」？

ST是足球裡面的Striker，意思是中鋒。如果說你被ST了，就是說你已經OUT了。

十、甚麼叫「存續公司」？

存續公司就是「子」公司。或者說，企業在通過改制重組以後，以集團公司或母公司的形式存在，但是未上市的，就稱為存續公司。

十一、甚麼叫「深加工」？

「深加工」就是再次加工的意思。對某種加工的半成品，進行次加工，讓這種東西更具價值。

十二、甚麼叫「分流」？

「分流」是指「分開、流動」的意思。比方太多人排隊了，我們要多開幾個售票口，使得人潮能夠分流。

十三、甚麼叫「內退」？

「內退」就是「早退」或者「提前退休」，通常是強迫退休的意思。

十四、甚麼叫「401K計畫」？

「401K計畫」也稱「401K條款」，也就是一種養老金制度。更具體的說就是指企業年金制度。源於美國的「401K」條款而有中國版本。

十五、甚麼叫「老大難」？

「老大難」意思就是非常困難。

十六、甚麼叫「頂風違紀」？

「頂風違紀」就是冒著大風險違紀。

十七、甚麼叫「虛頭巴腦」？

「虛頭巴腦」是滿族語，意思是故弄玄虛的人。

十八、甚麼是「窄口徑」？

「窄口徑」與「寬口徑」是相反詞，表示對某件事採「放寬」還是「放窄」的方式進行。

十九、甚麼是「短板」？

「短板」跟「軟肋」意思相近，是一個人的缺陷。

二十、甚麼是「頂層設計」？

「頂層設計」就是由高層直接建立制度讓大家遵循。

二十一、甚麼是「蹲點日記」？

「蹲點」是在某個地方等著找到事情的真相；「蹲點日記」就是在這裡找新聞的日誌。

二十二、甚麼是「封頂」？

「封頂」就是到頂。舉例來說，今年的獎金不封頂，就是獎金沒有底線。大樓封頂，就表示要落成了。

這類的詞語非常多，有機會還可以多發現一些。

語言文化

　　臺灣人很喜歡看大陸的電視劇，在這些對話裡面，不知道有沒有感覺出來，北京人與臺灣人講話的方式有時候不太一樣。如果是一個臺灣人寫古裝劇，也許還比較容易，如果寫現代劇的腳本，可能就沒辦法。這就是語言的差異——雖然聽得懂，但是說法不同。以下就是一些常見的例句：

（京）	（台）
鬱悶，今天領導說了我一頓！	煩死了，老闆今天又來K我！
他總說外貿要搞好不容易，	他說進出口愈來愈難做，
我們這種信息產業，	我們這種科技產業，
都要靠孵化器協助，	都要創新育成公司幫忙，
沒有風頭會來投資我們，	找不到創業投資公司來投資，
這對我們影響巨深。	這對我們公司影響很大。
我可沒有那種前沿思維，	我可沒有那種前瞻性的想法，
單位上的戰略規劃我也不明白，	公司的策略規劃我也不知道，
只要給我按時發工資就好，	只要他們到時候發薪水給我就好，
我也不想買雷克薩斯或奔馳，	我也不打算買Lexus或賓士，

只要夠去網吧玩會兒,	只要能去網咖電一下,
不夠再去櫃員機取就好。	不夠就去自動提款機拿吧!
下班打車太堵,	下班如果叫計程車可能會很擠,
決定乘公交或地鐵吧!	決定搭公共汽車或者捷運好了!
暈,計算機忘了帶,	My God!居然忘記帶電腦,
回家還要趕課件呢!	回到家還要弄講義!
明天要用的投影儀要裝在書包,	明天用的投影機要記得放在包包裡,
課件晚上得完善一下,	今天晚上還要把講義修改一下,
這個項目可不能耽擱,	這個專案一定不能耽誤,
時間已經很緊張了,	時間已經很緊迫了,
看來今晚得吃夜宵。	看來今晚得出去吃個宵夜。
車子進入輔路,	車子開到慢車道上,
前頭有個自行車,	前面有一台腳踏車,
師傅一不留神,	司機一不小心,
就撞上個大娘,	就撞到一個歐巴桑,
藍子裡的西紅柿、紅薯、小白菜掉了一地,	藍子裡的番茄、地瓜、青江菜,掉滿地,
她剛從菜市回來,	她剛從菜市場回來,
身邊還帶著幼兒園的小孫,	身邊還帶著幼稚園的小孫子,
好在她不算老幼病殘孕,	好在她還不算老幼婦孺,
否則把她撞成殘疾可麻煩了。	否則把她撞成殘廢就糟了。
車子繼續上了立交橋,	車子繼續開到交流道,

遠處好像有人搞活動，	遠遠看見好像有表演，
煙花滿天，還有激光四射，	煙火燦爛，還有雷射，
大屏幕上看得見歌手演唱，	大螢幕上有歌手正在唱歌，
大概正在為臺灣受泥石流災害的人募款。	大概正在為臺灣受土石流掩埋的災民募捐。
我發了個短信給單位二把手，	我發個簡訊給公司的老二，
她可是地道的好人，	她是個道地的好心人，
她老公搞置業，做市場營銷，	她老公是房地產開發商，做行銷，
水平素養都高，	是高水準的人，
我看過她倆的合影錄像，	我看過他們夫妻的合照和錄影，
她家住的小區很小資，	她住的社區很高級，
他們住的是五層，	他們住五樓，
小區綠化做的很到位，	社區的環境弄得很讚，
前臺服務也很周到，	櫃檯小姐很客氣，
上回去他們還請我喝了酸奶，	上次去，他們還請我喝優酪乳，
她說老公每天鍛煉包掉秤，	她說老公每天都做運動減肥，
他們還請我去歌舞廳和洗澡，	他們還請我去KTV和SPA，
兩夫妻都挺逗。	兩夫妻都很有趣，很速配、登對。
交警和城管都來了，	交通警察來了，
確定不是酒駕，	確定不是酒後駕駛，
只是司機很弱智，	只是司機很豬頭、很白癡，
我無語。	我氣爆了。

身上的工裝都濕了，	身上的制服都濕了，
好在今天沒穿西服，	好在今天沒穿西裝，
到底搞甚麼名堂？	到底搞甚麼飛機？
決定倒車算了！	決定轉車吧！
路邊有個店鋪寫著狂甩，	路旁有家店寫著大拍賣，
幾個夥計正在收拾呢！	幾個店員正在整理，
原來這家運營不好，	原來這家生意超爛，
導購員都跑了，	公司小姐都走光了，
這種零售渠道也不好弄，	這種零售通路也不好做，
現代年輕人都喜歡去當空服員，	現代年輕人都喜歡去當空中小姐，
再不然就去KTV當服務員，	再不然就去KTV當公主少爺，
差一點的還去酒店服務，	差一點的去酒店當公關，
誰不想上個臺階？	誰不想升官發財？
我得趕緊回家，	我要快點趕回家，
明天的客戶從硅谷來，	明天有客戶要從矽谷來訪，
我還得到三號航站樓接她！	我還得到第三航廈去接她！

普通話的差異

　　不久之前，臺灣出版了一本大辭典，據說把兩岸的不同用語都涵蓋在內，不知道這本書的內容如何？筆者也收集了在北京生活所見所聞的一些兩岸不同語詞，特別是一些生活用語，茲舉例如下：

1.北京的燃氣灶，就是臺灣的瓦斯爐。
2.北京的機動車駕駛證，就是臺灣的駕照。
3.北京的毛坯房，就是臺灣的陽春屋。
4.路邊裝的電子眼，北京叫做攝像頭，臺灣叫做監視器。
5.股民經常到證券公司去看盤的地方：北京叫交易廳、臺灣叫做號子。
6.手機中毒：北京叫死機、臺灣叫當機；拿去給廠商解決：北京叫重刷程序，臺灣叫重灌程式。
7.垃圾分類處理：北京叫生活垃圾、臺灣叫垃圾及廚餘。
8.臺灣人說「做百日」是指家人逝世百日的祭祀；北京的小孩生下來百日還可以做個「百日宴」。
9.北京說「集裝箱」就是臺灣的「貨櫃」。
10.北京的80後，就是臺灣說的七年級。
11.北京的「歌舞廳」，就是臺灣的KTV。
12.北京的「蛐蛐兒」，就是臺灣的蟋蟀。
13.北京話說「窩冬」，而臺灣四季如夏一雨成冬，只能避暑不能窩冬。

14. 北京話罵人說「牛B」；臺灣話罵人，說「你娘」（台語）。

15. 北京有很多與臺灣說法相反的語詞：比方臺灣說道地的好茶；北京說地道的好茶。北京說刮颱風了；臺灣說作風台了（台語）。臺灣人喜歡吃宵夜；北京人吃的是夜宵；臺灣人說熊貓可愛；北京人說貓熊可愛。最有趣的是臺灣說窩心就是心裡真舒服；北京說窩心就是很鬱悶。

16. 北京對煙民忙著控煙；臺灣說禁止吸煙。

17. 北京朋友拿出大拇指，誇獎人說一個字：「牛」；臺灣人誇獎人的時候，說一個字：「讚」。

18. 北京誇一個高檔的人，會說這是「大腕兒的」；臺灣直接說，大牌明星。

19. 北京用的計算單位是幾釐米幾米；臺灣通常都說幾公分幾公尺。大陸的一斤是十兩；臺灣是一斤十六兩。大陸說你幾斤（1斤等於半公斤）？臺灣說你多重？幾公斤呀！

20. 北京說的前衍性思維，就是臺灣說的前瞻性的思考。

21. 北京處處有潛規則；臺灣沒有這個詞彙，只說上有政策，下有對策，而這句話也是跟著大陸學的。

22. 男女分手時，北京人說：又黃了；臺灣說：我們又吹了。

23. 北京說一件事情的外表叫「形式」，形式也許是一種活動的辦法；臺灣的形式通常不是這種意思，比較接近一種格式，或是一種情況。

24. 北京經常使用「溝通一下」、「交流一下」，這經常會引起臺灣人的誤解。在臺灣，如果有個大陸男的想找臺灣女生「溝通一下」，女生根本一頭霧水，不知道他想表達什麼。「交流一下」在臺灣也很少說，臺灣人會說「說明」、「解釋」。

25. 北京說「領頭羊」或「領軍人物」；臺灣說，某人是業界的「翹楚」、「教父」。

26. 北京說的「第一桶金」很傳神；臺灣只會說某人賺到了生平第一筆錢。

27.北京說「紮堆」：紮堆往下扔，就是一把；臺灣說「一堆」：一堆怪咖。

28.臺灣的農曆十二月十六日叫做「尾牙」，所有公司企業都要慶賀吃飯；北京叫做「年會」。臺灣的年會不是這種意思，年會是企業每年開一次的大會。

29.北京的新潮男女叫做「潮男」、「潮女」；臺灣喜歡用「型男」、「型女」。對喜歡在家的男女兩岸都叫做「宅男」、「宅女」。臺灣又稱這種男女為「在家做米蟲」；北京則稱「啃老族」。

30.北京話說「不擠不出油」這話很傳神；臺灣沒有對應的說法，勉強可以對上一句「愛拼才會贏」。

31.北京經常形容一件事情沒有把握就說「沒個準兒」、「不靠譜兒」；臺灣會說看來這件事「不保險」、「沒把握」、「很難說」。

32.北京很常用的指對方騙人的話就是「忽悠」、「忽攏」、「玄乎」；臺灣人說這個人「不實在」、「很詐」、「很甲仙」。

33.形容一個人很小氣，北京的人說很「塞克」；臺灣人會說這個人很「龜毛，是個鐵公雞。

34.北京的言論到了最後都會用「總結」一下這樣的說法；臺灣沒有甚麼事情「總結」，有的也只是一個「結論」。

35.北京電視第幾頻道，叫做第幾套節目；某個節目叫做某個欄目；某些專訪叫做訪談、對話；某些故事叫做「講述」、叫做「大家」、叫做「人物」。

36.北京的形容詞「鋪天蓋地」、「沸沸揚揚」很傳神；臺灣則比較喜歡說「全面覆蓋」、「強強滾」。

37.北京說「出謀劃策」在臺灣人聽來有負面的感覺；臺灣也有「智囊」、「出個主意」、「搞定」、「想辦法」、「軍師」等相關說法。

38.北京會形容某件事或是某個談話「含金量」很高，會說到賺的第一筆錢是「第一桶金」，這些名詞已經經常被臺灣媒體所使用；臺灣形容個人或事情的形容詞是「水準」，比方那個人真是沒水準，如果是最近一定可以賺到錢

就說「穩賺」，反正沒事，傻賺一把就叫「矇賺」。

39.北京的「官二代」臺灣很少；「富二代」也不多；但是企業家的「二代」不少，「二代」就是成功企業家的掌權子女們。

40.北京網民也很喜歡造詞，比方很牛的鐵路叫作「鐵老大」。

41.形容一件事，北京人常說「封頂」、「落地」；臺灣人會說「上限」、「下限」；臺灣人的「落地」並不是塵埃落定的意思，多半含有「落地生根」的相關涵義。

42.道路交通很擠，北京喜歡用「堵車」，臺灣用「塞車」。如果某人無故亂超車，北京叫做「加塞」。

43.北京說智能型手機；臺灣說智慧型手機。

44.早上在社區（小區）內跑步，北京叫鍛煉。

45.臺灣人要上FB，北京不能上，因為被「屏蔽」了，想上就必須「翻牆」、「越獄」。

46.臺灣朋友來北京購屋，被房地產公司「置業」所說的「商品房」、「保障性住房」搞的一頭霧水。其實保障性住房就是低收入戶的國民住宅。

47.臺灣人所稱的「伏地挺身」就是北京的「俯臥撐」。

48.偶而看到央視上有個年輕人玩車叫做「漂移」，仔細看才知道是臺灣飆車族的「甩尾」，據說是從電影《頭文字D》的「汽車漂流一族」而來。北京的另一個「漂流」，是指河川由上而下的激流活動；在臺灣這種活動叫做「泛舟」，最有名的是花蓮秀姑巒溪的泛舟活動。

49.對奧斯卡金像獎提名的影片，兩岸翻譯大不同：《國王的演講》在臺翻作「王者之聲：宣戰時刻」；《社交網路》在臺翻作「社群網戰」；《鬥士》翻作「燃燒鬥魂」；《盜夢空間》在臺翻作「全面啟動」；《問題不在孩子》在臺翻作「性福拉警報」；《大地驚雷》在臺翻作「真實的勇氣」；《冬天的骨頭》在臺翻作「冰封之心」。

50. 除了「上崗、下崗」，北京離職叫「離崗」。臺灣的公司95%都是私人的中小企業，沒有所謂「國企、央企」。外國投資的公司大陸叫「外企」；臺灣叫「外商」。

51. 北京對於「招」這個字變化多，例如「沒招」、「支招」（沒辦法了，想個辦法吧）；臺灣人會說「沒法度」啦、「沒效」啦，表示「沒救了」，還會說「見招拆招」。

52. 臺灣媒體會形容一個得體的女人為「才華橫溢」、「魅力四射」、「豐滿性感」、「充滿智慧」；北京媒體則形容一個女強人「你太有才了」，會說這女人「多面手」，還說理想的女性是「上得了廳堂、下得了廚房」，選這人成為「三八紅旗手」（巾幗英雌）。

53. 北京買房的標準是「一居一室」、「兩居一室」等，臺灣說法是「小套房」、「兩房一廳」、「三房兩廳」、「五房三廳三衛」、「透天厝」、「別莊」等。

54. 「同志」這個名詞在臺灣是指「同性戀者」。在北京，泛指一切男人女人。

55. 北京說的「非典」就是臺灣的SARS。

56. 東西賣得太好，市場上買不到了，北京說「脫銷」，臺灣說「斷貨」。

57. 北京話「板上釘釘」就是臺灣話「鐵定」。

58. 北京人說完了，這事「打水飄」了，或者說「黃」了。兩件事有矛盾就說「撞車」了，臺灣人則說「撞期」、「撞檔」、「飛」、「沒」了。北京話說「扯淡」，臺灣人也很喜歡說「太扯」、「太爛」、「白癡」。

59. 北京人很注重「換位思考」；臺灣說「換一個角度來看看」。

60. 北京人說「掛靠」，是要把某件事情歸納到某個單位，這個名詞臺灣沒聽過。一件事情需要修改或者潤飾的時候，大陸的說法是「完善」一下；臺灣說「改善」或者「修正」。

61. 女性每個月都有的那件事，北京叫做「週期」，臺灣叫做「好朋友」來了。

女性節育避孕，臺灣女性都用口服避孕藥，真的決定不生育才「結紮」，北京多稱「取環」、「上環」、「宮內結育器」（環就是子宮內的避孕套環）。人工流產，北京簡稱「人流」。「子宮外孕」北京稱作「宮外孕」。「婦科微創」就是利用腹腔鏡或者子宮內視鏡的手術。

62. 媒體喜歡關注「菜籃子」問題，就是臺灣人的物價問題。北京還說「一籃子」問題，就是指「一大堆」問題。更有趣的會形容一件小事叫做「小菜一碟」。

63. 北京老百姓常用「精氣神」來形容一個人的狀態，說這個人看來很「精神」就表示對方看來不錯。

64. 住宿酒店北京叫「入住」，臺灣叫辦理住宿手續。辦理的地方，北京叫做「總台」、「前臺」（front desk），臺灣叫「櫃檯」。大陸訂房通常是「標間」（standard），臺灣則說「單人房」、「雙人房」、「一張大床」、「雙人床」、「商務套房」，離開酒店兩岸都說「退房」。

65. 餐廳吃完飯，北京說「撤了」，臺灣說「收掉」。在餐廳吃飯，北京會大呼小叫那些「服務員」，在臺灣叫「先生」、「小姐」。點菜時，北京都是給很大一本，叫做「菜譜」、「酒水單」，臺灣叫做「Menu」。大陸的「大拌菜」其實就是臺灣的「什錦沙拉」。算帳的時候年輕人流行平攤費用：Go dutch（北京稱AA制）。吃完飯大家都叫做「買單」。吃飯的時候，走進餐廳，北京人會問有沒有「包間」，臺灣人會問有沒有「包廂」。

66. 北京街上的店鋪，常在窗門上寫著：征「導購」，臺灣的百貨或店鋪要徵求的是「門市銷售專員」。

67. 北京稱為「置業顧問」、「寫字樓經紀人」的臺灣也沒有；房屋仲介業所徵求的是「房屋仲介營業員」、「不動產普專營業員」。臺灣的「行銷」大陸叫做「營銷」。

68. 北京努力推廣「節能減排」，提倡「能效標誌」，注明耗電量是否「高效

能」等等；臺灣的產品則推動「節能標章」。

69. 北京電視經常看到打擊「假冒偽劣」產品，臺灣多半說這是「仿冒」；北京稱這些製造商為「黑心作坊」、「黑窩頭」，臺灣說「黑店」、「黑心廠商」。

70. 北京所說的「支柱性產業」定義是：在區域經濟增長中對總量擴張影響大或所占比重高的產業。

71. 臺灣買房子之後，朋友都會問你家有幾坪？這個坪並不是平方公尺（大陸的平米），而是通俗用日本時代留下來的「榻榻米」計算方法，一張「榻榻米」就是一坪，而這個一坪大約是3.3平方公尺（平方米）。

72. 來了個大客戶，臺灣人說這是「大尾」、「大條」，北京說「大款」、「大腕」。

73. 到市場買魚，賣魚的會問要不要「收拾」一下？「收拾」只不過是整理一下而已！買魚「收拾」一下就幫你把鱗刮乾淨而已。

74. 北京的「熱敏紙」，就是「傳真感應紙」。

75. 北京人問你有沒有「需求」，就是臺灣人說的特別「要求」，多半指「額外的服務」或是「份外的好處」。

76. 北京的「命題」就是課程的主題。「展示技巧」或「展演技巧」就是「簡報技巧」。鐘點費叫做「課酬」；「講義」叫做「課件」。

77. 有個朋友真是危險，差點「面癱」了。就是「顏面癱瘓」；半身不遂叫「身癱」或「半癱」。

78. 北京的「驢友」就是「旅行的朋友」。

79. 北京人只要聽說一件事情有趣，准會說「太逗了」。「逗」是「逗趣」和「逗樂」的意思。

80. 學生發簡訊說：「老師好久不見，最近好嗎？」我的回覆說：「很好，活的很滋潤。」活的很滋潤，就是生活很富足。

81.北京的「文員」就是在辦公室的「內勤」。秘書也叫做「文秘」。

82.朋友感冒了，問他好些了沒有，他說打了兩三次「頭孢」還不見起色。「頭孢」就是臺灣人說的抗生素或者特效藥。

83.到大學巡講，主辦方說需要做「易拉寶」，原來是擺在場子裡的宣傳物，臺灣通常稱「掛架」。

84.北京說「掉線」就是臺灣的「斷線」。

85.超市買雞，售貨員問我要「西裝雞」還是「散養雞」？搞的我一頭霧水。詳細瞭解才知道一種是大宗養殖的雞，另一種是在地上吃穀物或草蟲的雞。臺灣的用語是「飼料雞」和「放山雞」。

86.談到經濟景氣好壞，北京常用一個臺灣沒有的名辭就是「滑坡」。「滑坡」就是臺灣人所講的「走下坡」。

87.到天津外國語學校去上課，恰巧那裡正在舉辦「托思」考試。找了一份材料來看了一下，才知道原來就是留學所需的英語測驗，臺灣直接用原文 TESOL（Teaching English to Speakers of Other Language）。

88.甚麼是「掛車」？肯定臺灣人聽不懂的。「掛車」還分為「全掛車」和「半掛車」，還有「牽引桿掛車」。原來「掛車」就是本身沒有動力但是由其它動力拉著走的那個車。例如客車的掛車是後面那一節，英文叫做bustrailer；牽引杆貨車掛車就是bartrailer。

89.北京流行用「亞」字來形容「次」（差）的意思，臺灣沒有這種說法，比方「亞健康」就是指不太健康了，或者健康亮紅燈了。「太次了」就是太差了的意思。

90.兩個女生在公車上聊天，一個人說：聽說你有了個新物件。另一個很驚奇的問：你怎麼知道？答曰：「閨蜜說的。」「閨蜜」就是閨中密友。

91.「作坊」就是「家庭工廠」。

92.「地庫」去拿車，就是指去地下停車場。

93.「小棉襖」，就是自己的女兒。

94.個人住房「按揭」就是臺灣的「房貸」。

95.中國買動車票實施「實名制」。「實名制」的意思就是要用真實姓名。

96.臺灣叫做「自由行」或是北京叫做「個人遊」。

97.網路上的侵入高手叫做「駭客」，大陸叫做「黑客」。

98.北京的男女戀愛成熟，就去「辦證」。這與臺灣的公證結婚意思相同，但是形式不一樣。

99.北京各種「模」特別多。有的是「車模」、「勞模」，昨天還看了個「腿模」。

100.臺灣人常說的「心不在焉」，北京人說「走神」了。

101.北京話說「豆腐渣」工程，就是臺灣說的偷工減料。工程一半跑了，也叫做「爛尾樓」。

102.名牌精品的翻譯非常奇特，臺灣人絕對看不懂。舉例來說，最著名的品牌 Prada（普拉達）；Hermes（愛馬仕）；Tiffany（蒂芬妮）；Burberry（巴寶麗）；Sisley（希思黎）；Givenchy（紀梵希）；Biotherm（碧歐泉）。

103.北京掃除城市「牛皮癬」，就是打擊非法張貼的小廣告。

104.網友在QQ問：「作文的說課與課文的說課有何不同？」甚麼叫做「說課」？說課的意思就是「教學的說法」。

北京路上的「牛皮癬」。

文體的差異性

　　兩岸近年來交流頻繁，不知道大家有沒有發現，北京和臺灣的文體差異性極大。臺灣的所謂「公文」是泛指一切公民營及政府機關所往來的文書，即使是公司內部往來的檔，也都是同一格式，也都稱做「公文」。北京的公文就是官方文字。兩岸的公文書寫格式有著巨大的不同，最主要的原因是，臺灣大約在20年以前，就逐步實施了公文電子化及辦公室無紙作業，無論是公家單位或是民間企業都一律簡化公文。這項「公文E網通」的規定，徹底改變了公文以往冗長或官樣的文書內容，即使是正式會議紀錄也多半要求以A4一張紙，寫完後讓人在五分鐘內閱讀完畢。

　　因此，臺灣的公文頂端是發文單位（不用套印的信紙），接下來是三段式的寫法：受文者、主旨、說明。底下是正本和副本（欄），然後就是主管的印信。通篇文字很少超過500字，一頁就全部搞定。這裡面還包括了發文日期、字型大小、速別、密等、位址、連絡人等等，可以說是短小精悍、新速實簡。

　　北京的公文多半都有條紅線，還有紅星，並且還很重視紅頭文件。紅線上面是發文的機關和字型大小。通篇字體各自有規定不同的字體和字型大小，非常複雜。紅線下面是主題，頁末還有關鍵字、抄送、和印發機關，其上有官章是紅色，圓形，這和臺灣也大不同。臺灣頁尾的簽名章是藍色，基本上很少用官方紅色四方印。

　　分項分層的寫法很相似：

第一層：一、

第二層：　　（一）

第三層：　　　　1、

第四層：　　　　　（1）

第五層：　　　　　　甲、

第六層：　　　　　　　（甲）

　　公文用語就大不同了。臺灣公文中有所謂的「起首語」、「稱謂語」、「引述語」、「經辦語」、「除外語」、「請示語」、「期望語」和「附送語」等。主要是要分清楚上行文、平行文和下行文的用語不同。此外，臺灣的標點符號與北京也有些不一樣，比方說雙引號和單引號的用法，與大陸相反：引用他人的文字時要用單引號，而這段單引號當中還引用他人的文字就用雙引號。

　　此外，兩岸由於文體的不同，傳達和表述的結果可能會有不同的解讀。解讀不同也許會造成想法的不一致，但也許會留出空白給未來再做解釋。例如：官文裡面常見的名詞：「各自表述」。這四個字，在兩岸的解讀有可能含義是不同的。「各自表述」在臺灣人的解讀，會是什麼意思呢？一般老百姓會說，就是各自用自己的方式來「陳述」吧！這個「陳述」的意思，是用瞭解的語詞說明呢？還是加上一些修飾的話語，來使其內容更容易懂呢？這還得有進一步的解釋。

　　相對的，如果說「各自表述」在北京，可能意思不太一樣。北京人所說的「各自表述」多半的意思是：雙方可以用不同的方式來「說明」。換句話說，臺灣人看到「各自表述」會認為，我可以用自己的方法來思考，來解釋，來想像。而北京會認為，在一種原則之下，就以雙方不同的方式來說明。至於這樣的解釋或說明是否能是同一個想法或做法，時候到了再說。

　　不過，也由此可以看出，兩岸在官方文體的用字遣詞上，有許多不同的地方。以最近的《決定》全文為例，如果沒有進一步的「翻譯」，臺灣同胞肯定是

看不懂，或者完全會錯意的：

例一：「全會指出，經濟體制改革是全面深化改革的重點，核心問題是處理好政府和市場的關係，使市場在資源配置中起決定性作用和更好發揮政府作用。」

這句話，重點是「處理好政府和市場的關係」，這在臺灣可能用的說法是一種「回歸市場自由機制」。

例二：「堅持正確處理改革發展穩定關係，膽子要大、步子要穩，加強頂層設計和摸著石頭過河相結合，整體推進和重點突破相促進，提高改革決策科學性，廣泛凝聚共識，形成改革合力。」

這句話裡面，「頂層設計和摸著石頭過河」肯定臺灣人完全不能明白是什麼意思？會不會是指「高端和基礎的工程相互配合」？另，「形成改革合力」是不是說「大家要齊心協力一起共同改革」？

例三：「必須完善立法、明確事權、改革稅制、穩定稅負、透明預算、提高效率，建立現代財政制度，發揮中央和地方兩個積極性。」

這最後的一句話中「發揮中央和地方兩個積極性」，在臺灣人的解讀應該是說「讓中央和地方一起動起來」？

例四：「全會提出，堅持用制度管權管事管人，讓人民監督權力，讓權力在陽光下運行，是把權力關進制度籠子的根本之策。」

這句「把權力關進制度籠子」是不是說，「權力必須依靠制度的約束，而不能濫用權力」？

臺灣人用的文體，多年來已經非常「白話」，甚至有時候過於「口語化」。以教育部最近公佈的「人才培育白皮書」為例，總計有143頁，洋洋灑灑數十萬言，被媒體批為官樣文章，了無新意。但其中的格式，用了大量的繪圖，分析表格等等，使人一目了然。

08 北京
的
人情世故

前門大街燈市如畫。

歷盡滄桑的北京人

　　熟悉北京的人都知道，北京人各個都有一把滄桑淚。北京人說自己是「皇城根」腳下的人，經過了不知多少世事的變革，所以，每個人都像一本歷史書，記載了過去一百年的血淚史。

　　稍微年長的人，多半不願意回首前塵。特別是文革那個時代家家戶戶的辛酸，以及後來天安門事件的本末，至今沒有一個人敢提起。這份滄桑，現今都化作內心深處的痛。

　　這也是北京人性格如此不容易相信別人、理解別人的主要原因。經過長時間的動亂和煎熬，老百姓已經習慣了守口如瓶，習慣了不要隨便信任，習慣了只掃門前雪的生活。對老北京來講，現今的日子已經是在天堂了。

　　如果去拜訪一些北京的老人，多半的人都會住在黑漆漆的地方。他們的屋子點的燈都不夠亮，四周沒有開敞的大型窗戶，很少有人注重房間要有好的視野，他們都會選擇比較舊型的床鋪和被單，甚至還吃著很古老傳下來的玉米麵窩窩頭，但是卻甘之如飴。

　　「黑暗」對他們來說毋寧是一種保護。可以躲避光亮和現實。這是一種心理條件的反射，雖然現在家裡衣食無缺，孩子們也比以前孝順，但是，老人家的眼神當中，個個都還閃爍著一種退縮、一種恐懼、一種不願提起的當年痛。

　　在熟人和親人的圈子裡也一樣。北京老人並不會像自由世界的老百姓，總是

高談闊論、侃侃而談，高興起來可以詛咒世界、批評政府、或者痛罵當政者，在北京，雖然現在的社會已經不是「隔牆有耳」，但是，一種永恆不滅的禁錮，時時刻刻影響著這個社會的每一個人。

偷偷灑淚談起以往的老人，每個人都不堪回首。特別是回憶起下放勞改、妻離子散、被整被鬥、人性泯滅的時候，那些帶著血和淚的故事，曲折離奇、婉轉動人，比任何一部電影都令人動容，都令人拍案驚奇，都可以得諾貝爾文學獎。

可是，還是沒有人敢講──至少，除了最最可靠、可親的人以外。

相對的，直到今天，一種階級意識和意識形態所形成的待人接物的方法，依然留存。例如，見到陌生人都要問清楚：您是打哪來的呀？最重要的是，評價一個人的方式，通常是先從負面開始。

意思就是說，北京人會先把你打個X，而後再努力證明你是個YES。這和自由世界裡的人，先相信你，然後吃虧上當後才證明自己是錯的，相差很多。在北京，為甚麼「關係」這麼重要，就是這個原因。「關係」不僅代表一種可靠的權勢；更重要的是代表一種「可靠」、「可信」的資源。

北京的中年人是個夾層。他們小的時候，聽說或目睹了文革，但是沒有被實際的「摧殘」。他們也跑到天安門附近看熱鬧，但是沒有被機槍掃到。所以，他們知道厲害，但是沒有那麼「害怕」。因為，切膚之痛在父輩已經結束。

所以，中年人比較懂得珍惜。電視上，經常看到一些教化孝道的宣傳片，都是要中年人知道：養兒方知父母恩。要讓中年人想到他們的爹娘們，想當年是從槍林彈雨中走出來的。

十多年前的北京餐桌上，中年人還都不會幫老人主動夾菜，過街的時候也很少看見攙扶老人的畫面。如今，他們至少懂得珍惜自己家裡的老人，但是對陌生的老人，還是抱著少管閒事的心情看待。

　　新聞裡常看到這種對談：是不是該在老人過街跌倒的時候扶他一把？大多人不會，原因是，有很多案例顯示，幫人家一把可能自己惹上事，反而麻煩。

　　因此，北京街頭很少看到「公權力」。一個老先生推著車子過街，一個出租車在後頭死命的按喇叭，還有人會伸出頭來罵「死老頭」。這在台北街頭是不可能發生的，如果有人這樣無情無義，街上的人一定會來罵那個計程車司機。

　　大小強弱，在這個城市很明顯的區別開來。有辦法的人就是「高大上」（高端、大氣、上檔次），沒辦法的人就只能躲在「自行車上哭泣」，一種看不出來的現實主義，壟罩著社會的每一個角落。用北京話說，就是：「要掂掂你甚麼份量，有多少水分？」

　　年輕人的世界可就不同了。新潮的北京男女已經走在世界的最前端，他們注重一切新世界裡的元素，自我、新潮、環保、科技、創新、勢利、宅，他們自成一個體系，與舊北京人類完全區分開來。

　　或許，他們才是北京的新希望。

有關係，就沒關係？

　　談到在北京做生意要靠「關係」，台商多半有著親身的體會，也因此發明了一句話：「有關係，就沒關係。」這句話背後代表的意義有兩層：第一，只要有靠山，在北京的生意就很穩當；第二，有關係，就有機可乘。

　　事實上，這句話也對，也不對。任何社會都要靠「關係」，即使西方法治社會，也免不了有人情世故，東方人只不過是多了那麼一點點而已。那一點點是甚麼呢？說穿了，就是有好處。

　　在北京，這就是所謂的「亞賄賂」。舉個例子來說，如果你家孩子從幼稚園要讀小學，希望找個好一點的學校，好一點的班，好一點的老師，好一點的座位，那可能要拜託人找關係，這個關係找對了，也講好了，就自然要給一點「贊助費」。「贊助費」有的是公開的價碼，有的是私下給的「買單」錢，到底給多少，就要問一下「白手套」。

　　北京的「白手套」，行話叫做「托兒」。「托兒」的意思，最早是在一旁敲邊鼓的人。例如，你去買水果，到了水果攤上，旁邊有個人，指手畫腳的告訴你哪一種比較好吃，但是這人不是老闆，只是個「托兒」。隨著時代進步，很多行業都有這種幫忙做「中間人」的所謂「關係人」，那就是個「托兒」。

　　買車很難買到，所以要個「車托兒」，他們有辦法幫你買到；上學要找門路，所以要個「學托兒」；看病掛不到號，所以要個「醫托兒」；就連上酒吧也

有「吧托兒」，介紹相親的叫做「婚托兒」，連上節目在一邊幫腔的都是「話托兒」。這些人都是見者有份的，所以都可以拿到「份兒」錢。

有人說，這個社會怎麼這樣黑？問題是，有一種共犯結構，又有價格，事情反而好辦。如果都沒有，只能找到關鍵人物獅子大開口，那豈不是更麻煩？還有，升斗小民，根本搞不清楚門路，即使有錢要拜託人，也不知道找誰？

有句話說：「不到北京，不知道官小。」這句話是真的，用北京的話說，在長安街上撞倒兩個騎自行車的，一定有一個是當官的。北京的政府組織嚴密，各種階層的官員都有，非常複雜，一般人是怎麼學都學不會的。尤其是官銜名稱，與世界上其他地方不同，除非你在這裡待了很多年，否則一律是莫宰羊。

所以，無論大小事情，在北京都要找關係。而這個找關係，主要是找那個「托兒」，這些人多少與當官的有極密切的關係，例如，他本人是某某人的女婿，他的上級與誰關係特別好等等，再由他這裡找人、找關係、找到「托兒」、找到怎麼辦事、該給多少？

當然，成為「托兒」的也非簡單人物。有的小「托兒」能辦小事；有的大「托兒」能辦大事。甚麼是大事？比方，有個長官你看他不順眼，可以跨省把那個人托人把他「整」下來。這個厲害吧！但是，這種「托兒」北京多的是，只是外人永遠看不出來，到底誰是真正的「托兒」？

簡單的說，想要找關係，在北京也不是個簡單的事情。你怎麼知道你的「托兒」到底有多大本事？到底能幫你辦多少事？辦成了他得拿多少錢？還有，這個「托兒」將來會不會出賣你？

無論如何，只要在北京任何一個吃飯的場合，總會看到有些高談闊論的人，似乎能夠左右逢源，那這些人就很有可能是個「托兒」了。你如果有事要請他辦，可以跟他說：「可否借一步講話。」那人就會明白你的意思。你可以把自己

想要達到的目的告訴他。例如，想在鬧區開個小店，但是找不到好地段等等，沒問題，對方一定說，我幫你去打聽打聽，過兩天回話。

通常這時雙方互換了手機連絡方法就可以了。很快的，對方就會打來告訴你，拜託的事情有眉目了，找誰找誰等等，一定可以辦到。你可以問問，那要怎樣進行？對方會告訴你一個大致的程序，然後你問，對方會有甚麼要求？「托兒」就會把該怎麼給和支付的方式告訴你，由你決定是不是要進行。

這就是所謂的「潛規則」以及官員的「灰色收入」。雖然目前中央政府在嚴打腐敗貪汙，不過，很多人不知鬼不覺的錢和好處，由於已經是經年累月的形成，想必很難很快「斬草除根」。只能慢慢端正社會風氣，讓大家認為這種事情可恥，否則，靠關係辦事的習慣，一定還會繼續殘留。

最擔心的是，如果當事人給了錢，但是對方完全「背叛」或者「繼續詐」，那就毀了。這種人在北京也是有的，拿了「包」（紅包）但是卻閃人或者耍賴的騙子，如果碰上了，那有關係也就變成「沒關係」了。

別忘了，「托兒」比你厲害，而且能抓住你的把柄，知道不靠他辦不成，如果找錯了「托兒」，那就叫做一失足成千古恨，所託非人啦！

北京人的信仰

　　如果把信仰單純的鎖定在宗教信仰的話，北京人很少「曬」出自己的信仰。北京的寺廟很多，高僧和道士都不少，但是很少信眾走出了廟之後會說，我是佛教徒。廟宇和禮拜寺都歸國家管理，多數廟宇都要收費，裡面是上下班制。基督教、天主教和回教徒也很多，不過也很少人逢人就傳教，或者說明自己是教徒。

　　信仰，無論東西方都是個敏感的話題。西方社交禮儀規範當中有明確的潛規則：儘量少碰這類話題。原因很簡單，信仰往往是個公說公有理，婆說婆有理的議論；就像是爭議男人好還是女人好，並沒有準確的答案，甚至還會引起無休止的火爆。所以，「性別」、「宗教」、「信仰」這類的主題在餐桌或公共場合都被列為不受歡迎的話題。當討論變成辯論，爭議變成針鋒相對，容易傷了和氣。

　　可信仰在任何時代、任何種族都能存在，可見非常重要。無論個人喜歡或不喜歡，人類都會有一種信仰，甚至是多重信仰。信仰就是真實生活的

北京人信仰佛教的很多。

北京的崇文門教會，周日會有八千人參與禮拜。

一部份。每個人只要是活著，都會奉行自己認為是應該遵循的一套真理；這就是所謂的信仰。信仰可以是一種嚴肅的事實，也可能是一種不知不覺的行動。可以說，始終相信一個信念並且奉行不悖，就形成一種信仰。

信仰往往讓人聯想到宗教和政治；但宗教與政治歷來在社會上是彼此消長或甚至是對立的，這就產生古往今來產生許多矛盾和爭戰。矛盾的主要原因並不僅是理論或思維的問題，而是兩者背後各自擁有眾多的群體支持者，這就產生了權與錢的資源配置問題。也因為如此，宗教信仰在許多國家都被箝制或被利用，成為政治圖利的一部份；或者相反的，宗教信仰領袖凌駕政治人物，成為老百姓的支持者，造成社會的不和諧。

中國人的信仰很複雜。因為中國人的信仰裡面含有各種元素：信仰可以是一種信念、一種堅持、一種迷戀、一種執著、一種迷信、一種盲從、一種自身的哲理、一種癡迷、一種口號、一種流行趨勢、一種指引、一種安慰和解脫、一種自由的聯想、一種委身、一種異端邪說或者某種法則的自然崇拜。每個人在看似單純卻又複雜多變化的生活空間裡，會自然而然的擷取其中的一個或一些元素，建構自己的信仰。

北京人的信仰大致可以分為四大類型：

一、政治信仰

從小讀書學習，北京人就會自然而然給學童灌輸一種主流的政治信仰，並且讓學童在不明就裡的情況下，加入了這個黨派。明確的說，北京人的政治信仰

缺少選擇，多數是盲從的。他們在對於某一政治信仰瞭解不多的情況下，就受到上級或四周環境的影響而信仰。透過學習可以產生信仰，透過灌輸也可以產生信仰；北京人多半是後者。

二、宗教信仰

無論是源於外來或者本地，宗教可以說是源於不同教派的創始人對於天地的敬畏或是宇宙能量的解釋。有些人認為北京人信奉佛教、基督教、天主教、伊斯蘭教等等這些都是外教，我們應該信仰道教。可這又回到那個原始的誤區：信仰是個人的崇拜，並沒有是與非、黑與白。只要堅信不疑，宇宙就會自然產生一種相對的能量為信仰者存在，這種能量往往會被解釋成神話或者靈動。

三、生活信仰

許多老百姓會說，我甚麼也不信，只信我自己。這可以歸類為生活信仰：認為自己就是世界的主人，自己的行動就是為人處事的最高準繩，無人可以超越，也沒有必要有樣學樣。於是有人的信仰是睡覺、是金錢至上、是拜金主義、是太陽、是太極等等。可以說，雖然有很多北京人排斥信仰，但是不知不覺中他們確實有了信仰。因為信仰也可以說是對某一哲理堅貞不易的肯定與堅持，只要此一信念能成為走前路的指標與路徑，就可以稱得上是個人生活信仰。

四、生命信仰

有別於前述三種信仰之外，北京人多數都還有生命信仰。生命信仰源於對生命中的磨練所啓發的一套自我向上的動力。這種生命信仰多半與倫理道德有直接的關連，比方說熱愛生命、忠於國家、篤信真理，甚至愛情至上等等，類似於西方追求的真、善、美、聖；但層次要比第三類的生活信仰更高尚一些，可以說是人類生命中的自然情操。

孫中山先生說：「思想產生信仰，信仰產生力量。」信仰應該是一個十分嚴肅的話題，因為信仰往往指導著人類生活和社會驅動的方向。政治信仰可以結合

智化寺的石碑。

同一政治理念的人共同為國家社會而努力；宗教信仰則源於對神秘的宇宙的一種敬畏和窺探，為信仰者提供一條可以共同參與、共同扶持並且有眾人支持的論證與思維。信仰應該是持久的、正向的、有系統的、可持續的、並且可實踐的。堅持自己的信仰是有利而必要的。

但信仰也可能是把雙刃劍。信仰的誤區是容易倒向大規模的盲從。要接受一種信仰不容易，但是要塑造一種信仰很容易。對某些基層百姓而言，信仰可能只是一種模糊的概念；但是對社會精英而言卻可能是永恆的理想與堅持。真正的信仰需要一套系統的思維，形成一套可以實踐的真理或者行動方案。信仰可以為未來生命做準備、也可能為今生現世做為一種思想的指導原則。當多數人具有共同信仰的時候，自然會形成鉗制的力量；也可以成為維護人心、治療空虛的解藥。

當代中國需要的信仰也許是一種寄託或解脫、一種說明老百姓找到規範和制約甚至懲罰的力量，而這種力量本來應該是來自政府和法律。中國人本質的空虛可能源於過多的時間以及空泛的思想。良好的精神寄託不僅僅是信奉神祇、讀經書和名言而已，可能需要的是更多元的、更精準的教育和思想方向。也可以說，一旦有了更多正確思維和生命需求，我們才能接受更正確的信仰。因為信仰真理也得確信你信仰的的確是真理。

北京人怎麼送禮

　　年節到了，大家都忙著送禮。北京的街頭也已經佈滿了熙來攘往的送禮人群，無論老小每個人手上都是大包小包，一看就是送禮和收禮的感覺。送禮，在平時可能有些讓人感到多餘或者驚訝，但是逢年過節就成了順理成章的禮數。空手到，兩串蕉，那總不是件體面事；多多少少，人們見了面就要拿點甚麼。更何況無論是生意人，親戚朋友，年節都有些手上的東西；彼此送來送去，也是個皆大歡喜的事情。

　　到底該送甚麼呢？這裡頭也許大有文章。回家探親的當然是送吃的，老人喜歡的，或者是代表喜慶吉祥的、實用性高的。送給長官的，那就要精挑細選，以對方的喜好以及價值的多寡為主。送給客戶的，以自己的產品或者當地有特色的產品為主體。送給外國人的，那就是代表性的、民俗類的為優先。無論怎麼送，都得打聽一下對方忌諱甚麼，千萬別犯沖。

　　有些人生意人送禮特別講究，會先打聽清楚對方的喜好，平時都讓秘書做筆記。有一個大企業家就是這樣，有一本收禮檔案紀錄簿，專門記上每年收了甚麼送了甚麼，每一筆都記的清清楚楚。送禮還要知道門道，有些公關部門平時啥也不做，專門管送禮。他們可以如數家珍，知道該送到哪個地方，哪個人手裡。

　　生意人送禮往往要出手大方才會討得人緣，羊毛出在羊身上，又不是花自己的錢，自然是給的漂亮，對方才會繼續交往，不過，人的欲望無窮，收禮的一方

北京最大的批發商城：天意商城。

永遠不會滿足的，胃口會越養越大。也有的人收了錢不辦事，那麼失信於人就麻煩了。

　　北京人送禮也有分「明禮」和「暗禮」兩種。明禮就是為了祝賀、節慶、業務促銷活動或是見面禮等等所需要送的禮品；暗禮，當然是些避而不宣的好處、打通關節、特殊酬庸、賄賂等等的禮品。送禮的名堂可能千奇百怪，但是萬變不離其宗，就是要給對方一份原本沒有想到的意外驚喜。以下歸納一些送禮的途徑：

（一）明禮

　　客戶可能分成幾種，

　　1.清流型：名仕派、品德操守一流，絕不收禮。

　　2.半推半就型：說的好聽，有禮看看大小，再決定收不收。

　　3.濁流派：只要免費都收，不收白不收。

　　送禮前就得先打聽物件，分析個性。

● 清流送禮法：可以選擇名人的字畫或者古董，這裡面就可以分為上中下等。

● 伴手禮法：初次見面禮，可以選擇公司自己的產品或者紀念品，大眾化。

● 長線釣魚法：生日、節慶、婚喪、喬遷、升官等給予配合時令的禮品。

- 喬遷法：對方遷居、公司擴大、營業達標都可以送辦公室設備或傢俱。
- 障眼法：打通秘書或者中間人的作法，讓「白手套」幫你瞭解該怎麼送，送甚麼。
- 見賢思齊法：看看競爭對手都送甚麼？然後追加或者準備相似份量的禮品。
- 各個突破法：給同一批人但是準備不同的禮品或者客制化的禮品，而非人人有獎，感覺沒有意思。比方一種茶杯組，可以每人送不同顏色。
- 小恩小惠法：親自下廚或者用自己做（DIY）的手法，告訴對方你的真心。
- 大快朵頤法：宴請對方去吃高級的料理，讓腦滿腸肥成為禮物的內容。
- 海派公關法：招待對方到吃喝玩樂的場合，然後照單全收，幫他買單。
- 量身訂作法：幫對方設計他才能有的東西，比方說刻有名字的金筆、金印。
- 產品試用法：高級產品上市給對方試用，比方冬蟲夏草、高檔面膜、保養品。
- 長相左右法：考慮對方喜歡爬山、打牌、高爾夫、看畫展等等，幫他安排。
- 活動嘉賓法：設計活動邀請對方講話、蒞臨指導、剪綵，讓對方媒體曝光。
- 潛移默化法：幫他安排親人的需要，孩子留學、住宿、機票都可以打點。
- 出其不意法：贈送巨大醒目的東西，如青花瓷、大花瓶或是紅龍一對。
- 製造大驚奇：送他飛機票、旅遊安排、甚至海外的別墅。
- 秋風落葉法：贊助對方豪華婚禮中所有開銷，例如禮車、花酒、宴席等等
- 特殊需求法：探索對方的特殊需求，比方幫他網羅人才、管理軟體免費供應或為對方設置圖書室。
- 患難真情法：在對方發生意外或者不時之需的時候，拔刀相挺。

（二）暗禮

　　送禮必須找到時機，但是如果都沒有機會，就得自己找一個藉口。對應小客戶，最好送禮是公開透明的，大客戶就需要私密性和隱蔽性。如果能把感謝的事情或者需求對方協助的事項放在非正式的場合表明，會比較恰當，讓對方有個緩

衝或者思考的機會。

- 魚藏劍法：有人送個水果籃給你，打開一看下面有一把現金。
- 移花接木法：老闆出去打麻將，奇怪？怎麼每次都只有他一家贏，原來其他人都讓他的。
- 金屋藏嬌法：這就不必解釋，自古是英雄難過美人關嘛！
- 長期借用法：準備一套房子和一部名車，「長期免費」「寶劍贈英雄」啦！
- 雨露沾襟法：由下到上一條龍式的服務，全部打點完畢。
- 偷天換日法：舉辦一項摸彩活動或者競賽活動，但是得獎者就是選定的對象。
- 水過無痕法：直接把銀子打入對方的帳戶、卡片或給他一張信用卡，簽帳由你支付。
- 三親四戚法：對方家人的各種開支都計算到你的戶頭裡，面面俱到。
- 旅遊法：招待高級旅遊旅程，大家一起到國外去出差，再慢慢談。
- 重賞勇夫法：明明說好給條金項鍊，拆開一看是個金元寶。
- 替罪羔羊法：由屬下概括承受，擔當一切謝禮，將來有問題都找他。
- 就地分贓法：到底是50：50、四六還是三七，比個手勢就心裡有數。
- 照單全收法：讓對方去大採購，所有買單的事由你來。
- 股權交換法：起初建立股份的時候，神不知鬼不覺的讓對方插進來。
- 釜底抽薪法：帶個診療師或顧問師，幫他解決掉煩心的所有問題。

　　總之，關係不是一時的，經營政商關係要花很大的心思，送禮就是一種很好的途徑，如何在初見面的時候把伴手禮送到位，接著用禮品經常鞏固你的地位，都很需要技巧。有小問題的時候，送禮可以修補情誼和彼此的關係。事前事後，也別忘了呈送一份合意的大禮。這些禮，也不一定是賄賂，也許只是修補關係的良好工具。

北京人的話題

有一個北京歌手儲蘭蘭唱了一首歌，叫做〈北京人都在忙〉。歌詞描寫了北京人生活的部分寫照：

傍晚的十分是個好時光

走進北京的胡同

看見四合院的牆

有沒有聞到飄散的飯菜香

看見的哥笑笑的模樣

傍晚的十分是個好時光

走進北京的胡同

看見四合院的牆

有沒有聞到飄散的飯菜香

看見的哥笑笑的模樣

歡迎到我家聊一聊

到舊貨市場逛一逛

聽一聽國粹京劇

品一品大爺大嬸的大碗茶香

精彩精彩　這裡是聚會的地方

生活舒暢　北京人那都在忙

二環三環四環五環環環緊相連

電車汽車地鐵立交交通線路忙

煎餅烤鴨國畫古玩處處筆墨香

盧溝曉月北海白塔銅牛泛著光

傍晚十分是個好時光

來到北京的人們

都懷揣著夢想

朋友啊向前你不要彷徨

付出了努力就不要悲傷

來吧來吧　這裡是拼搏的地方

精彩精彩　北京人哪都在忙

　　的確，北京人其實一點也不像是許多外國媒體介紹的那樣，只是每天遛鳥、打太極拳、看看報紙、喝喝茶，就可以過了一天又一天。北京人的生活壓力很大，一方面是工作中有許多人情世故需要處理，一方面是交通的壓力讓每天時刻不得閒。

　　那麼，如果在街上、車上、下班後，大家關心甚麼話題呢？首先，當然是天氣的大問題，特別是霧霾鎖京，已經是個人人見面就必說必罵的主題。有人會告訴你最新的口罩有小風扇，有人會罵為甚麼有這麼多人開車，更多人會說政府施政不利，工業汙染造就了GDP，每天PM2.5的話題都在延續，就連幼稚園的小孩子都可以說出一套大道理。

　　第二，買車、買房。隨著這幾年的物價上漲，早年沒有買車、買房的人都很著急，現在買到又賺到的人常會沾沾自喜。拚比車子和房子是近年來大家都喜歡談的主題。只要見面，都會問問，你們那兒的房價怎麼樣呀！有很多套房子的人更是會喜不自禁的告訴別人，好在以前有眼光，買了房。

北京上冬天的天氣霧霾嚴重。

　　第三，子女教育。家中孩子讀甚麼學校，考上甚麼學校，都是頭等大事。只要是有孩子，北京人從念幼稚園開始一路念到研究所，都要花費很大的心思，打聽甚麼學校好、哪種教學方法好、哪個老師好、要怎樣上課外輔導課，每一件事都少不了花大錢，動用關係。

　　第四，看病。無論自己有沒有病，或者家人有沒有病，北京人與醫院、醫生、醫藥都有數不清的關聯。除了醫療保險，北京人自費買其他保險的人並不像台北人那麼多。還有，這裡也沒有滿街的私立醫院、診所可以隨處看病，相對的，總有很多外地的人或者朋友會來詢問，哪家醫院好，哪個醫師好，拜託找人掛個號等等，所以看病難，也是個大話題。

　　第五，政治。北京是政治中心，各種小道消息不用說也是滿天飛。除了出租車司機會侃大山，普通老百姓也會說上成套的稗官野史，甚至有很多外國人來北京住了很久，也成了北京通，他們也能說出很多大道理。

　　第六，交通。這幾年北京的大塞車的確很煩人心思。只要是出門，司機都要用交通電台和導航來研究路該怎麼走比較好。所以，交通黑暗期只要一天不能緩解，這個話題也會永恆的存在。

09

北京人
的
流行頻道

北京中央電視的電波發射塔。

1、2、3，到臺灣

　　兩岸實質的變化，是從2007年開始。在此之前，臺灣人在北京，可以說有點像是過街老鼠。

　　原因之一，當然是意識形態。北京人看到臺灣人，立即聯想到的是：蔣介石搬走了我們那麼多國寶。所以對臺灣人的印象先天就很差。這也是多少年來根深蒂固的洗腦觀念所致，老一輩的人，基本上改不了。

　　原因之二，是臺灣人總是誇自己過得多麼好，令北京人覺得既羨慕又忌妒。網上有很多留言，都是直接衝著臺灣客而來，罵臺灣人是「島民」，是「呆胞」。語詞極為尖銳。即使到今天，如果去參觀「臺灣美食展」或者「臺灣名品展」，還可以聽到很多北京人說：「不要給臺灣人掏錢。」意思就是，不值得向臺灣人買東西。

　　原因之三，當時臺灣還是民進黨執政。北京人非常「政治」，對於「綠營」有著不共戴天的對立。認為所謂民進黨就是台獨份子，就是要顛覆臺灣的異議人士，所以對臺灣人都要先「檢查」一遍。見面知道你是臺灣人，還會追問你住在哪個縣市？自此來辨別你是不是從「台獨」那個濁水溪以南的地方來的。

　　即使是街上的市井小民，北京人對臺灣人都很有興趣，但是也都「敬而遠之」。許多地方對身分是「臺灣」的人，戴著有色的眼鏡。甚至很不客氣的區分臺灣人為「境外人士」。對臺灣人的排斥，往往多於讚賞。

冬天的北京臺灣街。

　　因此之故，北京的臺灣人與其他南方省分的臺灣人不太一樣。大多數在北京的臺灣人，都獨立行動，很少有聚集性的大活動。除了官方的所謂「論壇」、「會議」包裝之外，自組性的臺灣社團活動付之闕如。一般的北京臺灣人，都是三三兩兩的各自成群在一起，絕對不像是上海，只要在街邊喝個咖啡，不到二十分鐘，就會看到一個臺灣人或一群臺灣客走過。

　　這種情形，在2007年馬英九選上以後，果真變天了。除了兩岸三通，中國還開始大幅度的鼓勵「人流」和「商流」。這樣的結果，讓北京人看到臺灣人，聽到臺灣事，看到臺灣產品，觀念完全來個一百八十度的急轉彎。

　　在出租車上，如果司機師傅聽到一個臺灣口音的乘客，會主動搭訕，表明自己也很想去臺灣。並且，至少有一半的人會說，無論如何也要過去看看，「畢竟兩岸是血濃於水」。這樣的話聽來很窩心。他們還會說，自己的親人或孩子朋友都去過了，會打聽臺灣哪裡好玩、甚麼好吃等等，標準的說法是：「以前只有在小學課本上知道有個阿里山」，現在無論如何也要抽個空去一趟。他們還會問臺灣的物價、老百姓的生活，去一趟多少錢？怎麼辦手續？還有可以買甚麼東西？

　　在各種會議和組織裡，臺灣的專家突然很受重視，甚至於如果開個甚麼會，有個臺灣來的教授學者，大家會認為主辦方很有辦法，讓大會增色不少。會前會後，很多參會者都會拿出名片來主動交流。表示自己曾經去過臺灣，或者最近要

上圖　北京臺灣街（前門）的
　　　內部商場。
左圖　農展館每年一度的臺灣
　　　精品食品展。

去臺灣，甚至說自己對臺灣的哪個人、哪個大學都很熟等等，經常連絡。

在北京的各個單位，也都開始主動組辦「境外活動」──說穿了，就是到臺灣去看看。舉例來說，醫師公會可能去臺灣看看臺灣的醫院，律師公會會到臺灣去研究臺灣的法律，這些活動都列入了近期的年度計畫，回來還會開研討會，這種活動極多，相信臺灣的朋友都能理解。

北京的高層，很早就把來自臺灣的產品當作「高級禮品」餽贈。前些年聽說中南海很流行送「臺灣釋迦果」、「臺灣黑珍珠蓮霧」，消息是否屬實，不能確認。但是，確實有很多單位上的採購，到臺灣街上買東西時，指定一定要是「產

自臺灣」。來自臺灣的「阿里山紅茶」、「鳳梨酥」在北京的各種宴客場合到處可見，更不用說臺灣赫赫有名的「金門高粱」。

　　還有，很多北京的學校，無論是正規的大學或者是某些短期的企業管理課程班，都會到臺灣去走一趟。大學生去短期交換活動的不用說，各大學都有分配，民間的各種EMBA班等等，還會去臺灣辦個畢業典禮，這也是新興的產業。

　　雖然兩岸還沒有正式通過企業可以到臺灣去受訓的規章，可是偷跑的舉動相當多，或者說每天都有。化整為零的自由行到臺灣後聽幾場演講，這並不違法，將來正式開放，相信有極大的新興產業就是來自中國企業到臺灣培訓，這其中包括：教育訓練（或者演講）、參訪企業、與名人拍照、舉辦論壇以及最後的旅遊。相信這一塊商機無限雄厚，至少可以有二十年好景。

　　當然，最原始的旅遊也會有越來越多人參加，這是毫無疑問的增長。即使以目前的人數每年800～900萬增加一倍，也只不過是中國人口的九牛一毛而已。老人去臺灣是去嘗鮮、懷舊，可以聽聽真正的臺灣人說甚麼；年輕人去臺灣是去度假、休閒、度蜜月、吃美食；中年人去臺灣，可以去投資房地產、或者建立人脈，以便將來到臺灣設立自己的事業或分支機構。

　　最終的結果，如果沒有意外，兩岸一定會開放人才互補的機制，甚至可能是開放「陸勞」，以解決臺灣基層人力短缺的問題。不過，這種假設會引起多大的喧然大波還不知道。開放沒有底線，但是要善用條件來制約才是正道。到時候，也許北京司機會到臺灣去開車，北京的綠化師傅會到臺灣去建立自己的農場，人世間很多事情都是不可想像、很難預測的。

　　但只有一點可以預測，就是北京與臺灣的關係，絕對不會開倒車。1，2，3，到臺灣看阿里山的老百姓，只會一年比一年更多，不可能一年比一年更少。

男人的面膜

　　自從1111光棍節在大陸一炮而紅以後，北京的年輕男女開網店的越來越多，競爭火爆，生意也越來越好，為了找新的產品，還有不少人想到了要賣「男人的面膜」。

　　七年級的小小曾就是這樣一個典型的案例。小小曾是山東人，祖先是曾子的後裔。大學時代來到北京上學，成績優異，畢業後順利考上醫學研究所攻讀碩士。她在寒暑假打工的時候，進入了北京新開的「凡客誠品」（VANCL）網上時尚名品購物商城。由於大學念的是藥物檢驗，公司派給她的工作是對進口化妝品做檢驗。

　　小小曾自此對進口化妝品廠商有了接觸，雖然還沒有畢業，她就一邊讀書，一邊開始了自己的事業。她和朋友開設了一個專門經營進口化妝品的網店，生意很好。不多時，在山東的弟弟也來到北京讀書，很快的，他們就為這些學生們的生意圈，搭起了良好的互動平台。

　　諸如此類的故事在北京及其他的城市不斷的發生。僅就目前最大的「淘寶網」這一家來舉例，他們已經有五億註冊用戶，每天有超過六千萬訪客，在線商品數超過八億件，平均每分鐘售出4.8萬件商品，這還不包括其母公司阿里巴巴或者子公司天貓商城，可以說是漲勢驚人。

　　自從2012年瘋出一個名為光棍節（取其諧義，每年的11月11日）的活動以後，網店零售更占據了所有人上下班以外的時間。單就2013年光棍節當天零時起，第一分鐘淘寶網的交易額就是33.9萬筆，成交額是1.17億元；第二分鐘，成交數字突破3.7億。最後收關統計，光棍節這天「淘寶網」和「天貓商城」加起來，成交額突破300億人民幣。

　　一天營業額三百億，大約是新台幣一千三百八十億。這就等於太平洋百貨在臺灣八個分店全年營業額的兩倍。2012年，SOGO的營業額是410億。雖然還不知道2013年的業績多少，但是也只能接近淘寶網「單日」營業額的一半。這也難怪所有人都要趨之若鶩的在網上開店。

　　網上購物不僅是一種新時尚，更可以說是一種樂趣。住在門頭溝的司機小張，早上醒來發現他的手機餘額怎麼少了一百多元，逼問之下才知道是老婆昨夜在淘寶網上看見了好東西。到底是甚麼好東西，小張懶得知道，可是老婆為了這點東西，開心了一個禮拜。

　　網路購物的狂潮，也帶動了年輕人創業的新方向。原來住在北京的小孫，是替一家山西的煤礦在北京分公司上班。兩年前結婚以後嫁到湖州，生了孩子，索性就在家裡經營「嬰兒服」的網店，一方面可以照顧兒子，一方面做自己的生意。可以同時兼顧事業與家庭的這種創業的新模式，幾乎感染了京城的每個年輕人。很多北京年輕人認為，與其替別人幹一輩子，不如小本經營個網店。寧為雞首，不為牛後。

　　網路創業的好處就是風險小，生活自由，資本無須雄厚。只要能找到幾個志同道合的朋友，願意吃苦耐勞，就可以很快的回收成本。當然，這裡面還是有些學問的，其中，商品力就是一個關鍵。

　　甚麼商品是消費者最喜歡、最需要、而且最便宜的呢？北京的小趙於是想到一招，他要開個網店專門賣「男人的面膜」。有這個想法的初衷是因為他本人是個「同志」，很需要。所以聯想到現在的「型男」們不是也很喜歡打扮嗎？市面上只看見有女生面膜，很少看見男生專用的面膜。

　　一打聽之下，不僅是有男人面膜，而且還有各式各樣的用法。這跟女性差不多，看皮膚的性質而定，春夏秋冬還不一樣。甚至於還有很多品牌，譬如韓國的和臺灣的到底哪種好，就讓他琢磨半天。於是，他決定親自去這兩個地方看看，自己試用以後才知道哪種好。

　　小趙還打算開個男人SPA。他說，北京人下了班真累，一定要有個安靜舒服的地方放鬆一下。如果他的SPA有按摩也有瑜珈，就會有很多人來休閒。這時候，他還可以推男人的面膜，等於是店商和網購兩種方式的結合。

　　他和另一半已經在一起很久了。他們最近要買房子，下一步就是要自己創業。雖然他現在是公司的高管，收入也算不錯，但是他們還是渴望有自己的理想與事業。他說，這樣比較自由，並且可以試試看自己所學會的管理技能，是否真的可以實現自己的夢想。

　　翻開著名的搜索引擎「百度」，每天在北京想要像小趙這樣創業的人多如牛毛。他們多半是「北飄」來到北京的年輕男女，對自己現在的工作或工資不滿，於是想要力圖發展。由於沒有資本，不能進行甚麼大買賣。最後只能擺地攤，或者開一家網購商店。

　　未來，類似的「男人面膜店」還會有更多。在強烈的競爭下，北京年輕人的企圖心會更大，他們不甘於眼前的社會生活，勇於為自己闖出一片新的藍天。

微信、段子、社群

搭上北京地鐵，不論哪個時段或者哪個路段，只要一上車，左邊看過去，或者右邊看過來，幾乎百分之九十的人都在看手機。

他們到底都在看甚麼？答案幾乎是一致的──微信。「微信」（We Chat）是騰訊公司在2011年推出的一款手機軟體，可以發送文字與照片，還可以多人對話。用戶可以通過手機與平板，快速把聲音、照片、文字與影片發給朋友圈。2013年1月15日，微信用戶已經超過三億。

年輕人隨處都在玩手機。

在此之前，騰訊公司的QQ是全中國最受歡迎的電腦軟體。現在，微信和QQ可以互通有無。只要有了微信的帳號，QQ上有人Call你，提醒會自動出現在微信裡面。使用者轉用微信的結果，就是讓著名的QQ鳥鳴聲自此少了很多。微信可以讓所有相關的朋友都知道你的動態，其功能與臉書（Facebook）非常相似，只差一點，就是還不能達到實名制（用真實姓名登記），但是微信會綁定手機的號碼。

北京的低頭族於是可以在任何一個角落用手機拍照，上傳自己的動態。在接受「讚」的同時，還可以分享自己的生活起居和喜怒哀樂。

打開微信，百分之九十的人都會在「發現」的欄目裡面，找到各種轉來的文章。這些文章多半經過精心編輯，圖文並茂，內容千姿百態。人們最大的樂趣就是分享這些不知道真假的短文，然後按圖索驥。

這，成為一種時尚。

另外一種地鐵族，就是拿著手機或者平板看影片或者聽歌的人。這裡面看影片的居多，年輕人會把影片先從類似「暴風影視庫」這些網站中下載，然後戴著耳機在車上看。其中，以看韓劇與內地的電影或連續劇為主。

事實上，內地的電影市場目前已經凌駕了外片，成為最受歡迎的影片。韓劇遠追其後，再其次才是那些好萊塢的大片。

當然，對特別老年的北京人，他們可沒有興趣每天在手機上滑來滑去。他們喜歡在QQ或者簡訊（大陸稱短信）裡面，互換自己所創作的段子。

「段子」就是順口溜，有的是諷刺現實社會的，有的是發抒感情的，更有相當多的，是所謂的「黃段子」或者「黑段子」，也就是「黃篇兒」，臺灣人所說的黃色笑話。

特別是逢年過節，手機業者為了促使用戶互傳簡訊，增加業績，會雇用很多「寫手」來編一些非常有趣搞笑的「段子」，讓許多用戶看見了就會「瘋傳」。來自北京高層的一些動態消息，往往會被編成巧妙有趣的「段子」，讓大家看著哈哈大笑，添增不少樂趣。

舉一個例子，有個段子《吃酒戰》是這麼寫的：

> 酒啊，裝在瓶裡像水，喝到肚裡鬧鬼，說起話來走嘴，走起路來閃腿，半夜起來找水，早上起來後悔，中午端起酒杯還是很美！

這就很形象的描繪出愛喝酒的人那個模樣。

另一個《給天下爸媽》則是這麼寫的：

> 門前老樹長新芽，院裡枯木又開花，半生存了好多話，藏進了滿頭白髮。
>
> 記憶中的小腳丫，肉嘟嘟的小嘴巴，一生把愛交給他，只為那一聲爸媽。
>
> 時間都去哪兒了？還沒好好感受年輕就老了，生兒養女一輩子，滿腦子都是孩子哭了笑了。
>
> 時間都去哪兒了？還沒好好看看你眼睛就花了，柴米油鹽半輩子，轉眼就只剩下滿臉的皺紋了

雖然看起來遜色很多，不過也可以反映社會的另一面。

在天安門廣場用手機拍攝衛兵的
年輕人。

　　有些中產階級，或者稱為白領吧！他們不喜歡玩微信或短信，因為這些多半不是原創，而且內容空洞、荒誕無稽，所以他們會玩社群。著名的「天涯社區」就是這一類的，天涯號稱是全球華人的網上家園。這種社群的特點是把相類似喜好的人都連結在一起聊天，由於社群裡的人都是興趣相投的人，所以不會海闊天空的無的放矢，造成困擾。也有主打學生的社群網站，例如「人人網」就是以大學校園內的學生為主，談的是校園內的各種交朋友的事情。

　　相類似的，還有「微博」，就是微博客，使用者必須在140字裡面把要寫的東西寫出來。「新浪微博」和「騰訊微博」互別苗頭很多年，各有自己的客戶群。微博的優點是讓社會添加了許多馬路新聞，只要是身邊發生任何事，馬上上傳，就會有極大的擴散效應。但是，自從這種「微博」出現後，傳統的「博客」（部落格）受到極大的擠壓。因為畢竟不是每個人都可以寫出長篇大論，或者有時間發表自己的心得。

　　最後，當然不能忘記的是網路遊戲。無論大人小孩，都免不了會玩上一點可以消磨時間的遊戲，從最簡單的撲克牌到困難的網路萬人大會戰，北京人也從不缺席。現在最流行哪一款？見仁見智。前幾年流行種菜的「開心農場」，曾經讓北京上班族瘋迷一時，許多人半夜不睡只為「偷菜」，也有人上班不辦公，忙著「種菜」。如今，這種遊戲已經無人問津。

中國好聲音

　　出版界的于總，有一晚吃飯的時候，看見一位來賣唱的姑娘，邊彈著琵琶，邊吟唱詩句，就問她是從哪裡來的？姑娘說，從外地來的。于總聽完天籟之音，不禁慨嘆了一句：中國真是埋沒人才的好地方。

　　于總的意思是說，如果此等資質的少女有人捧的話，一定會大紅大紫，不至於流浪街頭，成為賣唱坐中客。他這話不無道理。要能在北京闖出點名堂，單靠美色和才藝，絕對沒有一絲絲希望，她，得去報名參加「中國好聲音」。

　　收音機裡曾經訪問過一個來北京「漂流」的男歌手，他花了三年多的時間，走遍大街小巷，找尋能夠接受他的知音。當時他想著至少能夠找個可以駐唱的酒吧，但是一無所獲。他住在地下室的那種只有一個床位的地方，直到有一天他被發現了，上了電台，才慢慢走紅，出了第一張專輯。

　　像這樣的故事，這樣的人，在北京多如牛毛。據這位男歌手說，每年至少有三千位很有才份的年輕人在北京賣唱打轉，所得的收入，比乞丐沒多多少。他們沒有房子，沒有保險，收入不固定，有時候還要靠打零工溫飽肚子。可是他們還是堅持，只要在北京，總有出頭天。

　　所以北京有一句名言叫「拚爹」。意思是好看的姑娘要找個靠山，也就是得找個乾爹才行。這種事情很畸形，但是很普遍。稍微有點高級的餐廳，宴席之

間，就會看到這些小姑娘們穿梭在她們的乾爹四周，目的不外乎想套點關係，有機會能上場。

　　想想看，多少有才藝的人想上電視、上廣播出名，誰才能安排他們上節目？那可不是這個人才貌雙全就會被選中，而是真的要有門路才行。北京的各種傳播公司、經紀公司、舞蹈學校、表演團體，哪個不是千錘百鍊的才子才女？要出名？那可真不容易。

　　不過，如果這些人有機會上一檔「中國好聲音」這一類的節目，那就立刻能夠一炮而紅了。

　　「中國好聲音」取材於荷蘭的電視節目「荷蘭好聲音」。很多國家都有類似的歌唱比賽。大陸的「中國好聲音」是由浙江衛視所打造的高級視聽歌唱比賽，臺灣的庾澄慶和張惠妹也曾應邀成為歌唱導師。

　　在這以前，各種傳統大型的歌唱綜藝節目、比賽也很多，但是規模之大，節目精彩，無論演唱者、伴奏者、合音者、主持者，「中國好聲音」都是可圈可點，每一集都扣人心弦。甚至每到週五晚上，所有人都會轉台看「中國好聲音」。節目剛結束，各種網上的討論就立即狂飆。這種情況，真的沒有過。

　　最關鍵的是，這個節目給了默默無聞，長相也很「抱歉」的一些歌手們令人耳目一新的機會。經過幾乎是戲劇化的包裝過程，一個個新鮮歌手出現了，一群群粉絲建立了，一捧捧眼淚和鮮花覆蓋了舞台前後。

　　所以，受盡摧殘的街頭小女孩，淪落地下室酒吧間的歌手們，終於被寶石一般的發現了。人們驚嘆之餘，更鼓勵了年輕人躍躍欲試的決心。這個世界似乎又充滿希望了；終於有了反敗為勝的機會。中國夢也架構完成了。

　　還有，以往電視台的節目多半充斥著大量比較「古早味」的、「軍歌教唱」的、「京劇女高音」的歌曲和明星，現在都漸漸隨著這樣的新潮流而淡出市場。

他們當然還出現在許多年節、尾牙、祝壽、歡慶的北京排場宴席之間，但是，新潮流的「中國好聲音」即將取代或者引領另一波的流行，在北京綻放。

這一點很是重要。

在北京的KTV，除了唱當下流行的歌曲之外，點歌單裡面有很多是俄國歌曲、紅色歌曲（紅軍當年唱的歌曲）、民俗歌曲（小調與民謠），這些歌曲多半是略有年紀的人們最喜歡唱的。每當吃飽喝足，總可以聽到各個包廂裡傳來高亢的聲音（民族唱法），甚至還會飆高音。

北京還有個很奇特的現象，就是很多所謂的「演唱家」（其實就是歌星）都是有軍銜的。曾經到過臺灣演唱的宋祖英女士就官拜少將。在北京的各種活動上，穿著軍裝出來獻唱的歌手很多、很普遍，不知道他們是不是拿公家的薪水，再出來賺外快？

不久之前，北京還下過一條命令，不准那麼多人因為歌唱而升為將軍。問題是，既然有軍人身分，這些表演者應該為「勞軍」工作才對，為甚麼還可以活躍於電視媒體，與民間藝人搶飯碗呢？如果可以上電視的話，他們是為公，還是為私呢？諸多疑問，只有北京人才能知道。

無論如何，類似「中國好聲音」的節目開始慢慢地被模仿了。各種「中國好××」以及「××好聲音」都大張旗鼓的出現了。雖然這些無外乎都是商業手法包裝的節目，幕後當然也有很多不為人知的秘密，但是，能夠帶動另一輪新的歌唱手法，鼓勵更多「被埋沒」的人才出頭，不失為一個劃時代的創舉。

當然，觀眾也會熱烈期待，甚麼時候，我們可以不必拷貝國外的創意，自己也有個「好聲音」。

北京新農民

　　或許北京人自己也不知道，北京現在也有不少「新農民」，他們頂著高學歷，放下自己的高薪高官不做，甘心做起農夫，賣起菜來了。

　　話說北京的青菜和水果，到底都是從哪裡來的？這是一個好問題。一千萬的人口，每天張嘴要吃，這個需求量可是驚人的。北京不允許大貨車在凌晨十二點以前入城，一輛輛滿載著蔬菜水果的大卡車，總是超載運輸著各地來的新鮮蔬菜水果，夜半塞滿了五環路。

　　北京最大的農產品批發市場是中央市場。批發量佔北京市供應量的百分之八十。現有經營客戶八百多個。年營業量九十多萬噸，年營業額五十億。市場商品來自全國各地，特別是以海南、廣東、廣西與安徽等地的反季節蔬菜為大宗，主要供應東北、華北、西北等十八個省市。

　　此外，北京郊區的「大棚」溫室種植蔬菜也非常多。近郊的昌平區、順義區、懷柔區、密雲縣、平谷區、通州區、大興區和房山區等等，都可以看到各種不同目的的大棚。有的是草莓專業區，有的是花果區，也有的是蔬菜養殖區。

　　通常，這些「大棚養殖戶」都不只是耕種銷售而已。隨著時代的進步和社會的需求，新農民都忙著多角化經營。他們有自己的「大棚網」專門開發休閒產業，不僅有採摘體驗，還有「農家樂」，甚至還有民宿。大人小孩不但可以一日遊，年輕男女還可以來這裡拍婚紗。

北京買菜的地方叫做農副產品市場。（早市）

　　網上甚至還有大量的教學，教導老百姓如何種植大棚蔬果，如何防蟲、用農藥，該在甚麼時候施肥，種甚麼比較賺錢等等，各類知識一應俱全。如果需要輔導，還有各種公司和人力來幫你完成心願。

　　由於這些大棚菜，北京的蔬菜很少漲價，貨量充足。清華大學甚至還有自己的「御用」大棚菜園，專門供應自己學校裡的萬人食堂所用，號稱絕對有機、無毒、無害、無汙染。

　　這也鼓勵了許多人願意「耕者有其棚」，即使辛苦一些，但是很有趣，很環保，很自在，能自食其力。他們於是成了北京的新農民。

　　此外，還有更新的一群E世代農人，號稱是新新農民。

　　舉個例子，北京近郊平谷區以往在冬天是沒有生意的，也沒有甚麼可以種植。但是現在卻不同了。

　　平谷縣資訊中心在他們的資訊平台上，設立了一個「農校」專欄。不僅可以教導農民一般大桃剪枝、蔬果和套袋技術，還和縣電視台合作，專門開設了科技

講座點播，片長達三百分鐘。「網農」不但可以點播技術片斷，還可點播專家們的講座。據說，這個農業網的點擊率一直很高，目前已經有萬餘人次經常在網上瀏覽。

平谷縣是中國的大桃之鄉。擁有二十二萬畝大桃園，不只是世界最大的大桃生產區，也是北京最大的水果區。每年四月中旬都有「平谷桃花節」，吸引百萬遊客來此休閒。不但可以賞花、登山、採果，還可以到農家樂嚐嚐特色小吃。

問題是，農閒的冬季又如何呢？廣大的平谷農民因此成了「新新農民」。

平谷縣六十三歲的姚景生從十月中旬開始，星期六都準時坐在海澱走讀大學平谷教學部的課堂上，一絲不苟地學習電腦課程。和老姚一樣，電腦班裡有近三十名老年「小學員」，他們最大的七十三歲，最小的五十三歲，平均年齡六十三歲，這個班被稱為「花甲電腦班」。

日前召開的平谷縣首屆資訊化工作會議上，來自平谷縣鎮羅營鄉桃園村三十八歲的女村幹部劉淑環出人意料地一改以往「讀書式」的宣講，帶來了圖文並茂的「電子演說」。在她的影響下，桃園村三十多戶農民紛紛購買電腦，成為了京郊首家電腦網路村。

為此，政府還出版了「新農民」雜誌社，推廣新農民的概念和學習的方向。設立了「新農民網」協助新農民相互交流。甚至還有新書出版，就叫做「城市新農民」。

還有為數不少的年輕人，在京北小湯山優質果菜產區種植「有機蔬菜」，以會員制的方式發售，生意不惡。標榜著完全有機、天然純淨，這也受到許多上流人士的青睞。每天配送到家，無須到市場再去採購生鮮蔬果。

看了以上的介紹，是不是對於北京的另一個區域，有了不一樣的體會？北京並不只是一個帝都、一個古文化的落腳點、或者一個只談政治的現實場地，這裡也是個有著廣大農業和新農民的所在。

10 北京人的屋裡屋外

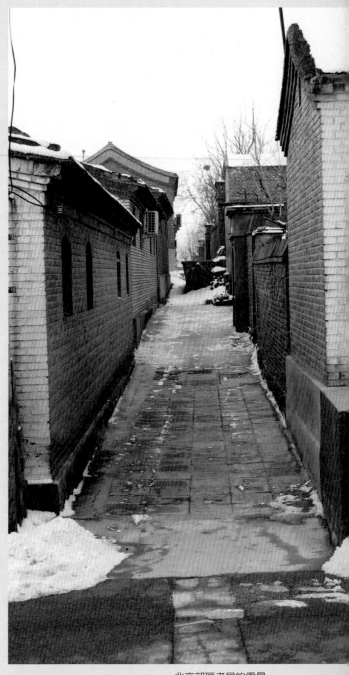

北京郊區老屋的雪景。

半邊天

　　浴室裡的水管不通，來修理的工人說，必須把一面牆打開才能修。男主人說，等等，我撥個電話。那一頭的老婆正在商場逛街，聽見老公說要挖牆，很不滿意的說：怎麼這點事情都辦不好？

　　這是很典型的小事，在北京，家裡大小事可都得請示一下「愛人同志」（老婆大人）。曾幾何時，北京的女權高張，好像甚麼事情都是老婆說了算。

　　隔壁的朱阿姨家有四口人。老公是個職業軍人，很忙，早出晚歸；也很安靜，就算在家裡，除了點頭微笑，很少聽他說甚麼。他老婆是朱阿姨的女兒，在書店工作，大嗓門。有一個女兒乖巧伶俐，讀小學就很優秀，能說善道。朱阿姨是小寶貝的外婆，北京話叫姥姥。

　　姥姥充分發揮她的天職，每天起早摸黑的送外孫女去學校。標準程序是大約五點起床，先把一家人的早餐準備好，然後叫醒孩子，給她吃好穿好，送去學校。然後再去市場買菜，回家收拾碗盤，洗衣，看盤（做點股票），中午自己一個人吃點簡單午餐，稍事休息，下午三點去學校接孩子。到家給孩子弄晚餐，吃完等兩夫妻回來聊一下。另外還招呼孩子寫作業、催促孩子睡覺。

　　家裡的開銷當然由女兒處理。夫妻兩人有房有車，家境小康。比上不足，比下有餘。姥姥還有個軍人兒子，經常來看她。她自己的老媽還活著，她也經常去看她的老媽。這一大家子人算起來，女多於男。發言權自然歸屬於女性。

在北京團結湖邊拍照的一家人。

　　事實上，在北京的多數家庭，都是這種模式過日子。家裡的組成分子是一個長輩的家庭，加上一個晚輩家庭，住在一起或者附近。白天由長輩看孩子，晚上由晚輩接管孩子。家庭收入分開處理，多半情況下，長輩還要貼補一點晚輩的家用或者孩子的教育零星費用。

　　長輩的錢來自自己的退休金。這些錢足夠吃住，按他們所退休時候的級別，多數都能拿到八千到一萬。這些錢在北京，如果有房子，是花不完的。而房子多半是早年公家給的。有一些是終生可以住，一人一套，如果夫妻兩人都是老幹部，就分兩套，房子雖然不是特別好，但可以住就好。這種房子不能轉賣。多數人會裝修一下給自己的子女。

　　也有的單位鼓勵員工購房，所以早年他們就已經用很少的錢（象徵意義的幾萬元）把房子買到手。那就更有保障。他們儲蓄的錢，多數人會給晚輩買房子。換句話說，年輕人啃老是很正常的，特別是要論婚嫁的時候，一定要有房子。

　　老一輩的標準退休年齡是以男性60歲，女性55歲為基準的。說是退休，一般情況下，還沒退休的前幾年，就沒甚麼大作為了。許多人上班也不過是等退休

而已,所以工作很自由。打卡簽到以後,回家吃飯睡覺,然後再來打下班卡;或者請人代簽一下,也不是甚麼難事。

也就是說,男女到了四五十歲,最多的工作是回家「幫小的照顧孩子」。「小孫子」才是一家的重心。五口之家都以這個孩子為第一優先。這其中,老人們扮演了非常重要的接班角色。

可以這麼看,北京現代家庭裡的「老大」是「小孩」,其次是「夫妻」,再其次才是「長輩」。「長輩」最大的作用是支撐家庭的大小雜事,直到他們生病不能繼續為止。

當然也有少數例外。不過多數家裡的發言權都在女性。第一順位是年輕輩的太太;之後是老一輩的姥姥(或奶奶),男性在家裡,以安靜的大眾(Silent party)居多。這些決定權的範圍包括收入支出的分配、子女的教育、家務的瑣事,以及長輩的醫護等等問題。

常常可以在各種場合聽見大嗓門的女士指揮她的另一半或者小孩,卻只在應對老人時,由男性出馬扮演黑臉。因此有一句名言:「女人撐起半邊天」。準確地說,還不只是半邊天,比半邊天可能還多一些。

也就是這樣,北京的女性的確看來比實際年齡要老很多。有的人說是北京的天氣乾燥、水質不好或者沒有保養所致;這些當然也是原因之一。不過最重要的還是「操勞過度」。從早到晚,從年輕到年老,北京女性因為操持家務就已經精疲力竭,如果還要上班,那更別說有多辛苦。

這種辛苦,往往不是體力上的勞累,而是心力交瘁。原因是上有老、下有小,又有老公又有老闆,日子真的很難熬。也無怪乎很少看見北京的女人嬌滴滴的,或者說話細聲細氣,她們多半有著陽剛之氣,習慣了做決定,並且不斷的指揮若定。

女權社會的傾向短時間內不會改變,這跟社會的變遷和思想有著直接的關係。北京女性還是得撐起半邊天。

北京寵物

　　周日正要出門，就聽見隔壁的雪納瑞哭得凶。這隻雪納瑞還小，只要主人每天上班去，牠就從早「嚎」到半夜。主人是個忙碌的高薪族，清早起床陪牠到社區拉屎、拉尿；半夜趕回來還要帶牠去散步。有幾天，主人乾脆不上班，騎車帶牠去旅行。過年也不回老家，因為「狗兒子」沒人照顧。

　　其實附近的「寵物」旅館也不少。只是，除了給「狗兒子」美容和看病，一般北京人捨不得給「寵物」住「酒店」。一方面是因為價格不菲；二來是捨不得離開牠。所以離家最要命的就是「這口子」怎麼辦？有的人家裡有錢，乾脆在家裡請個阿姨，專門看著寵物狗。

　　不久之前搭飛機出國，跟個鄰座女士聊上了。她給我看在平板上美國的家，最有趣的是，她說她們家每次出國都輪流。這次返鄉探親，居然也分兩批，她先回來一個禮拜之後，再換丈夫回來。原因很簡單，家裡沒人照顧「狗兒子」——牠老了，不喜歡其他人的照護。

　　北京人養寵物花的錢並不少於一個孩子。城市裡的貓狗都要領證、打針、洗澡、美容，講究一點的還要給牠們吃好的、穿好的。有的家裡「小寵」有陣子剪毛不夠漂亮，出門「交友」不順，看到其他狗「哥」們還會自慚形穢，居然躲得人家遠遠的。主人只好給「姑娘」買些盛裝裝扮一下，下回出門郊遊果然比較有「面子」，信心十足。

北京的老百姓喜歡養鳥。

五環外農村的貓咪。

寵物領養，十之八九的原因是家裡的孩子吵著要養，甚至某年某月某日突然帶著一隻流浪寵物貓狗回家，告訴你老師說要有愛心，於是爸媽在一陣叫罵吵鬧、小孩在一陣哭泣嘔氣的過程中，只能收下這個「雞肋」。誰叫現代父母只有一個孩子呢？孩子天生沒有伴，在家裡可以當成學習的朋友，現代爸媽爺奶就多了「伺候」大小倆「祖宗」的最佳藉口：可以消愁解悶。

北京郊區的貴族們，還會養很多大傢伙，例如藏獒。這種狗跳起來能把一個人撲倒，非常兇猛，但是還是很受寵愛，原因是價格高，足以代表身分地位。有一段時候，北京的藏獒在路上咬傷了人，搞得大家風聲鶴唳，政府因此明令不可以養這種大狗。不過，上有政策，下有對策，只要不放出來，也沒有太大的問題。

北京人喜歡遛鳥人盡皆知。清晨到公園，總能看到很多人提著自己的鳥籠往外走。他們會把鳥籠放在同一區，打開罩子讓小鳥們自由歡唱。聲音此起彼落，煞是好聽。這些鳥多半是畫眉鳥。放在一起鳥兒會比賽唱歌，叫做「競唱」。北京的天空也有很多野生的烏鴉和喜鵲，往往成群結夥的，到處都可以看得見。根據老北京人說，烏鴉是一種很喜歡吃垃圾的鳥類，所以不會去趕走牠們，可以當作環保大隊。喜鵲很通靈性，如果你欺侮牠們，還會回來報復。

養貓的人在北京也不少，特別是老一輩的北京人家裡，總是可以看到很多貓咪，安靜地躲在古老的房簷下睡覺。還有人專門對老北京人養貓做過一番研究和考證。據說，北京人養貓大多以長毛為貴。其中頭大威武，而且披肩長毛下垂的品種，稱為獅子貓。

北京人養貓還很重視毛的顏色。說是白色、黃色為上品，黑色、雜色次之。又按皮毛花紋賦予不同的雅稱，例如：白貓黑尾，稱為雪中送炭；上半身黑而下

半身白，叫做烏雲蓋雪；白貓，頭尾黑色叫做鞭打繡球。此外，貓眼以兩色為貴，叫做雌雄眼。

養貓是高尚的情趣。老北京人不賣貓，還把賣貓、賣狗視為破產的象徵。一些愛貓人士還會選出貓王。據說，貓王的條件是：體重須達八斤以上；其膚色限於純黃，有虎紋，頭扁圓，耳小而薄；眼睛是所謂金眼夜明燈；臉譜須是白嘴盔子、紅鼻頭，嘴旁各有手指大小的一塊黃點，俗稱蝴蝶斑；鬍鬚堅如鋼針；肚皮須純白色；尾巴由長毛組成，狀如火焰。老北京人不喜歡養白尾貓，認為不吉利。

除了養貓、狗、鳥之外，北京人特別喜歡養魚。原因之一是北京乾燥，養魚可以讓空氣中有濕氣，對身體比較好。另外，中國人認為有水招財也是一個原因。所以北京各地都有很大的花鳥市場，生意很好。

養魚通常是以鯉魚和金魚為主，也有少數人會養金龍魚。養魚有心得的人會在網上教學，讓其他的人可以照做。最初養魚，大部分家庭都是買個小水缸放著，不久這些魚就死了，因為不懂得照顧。之後漸漸學會如何先「養水」再養魚，就會買大一點的魚缸養魚，有了經驗，養魚就漸入佳境。

有些人還在魚缸裡養上幾隻烏龜，說是可以長命百歲。但是烏龜如果沒有曬太陽很容易就生病，所以有人還會到公園去曬烏龜。

現代北京人有些也會迷信風水。聽說養魚還有很多講究。例如圓形的魚缸可以招財進寶。養魚最好是養金魚，存活率比較高。養魚還要以一條、四條、六條、七條、八條和九條為吉利。顏色則以金色、白色、黑色、藍色和灰色最好。這些不知道是真是假。

社會進步，大家有錢了，北京人的生活也能多姿多采。

北京的公園

　　許多人認為，北京的霧霾是由於沒有綠化而引起的，這是個錯誤。北京的綠化成效是很好的，至少，不會比其他世界大城市要差。

北京的公園非常多。

玉淵潭公園。

　　北京最美的季節是每年的五月和十月。特別是五月，真的是滿城的姹紫嫣紅。十月前後則是由於國慶節的妝點布置，以及香山的楓紅片片，讓北京城內城外都有數不完的美景可看，遊人流連忘返。

　　事實上，北京的公園真的是太多了，很多公園綠蔭遍地，但都杳無人煙。相對的，也有很多公園人滿為患。但無論哪個公園，綠地的維護都有大量的人工和經費投擲在內。這些城市的肺，幫助解決了一部分塵埃與廢氣，否則空氣品質會更糟。

　　舉個例子吧！先談談玉淵潭的櫻花節。

　　玉淵潭公園是北京十大踏青景點的第四名。位於西區軍事博物館地鐵附近，下車經過中華世紀壇，後面就是玉淵潭的南門，門票十元。

　　櫻花期很短，每年都是三月中到四月底才有繁花似錦。據說，玉淵潭是八百年前的泉水流出所形成的，分為東西兩個潭面，中間有橋連結。著名的「釣魚台賓館」和舊的「中央電視塔」都在咫尺。潭面並不算很大，上頭佈滿了大小遊船，極為熱鬧。

　　玉淵潭公園的櫻花，據說至少有20年的歷史。1972年9月，日本國民贈送中國大山櫻花樹苗1,000株，象徵兩國人民友誼。1973年3月11日，在玉淵潭栽植

玉淵潭公園的櫻花節景象。

了分到的180株。由於櫻花樹對生存環境要求嚴格，玉淵潭公園管理處選擇了公園西北角一帶做為櫻花栽植區。這裡背風向陽，土質適宜，南面濱湖，空氣濕潤，比較符合櫻花樹的生存條件。經園林職工精心養護，櫻花樹苗長得很好，1975年開始開花，1978年全部綻放。

除了櫻花園之外，這裡還有一個「留春園」。留春園位於玉淵潭公園東部，有開闊的草坪，環繞的亭廊，高大的樹木，以及遍植的四季可賞的花木，曲徑通幽，林木疏密有致，是座美麗幽靜的園中園。座落在對景上的「留春姑娘」雕塑，是位坐在水中山石之上的少女。四角亭是留春園內登高攬勝的至高點，可以把留春園的春色盡收眼底。

還有一座蓮花池公園，位於北京西站後面。北京西站俗稱西客站，原先是亞洲最大的現代化鐵路客運站，現在雖然被北京南站趕了過去，但還是中國日流量最大的火車站，最高可達10個站台，90列車運載60萬人。建築宏偉，型似宮殿群，遠遠望去，遊客會認為到了皇宮或是巨型寺廟。

穿過北京西站的南廣場，對面就是「蓮花池公園」的東門。門票兩元。蓮花池公園屬北京市一級古遺址公園，是北京城的發祥地，有「先有蓮花池、後有北京城」之說，距今有3,000多年的歷史。整個面積並不算太大，很適合花一兩個

小時健身步行，所以門口豎立著一個「健康大道」的綠色牌子，鼓勵老百姓每天來這裡健步（健行），繞湖一周是1,760公尺。

在這裡，老人相伴牽著手來蹓步，婦女推車帶孩子兜風，年輕的情侶來這照相，還有很多風箏嗜好者拉起長箏，互相觀摩學習。有一則「孫文蓮」的故事在這裡可以看到：話說孫中山先生革命失敗，1898年流亡日本，有位田中家族接待他，中山先生甚為感激，就把身上帶的四顆中國古蓮子贈給田中隆先生。1959年田中家族六代子田中隆敏，請來大賀一郎博士，把這蓮子在1960年繁殖成功，命名為「孫文蓮」，並在1962年在玉淵潭開花。

八大處公園也是西區的好地方。八大處是個北京的地名，靠近西山或者香山公園，是燕山的餘脈。因內有八座古寺（靈光寺、長安寺、三山庵、大悲寺、龍泉廟、香界寺、寶珠洞、證果寺）而得名八大處。八座古剎最早建於隋末唐初，歷經宋、元、明、清歷代修建而成。

靈光寺是八大處的第二處寺院，始建於唐代大歷年間，創建後經歷多次天災人禍，最嚴重的是1900年，侵華的八國聯軍「剿滅」駐紮於靈光寺的義和團，靈光古剎被炮火徹底摧毀。此後二十幾年，經不斷重建，才得以逐步恢復。

後來，在重建靈光寺、清理遼塔塔基的過程中，從瓦礫裡發現一石函，內有沉香木匣，匣上有文：「釋迦牟尼佛靈牙舍利，天會七年（即西元963年）四月廿三日記、善慧書」，主持重建工程的聖安和尚當眾打開木匣，果然看到一顆佛牙，眾僧大喜，逐將佛牙舍利供奉於靈光寺禪堂，成為鎮寺之寶。

從此，靈光寺愈加聲名遠揚，佛家信徒很多。現今的靈光寺佛牙舍利塔壯麗挺拔，高達51米，八角形，為十三層密簷塔格式，漢白玉拜台高出地面2.7米。塔身內部為七層殿堂。堂內金塔中供奉著佛牙舍利。室外有石梯上達佛牙舍利堂。金塔用純金製成，高約一米，重135公斤。

北京的公園綠地共有一千多個，有註冊的公園有180個，其中有140座公園是免費的，總面積6,903公頃，年售票遊人就有1.8億人次。

上圖　八大處公園的祈福樹。
左圖　靈光寺佛牙塔。
右圖　八大處公園的蓮花。

年節北京

　　別以為逢年過節，北京一定很熱鬧，其實不然，過年的北京很尋常。這是怎麼回事？原因很簡單，大肆慶祝這種事情最好少來。街上不能遊行，也不能放炮（開張或結婚例外），那就只能在屋裡屋外自己過節。

農村農曆年的雜技表演活動。

　　基本上中國人的三大節：過年、端午和中秋，只有過年比較有點意思。端午不放假，北方又沒有划龍船，只能吃幾個粽子而已。中秋好一些，可以到盧溝橋賞月，有些公園有中秋晚會可以去欣賞，還有就是可以吃點月餅。

　　真正的年節，只有過年。但是這一個過年，至少會有四件大事在新聞裡面每天出現：春節前的「春運」、春節當天的「春晚」、正月十五的「煙花節」，以及春節期間北京的「廟會」。

　　大約在每年的陰曆十二月開始，北京的大小餐廳都開始客滿，忙著辦「年會」。「年會」就是臺灣的尾牙，但是不限於在陰曆的哪一天。年會的舉辦方式與臺灣的尾牙也都相似，表演節目、抽獎、KTV，酒要多喝一點，這是免不了的。還有，年前都要到各處去送禮，街上每個人手上都是禮盒。

　　最忙的是每年的春運（春節運輸），年前年後達36億人次，號稱「歷史上最大的人口移動」一點也不為過。所有的人都在火車站二十四小時排隊上車，如何得到一張返鄉的火車票，是春節的一大難題。略為有錢的北京人，則忙著去搭飛機出國。雖然法定休假日春節也只有七天，並且是從大年初一才開始放假。但是，走到北京一看，各大小商鋪都會寫著：正月十五以後才開張。

　　北京將近二分之一的人都回老家去了，還有的人出國去度假，剩下的北京城，空空如也。連計程車司機也都不出門，他們寧可不賺錢，躲在家裡陪陪家人。因此，這段舊曆年，北京市的交通非常順暢，人們可以搭地鐵和公共汽車到處去逛逛。因為，北京的有車階級，也幾乎都駕車遊玩去也。

　　剩下的純正北京人和一群無處可走的超級「北飄族」於是開始盤算著過年。年節前的準備是少不了的，可以選擇到一些「年貨大集」走走。至少有四個超級「大集」可以逛個夠：北京馬甸年貨大集、北京農展館年貨大集、北京五棵松年貨大集、以及北京國貿年貨大集。這些大集各有不同，有的是以穿的為主、有的

以吃的為主，當然是各種山珍海味，一應俱全。

選完了這些，就要開始布置家裡。打掃一番當然要，然後貼上窗花剪紙以及春聯，才會有氣氛。北京的窗花剪紙可以說是玲瑯滿目，只要到超市去看就有很多種圖案可以選擇，並且價格也不貴。過年在窗戶上貼上這種剪紙，看來就是喜氣，像是中國人在過年。

北京人喜歡正紅色，叫做「中國紅」，小朋友都穿上鮮紅的棉襖或者外套，煞是好看。大人們也要給孩子壓歲錢，多少錢不一定，多數是紅色鈔票一張，一百元。老人在家裡過年，是一年中最開心的時候，因為中國太大，平時不能相見的兒女，也只有這個時間才能全數到齊。

接著就是春節大戲：春晚。如果問中國人過年幹甚麼？十個有九個都說看春晚。春晚就是春節晚會，是在除夕那一個晚上的精彩表演。以往有四個電視台都有這個晚會，各自舉辦；但是為了節約，現今只有中央電視台一枝獨秀。由於至少有八億老百姓同時看這個節目，意味著誰要出名就得上這個節目。臺灣的魔術師劉謙當年就是這樣一炮而紅。

春晚的節目內容，可以說是涵蓋了全中國的各種藝術表演，不僅是唱歌、跳舞、雜技、戲曲，更要考驗導演的組織功力以及舞台效果。因此，「我要上春晚」是個口號，也是個期待，哪個人能與春晚沾一點邊，那就好比是中了特獎。相對的，春晚節目的緊湊與精采程度，絕對比得過奧斯卡頒獎典禮。

春晚之後，春節正式開始。這時候大人小孩開始去看廟會。廟會是古代傳下來的民俗活動，除了真的在廟裡可以燒香拜拜，還可以看各種純中式的表演，吃南北小吃，是非常有中國味的年慶活動。此外，近來還有異國風情的洋廟會，讓人看看異域風情。

著名的北京廟會地點包括有：地壇公園春節廟會、龍潭公園廟會、蓮花池廟

上圖　地壇公園廟會。
中圖　八角遊樂園廟會。
下圖　龍潭公園廟會。

會、北京大觀園紅樓廟會、北京
圓明園皇家廟會、北京十三陵皇
家廟會。洋廟會則在石景山遊樂
園洋廟會、北京國際雕塑公園春
節廟會、北京東岳廟廟會、北京
陶然亭公園廟會。郊區廟會更是
架設在各名山古剎裡面，例如：
特別有名的北京紅螺寺春節廟會
與北京石景山八大處廟會等等，
總計有十八個廟會，足夠從初一
玩到十五了。

　　到了十五元宵節這一晚，
是最後一天北京可以放煙火的時
刻。可以說從天黑開始，北京家
家戶戶都會到煙火站去買爆
竹，開始一場驚天動地的煙火城
市秀。這也意味著春節正式結
束，老百姓漸漸回到北京，傳統
鋪子也要逐漸開張。

　　當然，接下來就是兩會（全
國人大和政協）正式登場，又要
人仰馬翻了。

北京的婚喪喜慶

薛潤冰喜孜孜的在年前發了一個簡訊給大家，內容是這樣寫的：

　　薛利朝之子薛嘉淏（擬起名）於2014年1月21日15：30出生，母子平安！

　　嘉淏明正道，德遠天地寬。仁義禮智信，尚品結善緣。預祝您：馬年大吉

薛利朝就是薛潤冰，利朝是他的號。兩年前他老婆懷孕流產，這次終於一舉得男，可喜可賀。這下子一家三口就能放下了心。

依照規定，中國女性到了二十四歲沒結婚就是大齡女；男性是二十六歲成為大齡男。因此，北京男女從學校畢業後的第一件事，不是找工作，而是要趕快找對象。如果談成了對象，下一步就是趕快結婚。

結婚的重要步驟是領證。也就是去法院公證。這比結婚典禮還要重要。領證之後就是法定夫妻，這時候再決定何時要辦婚禮，都不成問題。有時候，領證完之後一兩年才辦喜宴也有可能。

結婚要注意生辰八字。有些北京的男女會選日子結婚，不過多半現代年輕人對這些已經不太重視，他們看中的是結婚的形式，為了把這一生大事辦好，多半都會找婚慶公司協助，從擇日、訂禮堂、宴席、禮服、婚紗照、還有蜜月，都可以完全不操心。

北京的婚宴多半是在中午舉行。如果是晚上舉行的男女，那就是再婚。如果收到喜帖，親友大概在早上十點就會入場，吃點瓜子甚麼的，聊天到十一點，正

上圖　北京新人的古典式婚禮。
下圖　外地人到北京來辦西式婚禮。

式的儀式就會展開，那時候只要聽見門前有炮竹聲，就知道新人要到了。

　　吃飯的地點要看預算。有的非常隆重，有的非常簡陋。隆重的可以在五星級飯店；簡陋的就隨便找個小舖子，就看當事人的荷包。特別有趣的，還可以弄個騎馬大隊招搖過市。或者弄個寶馬車隊的敞篷車，在天安門前面長驅直入，前後都是攝影車隊，也不是甚麼難事。

　　如果結婚的當事人父母不在身邊，可以邀請親戚朋友、主管或老師來講話。講話的人必須是有點身分地位的人，他們都會送特別的禮物給新人，不一定是錢，有時候會是書法或者是一幅畫。有的男女是遵古禮結婚，還要對著雙方父母下跪磕頭、跳火爐、喝交杯酒。也有的新人甚麼都沒有，就穿著平時的衣服來敬個酒就結束，甚麼儀式也沒有。

　　禮金不一定用紅包，用個白信封也是可以的。禮金要給多少，當然也看關係。不過在北京的禮數通常不小，給個六百到一千元人民幣都是家常便飯。在北京這個物價飛漲的時代，如果一個月收到三張紅炸彈，那這一個月的薪水肯定泡湯。還有，北京的男女結婚多半只是宴請在北京的人。換句話說，男女雙方都還要到「老家」去辦婚禮，這就意味著結婚得要耗時耗心力。

　　北京的喜慶並不一定是結婚，祝壽也是個大場面。有些餐廳只接壽宴，其他不接。壽宴的主人也並不一定是個老人，只要是祝壽都可以辦。壽宴並不是吃個蛋糕就結束，有時候根本沒有蛋糕，但是卻有歌舞表演，誦詩，贈禮儀式，還有很多人來演講。如果壽星是軍方的人，可能有很多「星星」（將官）會來當VIP，那就更像辦了一場年會一樣熱鬧。

　　巧立名目的各種宴席到處都有。北京人喜歡洗塵、接風、送行、慶功、喬遷、滿月，這些活動隨處可見。所以在北京開餐廳，不愁沒有生意。可是天天要人來人往的參加各種活動，而且應酬當中還有很多潛規則，真的讓人受不了。更何況，北京喝酒的場合多，不醉不歸容易被抓酒駕，第二天上班也很辛苦。

　　北京人如果去世，必須很快火化。不可能像臺灣那樣等個好日子再入殮。所以葬禮相對比較簡單。如果是高官要人，由政府批准，可以葬在八寶山革命公

八寶山革命紀念公墓。

墓，那麼禮儀就很隆重。普通人就只有個簡單的儀式，親友送錢不像臺灣不可以送雙數，送兩百元也可以。

有宗教信仰的，可以採取宗教儀式來舉辦婚喪喜慶。例如基督教儀式、回教儀式和佛教儀式，這在北京也很普遍。

最後要了解的，是婚假的法律規定，十分有趣，他們有所謂「路程假」：

1. 按法定結婚年齡（女20周歲，男22周歲）結婚的，可享受3天婚假。
2. 符合晚婚年齡（女23周歲，男25周歲）的，可享受晚婚假15天（含3天法定婚假）。
3. 結婚時男女雙方不在一地工作的，可視路程遠近，另給予路程假。
4. 在探親假（探父母）期間結婚的，不另給假期。
5. 婚假包括公和法定假。
6. 再婚的可享受法定婚假，不能享受晚婚假。

另外，女性的產假也很不同，產假假期為90天，其中產前休假15天。難產的，增加產假15天。多胞胎生育的，每多生育一個嬰兒，增加產假15天。女職工懷孕流產的，所在單位應根據醫務部門的證明，給予一定時間的產假。女職工懷孕不滿4個月流產時，給予15天至30天的產假；懷孕滿4個月以上流產者，給予42天產假。

11

北京
的
教育難題

北京師範大學第三附屬中學。

打工弟子學校

　　北京的教育難題很多，其中之一，就是打工弟子學校。甚麼是打工子弟學校？就是外地人來到北京打工，他們的孩子們所就讀的學校。可想而知的問題是，這種學校合法嗎？屬於哪個單位？師資好嗎？貴不貴？

北京的孩子被寵上天。

　　要回答這些問題以前，先要了解一下，北京有多少打工的人，他們都做些甚麼工作。所謂打工的人，可不是在超市、超商或者加油站的鐘點工，而是指「進城務工人員」，也就是大陸俗稱的「農民工」。他們多半在體力勞動份量大的行業，就像臺灣的外勞一樣，在工廠擔任一線工作，或者在營造業蓋房子。這些人多半是知識程度較低，生活條件不好的一群人。

　　都市裡也有大量的基層勞工需求，所以才會到農村鄉下去覓取勞工。這些人進城，依法與雇主簽訂合同工作後不久，一旦他們的生活穩定，就可能把老家的配偶子女都接到大城市來共同居住，這時，就會產生一個特別麻煩的戶籍問題。因為大都市的老闆雖然可以管吃、管住，但是很難幫忙他們申請北京市的戶口（其他城市也都一樣）。這些人也因為在家鄉還有農民身分，還擁有一部分田產，不敢輕易放棄戶籍而失去農民身分。因此，他們就成了大都市的「打工族」。沒有戶籍就不能買車、買房，他們的孩子來到像北京這樣的大都市，也就不能分配到正規的學校就讀。

　　打工子弟學校，於是應運而生。單單在北京周遭，就有超過30所這種學校，至少有一萬四千多名學生。四環以外的，則高達102所。打工子弟學校在2008年大約還有300多所。但2011年8月，北京市下令要關閉其中的24所打工弟子學校。輿論一片譁然，因為，那就意味著有上萬的學生無處可以就學。

　　為甚麼要勒令這些私人學校歇業？原因很簡單：不合法。據說，這些學校有的是七、八十人一間教室，師資很差，收費不合理，造成很大的教育問題。有的學校校長本身都不識字，甚至有的校長還是包工頭、菜農、小販、廚師和清潔工。

　　絕大多數的打工弟子學校都因為師資不足、勞資糾紛、教育設施差而為人詬病，但是很難解決。北京市政府壯士斷腕，採取扶持、審批、淘汰三階段完封這些學校。很差又不合法的，勿枉勿縱。

根據《流動兒童少年就學暫行辦法》第三條和第四條規定：

> 第三條　流動兒童少年常住戶籍所在地人民政府應嚴格控制義務教育
> 階段適齡兒童少年外流。凡常住戶籍所在地有監護條件的，應在常住戶籍
> 所在地接受義務教育；常住戶籍所在地沒有監護條件的，可在流入地接受
> 義務教育。
>
> 第四條　流入地人民政府應為流動兒童少年創造條件，提供接受義務
> 教育的機會。流入地教育行政部門應具體承擔流動兒童少年接受義務教育
> 的管理職責。流動兒童少年就學，應保證完成其常住戶籍所在地人民政
> 府規定的義務教育年限，有條件的地方，可執行流入地人民政府的有關
> 規定。

換句話說，打工族一旦進入城市，當地政府還得幫忙張羅這些孩子們的義務
教育，以免這些人成為社會問題少年。

為了爭取社會各界對於打工弟子學校的支持，北京還有「北京打工弟子學校
公益網站」，長期關懷這些讀書就學有困難的學童。網上的文章說，每關閉一所
打工弟子學校，就等於是可能增加一所監獄。這話說的雖然很重，但是也不無道
理。事實上，就算北京市政府關掉一些學校，這些學生又會轉校到其他的打工弟
子學校去就讀。

一些學生不願意去就讀政府給他們安排的公立學校，原因可能是會有人看不
起他們是農民工的孩子，還有，他們的課業可能也跟不上其他的孩子。在京務工
的人員，如果想讓孩子在北京上學，需提供所謂的「五證」：戶籍、暫住證、原
籍地沒有監護條件證明、在京實際居所證明、工作證。很多人拿不出來，乾脆回

老家鄉下去讀書，離開父母的身邊。但是當他們回到原籍地，往往又被當地人坑一把，說他們是北京來的，贊助費和借讀費理應多繳納一些。

　　北京總人口數大約是兩千萬，但是其中有一半是流動人口。這些外來人口當中如果有十分之一是農民工，那就意味著未來還會有一大批他們的孩子需要找到學校就讀。這些學童都是在苦難中成長，受到社會歧視的弱勢團體，他們的未來在哪裡，經常受到媒體的關心和報導。有些個案已經受到社會好心人士的協助，讓陽光充滿了這些人的家庭。然而，還有更多的人，在未來亟待政府的安置和解決。

　　如果這些孩子不到大都市去跟著父母，他們就會成了所謂農村「留守兒童」。這些人可能經年累月都與父母失去聯繫，只跟著農村的老人一起生活。逢年過節，遠方的父母會捎來禮物和金錢，平常也或許會用電腦來互訴衷腸，然而那只能讓這些孩子們感到物質條件的需求滿足，在精神上，他們卻從小就沒有完整的家庭溫暖和慰藉。這些當然是更深一層次的家庭問題、社會問題與教育問題。

　　也許就在今天，北京又有一座打工弟子學校被拆遷；但也許就在明天，另一個類似的學校又開業了。社會問題衍生出來的教育問題，也就是教育問題所繁衍的社會問題。

天價幼稚園

　　陳蕾是一家中關村清華園附近科技公司的人力資源經理，在北京算是中產階級。她的女兒從小就是個過動兒，自從長大之後，每天就是好奇的跳上跳下、跑進跑出，一刻也不得閒。

　　在家裡還好，到了幼稚園，就顯得與其他小朋友格格不入。學校老師們也有向她反應：「這個孩子活動力太強。」言下之意就是，我們對這孩子的管教沒有辦法。學校嘛！都希望每個小孩聽話、乖乖地、少有意見，可惜這個小朋友做不到。

　　陳蕾也請教了很多幼兒的專家，得出的結論是這個孩子可能是個天才，一般的老師沒有法子駕馭她。在徵求孩子的意見下，她把孩子帶到一個人數比較少，老師比較好的幼稚園，從此之後，女兒發育的很好，每天上學都很快樂的學習。

　　這是在北京經常發生的故事。由於每個小孩都是獨生子女，北京的父母和他們的上一輩，都會為了這「根」獨苗（獨生子女）傷透腦筋。首先是該選擇哪個幼稚園（北京稱為幼兒園），之後是小學、中學和大學，甚至是研究所。子女們幾乎沒有自主權，只能跟著父母成龍成鳳。

　　北京的幼稚園幾乎都是私立的，有很好的、當然也有很差的。所謂很好的就是雙語教學或者全外語教學。學校老師都是外國人（稱為外教老師）的也不少。當然，價格也不便宜。像是陳蕾她女兒前兩年所讀的學校，每個月人民幣是4,700元。如果小夫妻剛畢業，拿到的薪資不算高的話，養個小孩不容易，單單

在北京植物園玩耍的小孩子。

是學費就吃不消，更別提還有很多其他的。

其他的是甚麼？那就是才藝班、語言班、補習班等等，這些「絕不能讓孩子輸在起跑線上」的課程，各個所費不貲。比方說鋼琴班，請個老師在家練習，每個小時100元是免不了的。如果報名參加英語補習班，那就要看這個補習班的費用開多少。一般的英語連鎖，從2～3歲的課程就是全英語環境，小班比較貴（3～6人），每個月10個小時，一年大約五、六千元。大班（25～50人）每個月大約1,000元上8小時。換句話說，如果小朋友要額外多學點語文或才藝，一個月可能會多出至少一兩千元的費用。

這些還不包括車費。通常，學校如果要用校車接送，那就要另外收費。還有制服、書本、課外讀物等等，都要考慮在內。接著，還有一筆只有在中國才會有的「贊助費」，每年都要收。每個學校不一樣，但是幾千元跑不掉。

算一下整個開支，如果家裡有一個3～6歲的學前兒童，在北京可能一個月要萬把塊錢才能上幼稚園。即使這麼貴，幾乎所有的幼稚園還都是滿的，不要說有錢也排不到，就算托人情關說，可能還進不了稍微好一點的幼稚園。

所以，為了要進幼稚園，小朋友才剛會走就被送到安親班去「排隊」，意思就是，每個月交一兩千元，先佔了未來在這一家幼稚園上課的名額，等到正式滿三歲，由於學生已經是這個幼教裡的一員，那就可以優先進入這所幼稚園。想想看，真是煞費苦心。並且，就算是這樣排著隊，也不一定到時候就可以順利入學。

那麼，可以去公立幼稚園嗎？答案是，很難。一來，公立幼稚園多半是附屬

於某個機關單位的，普通老百姓進不去；二來，這些公立幼稚園有很多是農村幼稚園，與大眾的要求所需標準都不一樣。所以，北京的家長都會早早就先找好住家附近的幼稚園，打聽一下哪個好，然後早早繳費報名。

好的幼稚園裡面不但設備齊全、有很多外教老師，而且大多都按照西方的教學方法，用啟發式的教育來給兒童上課。並且，即使在暑假寒假期間，幼稚園也會安排很多課外或校外的活動，甚至到國外去參訪，連同父母一起旅行。當然，這些開支是要另外計算的。簡單的說，只要有錢，要甚麼都有。

舉個例子來說，同一條街上的兩側就有兩個不同的幼稚園。一個說，我們每個教室都有一台鋼琴可以給學生練習；另一個說，我們學校每個學生都有自己的鋼琴可以練習。請問，你會選哪一個學校？答案是：我當然要那個每人都有鋼琴的幼稚園。

問題是，這樣的幼稚園真的能培養出未來的菁英嗎？沒有人知道。我們只能看到北京的小朋友上學多半都是由爺爺奶奶帶著，穿過大街小巷，來到學校門口。路上是由大人幫忙揹著沉重的書包，下課是由大人在學校門口迎接回家。每個小孩幾乎都是天之驕子，很多時候，他們的意見會造成學校教學的困擾。許多家長會到學校問東問西，讓學校的老師們壓力很大。

最近兩年，北京市對於各種學校超收的「贊助費」很有意見，公立的幼稚園禁止再收取所謂的「贊助費」；但私立幼稚園要收「贊助費」，要管理也無法無據，只有繼續漲下去。

網上一則實例說，他們是從農村來的，好不容易取得北京戶口，孩子也是在北京出生的。時候到了去附近的幼稚園一看，全部都滿額進不去了，唯一可以進去的要收學費兩萬四，而後每個月還有一千六。算一下，每年這個孩子要花四萬多才能上個比較好的、離家近的幼稚園，這讓他們很猶豫，是不是該把孩子送回農村去就讀農村幼稚園。這樣的例子，可能天天都有，問題，永遠存在。

我要做月子

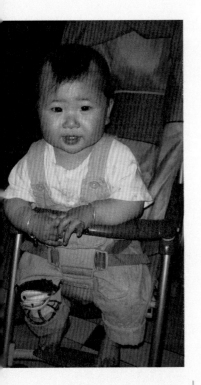

北京的孩子都是天之驕子。

　　打從發現可能懷孕的第一天起，小玉就急著到處打聽哪裡坐月子最好？她的老家在廣東，老公是北京人，生孩子勢必會在北京，所以事先就要選定一個非常合適的婦產科，以及一個設備周全的月子中心。

　　事實上，北京對於孩子胎教的注重已經非常普遍。不只是小玉，其他許多即將臨盆的媽媽們，都會帶著老公一起去上胎教課程。這些課程多半是免費的。原因是一些月子中心會運用這些課程，讓準媽媽們先試聽後繳費。只要準媽媽喜歡上這一家月子中心，那就不怕自己會虧本。羊毛出在羊身上。

　　一家兩岸合資的北京婦產科醫院，最近就辦了一場胎教音樂會，吸引了媒體和準媽媽們的注意。這樣的音樂會標榜的是給胎教添加一份新知識；但是也從中吸引很多準媽媽來到醫院，看看甚麼是五星級的婦產科醫院。

　　除了院長和醫生護士都是臺灣來的以外，這裡所有的設備都是五星級。產婦從懷孕的第一天開始，就可以

接受一對一的醫生護士服務，完全不用掛號和等待。即使是不孕症，在這裡都有良好的解決方案。

　　金碧輝煌的醫院裡，有著最豪華、最體貼的各種服務，就連住院前後的產前產後復健、美容、醫療、護理等等都一應俱全。一些細節例如坐月子的每一份餐點，都是由專家指導和自己的餐廚調理的，保證符合營養師的建議。甚至，在月子中心還有教媽媽畫畫的課程，以解除她們的產後憂鬱症。

　　收費是多少？這是每個人參觀之後所關心的問題。答案也很簡單，就看孕婦所選擇的是哪一種套餐。這裡是會員制，如果選擇的是最簡單的服務，各項費用加總起來也得十萬左右。不用擔心，只要同意，還可以代辦分期付款。

　　這當然不是北京唯一的坐月子中心。選擇其他類似的「純美式」服務月子中心或者月子會所的，也大有人在。套用小玉的話說，一輩子就這麼一次，一定要把這件事辦的完整無缺。即使她只是個基層的公務員，也不惜一切想把自己的「獨苗」給照顧的五體投地。

　　「月嫂」也因此成了熱門行業。「月嫂」就是到家服務，幫孕婦在家坐月子的女士。聽起來跟保母很相似，但是「月嫂」是有證照的專門行業。不僅是有證照，有的月嫂中心，還會把他們的月嫂送到國外去接受完整訓練。月嫂也可能是「家政」公司裡面的職員。「家政」公司到處都是，主要的營業內容是各種家務事，包括保母、育兒、鐘點工、整理清潔等等。這是一個非常普遍需求量大的行業。

　　「月嫂」都屬於公司管理，類似臺灣的人力仲介公司，她們多半是外地來的農村婦女，經過訓練之後，由公司替她們找到一個合適的家庭擔任「月嫂」或者「保母」。最便宜的北京「月嫂」每個月大約要給5,000元人民幣，稍微有經驗的都要上萬，最近還傳出「月嫂」已經漲到每個月16,800元了。這還不包括吃、住。所以，多數的工薪家庭，都會把自己的父母請到北京來給產婦坐月子。

　　不過，家裡人來幫忙也是要錢的，至少要給交通費和零用金。如此之故，如果在北京生個孩子，產前產後，加上坐月子等等，花個十萬、二十萬人民幣是很稀鬆平常的事。北京人不會為了自己「養不起」而心憂，而會為了怎麼沒孩子操煩。原因就是一種社會風氣──畢業後就是要趕快找對象，然後趕快結婚、生孩子。這才是年輕人最重要的頭等大事，就算再窮，也一定要在30歲以前辦完這些事情。否則老家一定天天催、年年問，讓年輕人的壓力很大。

　　雖然大陸一胎化的政策漸漸鬆綁，不過事實勝於雄辯，如果要生兩個孩子，一定會被罰款，而且罰得很嚴重。在所有家庭只有一個孩子的情形之下，這一個「單傳」無論是女是男，都會被所有的長輩和家族視為最重要的傳宗接代人選。這也造成這一個孩子可以在成長過程中，予取予求。

　　不只父母和爺輩在管教兒孫上的看法不同，會經常引起許多家庭糾紛。更嚴重的是這些「民族幼苗」從小就知道自己的「身分不凡」，所以會利用大人們的不平衡心態來討人歡心。北京的孩子至少有一半是由爺輩們所呵護長大，而且這些爺輩還多半是官宦之後，這樣的孩子能不被寵上天？很難。

　　小玉還在到處打聽，到底該找哪個婦幼醫院、哪個月子中心、哪個月嫂、或者把老家的父母接過來照顧她和未來的新生兒。她的工作不忙，可以天天上網看，到處問，觀摩、聽課、比較，這些都是令人興奮但是有壓力的事。

　　舉例來說，她發現北京血庫總是缺血，又擔心將來萬一難產，會不會沒有血可以輸，所以每到一個醫院，都要打聽這家醫院有沒有血荒；聽說有的月嫂手腳不乾淨，擔心會找到不可靠的月嫂；現在懷孕的這十個月，應該掛上女孩還是男孩的照片才可以對新生兒有利，凡此種種，就是標準的北京媽媽們所掛心的。

　　一胎制讓北京的父母認為，這個孩子就是他們一輩子最重要的依靠。生男生女還不是最重要的，要好好讓孩子從娘胎裡就受到最完整無缺的呵護，才是最關鍵的期望。

咱們一起去留學

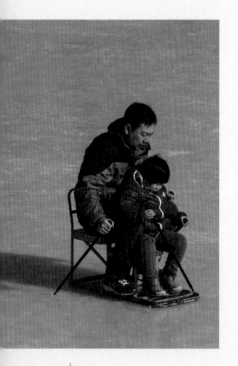

冬天一起玩樂的親子。

北京國際會議中心的一個人力資源管理論壇上，每個參加者都拿到一本厚厚的加拿大留學和移民方略，裡面還有一張問卷。凡是填完問卷的，可以得到一些小禮品。這是移民和留學公司所做的宣傳，類似的活動在北京大小場合都很常見。到底有多少人要去留學和移民呢？答案是：無以數計。

小王夫婦兩個都在軍方擔任要職，他們唯一的女兒從小就被培養成將來要去留學的候選人。小王說，他不在乎將來女兒嫁給外國人；也不反對自己跟女兒到國外一起去留學，「就算跟去住幾年陪著她，也心甘情願」。

事實上，最近大陸對於「裸官」管制的很嚴格。「裸官」就是本人在政府當官，家裡的老小都移民或留學在外國，只剩下一個人在中國。移民和留學本來是個人的事，但是在中國，這多半與貪汙腐敗有關係。

許多廠商或利益關係人給的灰色收入，多半都藉著這種投資移民或者子女留學的管道送了出去。一些集結在加拿大或者澳洲的留學生，他們的所有費用都是廠商無條件的贊助。這種類型的貪污不露痕跡，看來是個人情，實質飽含著許多看不見的汙垢。

按照媒體的說法，自1995到2005這十年之間，中國就有118萬官員的子女和配偶在國外定居。外逃官員常見的手法就是，轉移孩子、轉移妻子、轉移資金、辦理護照、藉機出境、海外團聚。根據最高檢察署統計，2009年，外逃時被抓官員為1,129人，平均攜款為每人631萬人民幣；2010年這個數字增加為1,282人，平均攜款為577萬；2011年人數激增為1,631人，攜款數為478萬。

2014年1月，中國財富機構胡潤的報告指出，中國有三分之一的富豪（資產超過1,600萬美金）都已經帶著他們的家人和錢財移民。主要原因是要脫離中國城市嚴重的污染、交通的擁擠、以及讓孩子得到更良好的教育。倫敦財富機構Wealth Insight的分析師還有一項更驚人的數字指出，中國富人現在大約有6,580億美元隱藏在海外。這使得中國的奢侈品消費和汽車的消費市場快速萎縮。

中國富豪選擇的移民地區，多半是美國的舊金山、西雅圖和紐約，其次是歐洲。再其次是加拿大、澳洲、新加坡和香港。

根據這些數字，可以知道留學或移民的背後動機，其實並不單純。家長隨著孩子一起去留學，或許就永遠離開了居住地。這些孩子是真的去讀書還是只是去拿個文憑，也是一個問號。

一位清華大學的教授就說，現在資質好、條件好的學生，早就去留學了，我們清華都是挑剩下的。這話也許有些失之公允，不過也有幾分道理。留學在美國長春藤高等大學或者研究所的中國學生，盤據了校園。他們的父母都是在中國有頭有臉的有錢人，這一點是無庸置疑的。

另一方面，北京的孩子們如果讀的是貴族學校，那麼他們的未來就已經是畫好的道路。有的父母會很明確的讓孩子自己選擇要去哪個國家留學，然後他們會

束裝到時候一起出發，看看孩子適不適應，順便給自己渡個假。有的家族是由年長的表兄弟姊妹先去打頭陣，然後再把幼小的孩子送去。

留學已經下溯到小學和高中生了。一部名為《小留學生》的20集電視劇，很賺人眼淚的描寫了四個到加拿大渥太華留學的高中留學生故事。其中穿插著父母、孩子和留學公司之間的各種情節，讓這部電視劇在中央電視台第一頻道播出之後，廣受好評。原因之一是讓觀眾了解留學生在異鄉生活的點點滴滴。

即使家裡不有錢，北京的資優生到國外留學也都不是甚麼難事。小曾和她夫婿就是這樣的案例。小曾是山東人，農村子弟。她從高中開始就離家到外縣市讀書，大學考上北大，研究所拿的是韓國首爾大學的獎學金。畢業後先在一家出版社擔任行銷，後來到一家外商公司做了一段時間，最後到一個公家單位做研究。她的老公是一個科技公司的高級工程師。他們結婚以後，就各奔前程。老公考上美國一所大學攻讀碩士；她在同一時間考上加拿大一個小一點的大學攻讀博士。兩人都拿到學校給的足額獎學金，吃住之外還能有餘額。

兩個人新婚就分居兩地？小曾說，這不是問題，現在網路發達，隨時可以在網上見面。她的老公則說，能夠讀下去就繼續，不要辜負了自己的能力。小曾的妹妹和弟弟也隨她到北京讀書，未來，很可能都會隨著姊姊到國外去發展。

北京難道不夠好，非得去國外？這些人的答案幾乎是千篇一律：中國的教育與制度令人寒心；生活環境太差，社會環境惡劣。他們都希望自己能到國外去學習一種新的生活方式，找到自己真正的生活目標。

姑且不論目前「海歸派」是否都盤據了中國官場的大片江山，或者在民營企業「海歸派」已經逐漸失勢，越來越多的中國人都邁開大步，往國外去留學或者移民。「喝喝洋墨水」總是好的、總是出頭露臉的，這種思想，瀰漫著整個首都及整個中國。短時間內，留學熱和移民熱絕對不會減少，而且還會等比級數的增加。

裸辭、考碗族

在中國，1980年後出生的人，統稱80後；1990年以後出生的，統稱90後。90後，在這兩年已經逐漸走向社會大舞台。他們的作風與個性，顯然與前一個時代的80後，有著天壤之別。

汪老師目前是一所高職的系主任，她的女兒90後，喜歡畫畫，不愛讀書。在學校就已經提筆作畫，替一些公司的外包繪製插畫。畢業後很輕易的就到設計公司找到一份工作，不到半年，不幹了。原因是，她不欣賞老闆說她畫的不符合要求。現在，她打算自己在家裡接案子，不去上班了。

同樣的90後是小嫻。她畢業於外國語大學，面相姣好，很容易就進入一家外商公司擔任董事長秘書。才做了八個月，她就做不下去。她說原因很多，最主要的是，路程太遠，每天回到住的地方，來不及給男朋友做飯，心情鬱悶。還有，在這個公司總是做些雜事，老闆帶她出去應酬，還要她替客人點煙，她不喜歡。

這樣的故事在北京比比皆是。一家高級科技公司的行政經理說，他們任用的90後助理，居然對公司反映，為甚麼上班時候給他們吃的水果有「毛」（獼猴桃），他們不喜歡，還要切和剝皮，太麻煩。另一個類似的科技公司則說，他們新聘僱的前台（櫃台小姐）一點禮貌也沒有。主管說中午要帶她們出去吃個飯，見識一下好的餐廳，她們會連袂說：不必了，沒興趣。

　　如今的90後很有主見。三個讀機械系即將畢業的女生說，她們不喜歡工廠，也沒有看過機器，畢業後，一個選擇嫁人，準備當少奶奶；一個要到西單去擺攤，自己當老闆；另一個則說，無論做甚麼都好，就是不要上班。

　　90後的感情生活也很複雜。他們不再像80後那樣非得急著結婚，甚至，對於網戀和一夜情也看得很淡。他們從小就在網路的環境底下長大，是標準的「宅男」、「宅女」。在學校寫報告，一律先從「百度」搜索著手，交友聊天當然靠的是「微信」。他們通常不愁吃穿，買東西一律上淘寶，對於自己的壓力，選擇立刻放棄。

　　於是，就有一個新名詞出現了──「裸辭」。裸辭，就是甚麼都不要就走人。通常的上班族都會先找好一個新工作，然後跳槽。裸辭就是很乾脆的不幹了。原因很簡單，不喜歡做，喜歡在家。

　　根據2010年的一項調查，有72.97%的人曾經裸辭過，56.67%的人打算裸辭。他們的原因集中在三個方面，第一，工作累，賺得少，不如回家去休息。第二，手上已經賺了一筆，打算去旅行。第三，手頭工作沒有價值，不如回去充電。

　　90後很容易就會選擇裸辭。主管對他嚴詞以對、要求太高、沒有份量的雜事太多、溝通不良、工作沒有價值、浪費時間，這些都是90後經常掛在嘴邊的論調，當然，還有一部分是因為自己的感情問題，或者父母不喜歡這個工作。

　　問題是，一走了之難道不怕沒錢過日子嗎？答案更妙了：失去的是鎖鏈，得到的是自由。不管將來可能是房奴、車奴或者孩奴，90後很珍惜眼前這一霎那的幸福。走了再說。至少今天不必煩惱很多無聊的事。

　　《基督教科學箴言報》有一份報導說，當前一代的中國年輕人和美國上世紀六十年代的年輕人很相似，越來越多年輕人關心自己的情感與幸福，比較少擔心

薪水和社會地位。這些小皇帝選擇為自己而活，很難屈服於集體的要求。

　　另一個極端的例證是「考碗族」的增多。「考碗族」就是要考上「金飯碗」的這一族。「金飯碗」就是公務人員，用大陸的詞彙，是考入大陸體制內的人員。他們可以保住金飯碗，一輩子不愁吃、不愁穿。這些參加公務人員考試的人，本身不是沒有工作，只是為了要有「鐵飯碗」，不惜一年又一年的考下去。

　　當公務人員有甚麼好？首先是待遇好。根據北京電視台2013年11月7日的報導，有媒體對113家央企的平均工資做了調查，發現「2012年央企及其上市子公司共287家在職員工平均工資為111,357元，相比2011年平均工資102,965元增長了8.2%，是私企平均工資的3.8倍。同時它也提到，央企職工工資的漲幅有減緩的趨勢，然而壟斷企業的工資仍然遠高於社會平均工資」。

　　其次，中國人認為，有了權，自然就有了錢。如果能夠在公家單位有個一官半職，那就可以說是「財源滾滾來」。即使不要提貪汙兩個字，許多自然分配的利益，也比一般單位好得多。這些利益，大多都不是錢可以獲取得了的。

　　第三，追求穩定。中國社會很多民營企業說倒就倒，非常不可靠。公家機關就算是幹個小差事，只要不犯大過錯，一直到老、退休到死都有錢可以領。目前的退休制度如果不改變，多數公務員在55～60歲退休以後，依然可以領八成到九成的薪水，很安穩也很舒服。

　　第四，工作輕鬆。多數的公務機關工作沒有特別大的業績壓力，上班寫寫報告，接待外賓，開開會，出個差，就是工作的全部。而且，上面有人頂著，下面有人托著，甚麼事情只要出個關係或者人情，就能擺平。

　　「考碗族」當然不算社會怪現象，只是多了一個奇特的新名詞而已。

12 北京的高大上

北京天安門前的石獅子。

光盤行動開始

　　「高大上」是時下流行的新名詞，意思是「高端、大氣、上檔次」。表面上看，這只是年輕人的網路術語，但其實也代表了現代社會一種需求。無論是在衣食住行的各個層面，中國人都希望自己所表現的是一種「高大上」的形象。這，當然與中國人收入增加之後的消費層次提高有關。但是，更深一層的意義，卻可能是一種奢靡之風洋溢的炫富表現。

　　好心的鄰居傍晚來敲門，說是要請客吃烤鴨。到了附近餐廳，人山人海。老大娘和小孫兒已經在坐上吃起來了。匆匆忙忙，她們還得回去趕學校作業。四個人點了一桌子的菜吃不完，鄰居說，現在流行桌面淨空。打包的服務員看來很不樂意，大聲回了一句，要幾個袋子？一個一塊。一共四包，自己帶回家，光盤行動開始。

　　論到中國的吃，應該好好統計一下。臺灣在二十年前有一個簡單的數字統計：每年吃掉兩條高速公路。曾幾何時，這個「舌尖」上的數字慢慢改寫。臺灣的餐廳漸漸不鼓勵客人亂點菜，更不可以吃不完、不帶走；當然更沒聽過帶走的免洗盒或者袋子還要收費。

　　相對的，北京的吃可就是個面子問題。請客不剩下半桌菜，就好像是對不起客人。「菜多的吃不了」是一種常態。這裡面有很多不同層次的原因，首先，得把這兒的名菜、名廚都嘗一口。其次，餐廳裡的服務經理們都會認真推薦很貴的

菜。第三，點的太少，那就等於沒有誠意。第四，也是最關鍵的，反正也不是我花錢，可以報公帳。

老王前一年某個中午，在北京陪吃飯，總共才三個人，簽單上居然寫的是**16萬**人民幣。他驚呆了，以為老眼昏花，就問了主人一句，算錯了吧！主人頭也沒抬，就簽了，還說一句：沒事。主人是礦主，應該沒事。不過，想像一下，這頓飯錢可能夠一個西北農民一年的家庭開銷；還可能讓一個大學生讀一年美國的學校──北京有錢人的大筆一揮，還真是了得。

外國賓客來北京參加文化交流活動。每次離華，總會留下一句讚賞：「You feed us well.」事實上這句話是毀多於譽。中國人總認為只要能讓人吃好、喝好，那就一切都好。殊不知人家最看不起的就是「吃」的太好。

台商來到北京，心裡有數。都知道晚上一定有筵席，所以中午都吃少一點。台商認為，北京人請客無非是有三個原因，第一，比酒量，看看對方深淺。第二，吃一頓，亮劍、比排場。第三，可報銷，回去還有後續。當然還有的人會說，在家裡吃得不夠好，能夠因此之故，到餐廳海吃，也可以滋補身心。

無論怎麼說，吃不完、不帶走，都是為了面子。想想看，一桌人吃完飯，哪個人會說，剩下的我帶走？頂多有人說，司機師傅還沒吃呢，給他帶一份。這已經是很勉強的理由了。師傅也是人，怎麼能吃剩菜？其餘的人更甭說，上級沒吭聲，下屬就急著打包？那，像話嗎？不再多叫幾個菜，就已經是夠給面子了。眾賓客既然吃完還想帶走，就是想吃乾喝盡，成何體統。

臺灣人簡單多了，一句俚語「有吃又有拿」，就歡歡喜喜打包帶回家。至於帶回去幹啥？這是另一碼子事。即便是最差的當成給寵物的晚餐，或是成了廚餘交給清潔隊，那也無須細表。這與北京的客人頻頻揮手，不拿打包的剩餐，深怕人家笑話自己家裡沒吃的，完全是兩碼子事。

北京著名的各種小點心。

十年河東，十年河西。自從2013年中央要求各單位公開「三公」經費，「公務接待」的費用銳減，以往浮溢濫報的情形少多了。從前，宴請接待外賓，可以叫個豪華宴席，越高級越好，並且，開銷越大，可以報銷的費用越大。

舉例來說，一桌十八個客人吃了七、八千塊。吃完之後，結帳的收款員會問：發票怎麼開？這句話的意思不是問要開個人還是單位，也不是問統一編號是甚麼，而是要問金額要開多少？一般的情形下，加一倍或者加個零都有可能。餐廳有時候連發票都沒有，只是畫個條子，還有的給你一張空白的自己填，這在北京到處可見。就算沒有發票，在北京各個車站和風景區都有沿路兜售發票的小販。只要花個小錢，就有發票。

吃了八千，報銷八萬。其餘的錢，大家平分。這是很容易想像的結果。可是，自從「三公」限制了公務接待的費用，自此單單北京這一個城市，一年之內就倒掉三千多家豪華餐廳。這些以前都是接待大款的「官爺」的，現在無人問津。其餘的北京豪華酒店，也都改為普通單價的宴席了。

甚至於，北京著名的烤鴨店「便宜坊」都開始徹底響應「光盤行動」，某些假日能夠吃完、不剩，有八折優待。

調查結果顯示，中國消費者每年僅餐飲浪費的食物蛋白和脂肪就分別達800萬噸和300萬噸，最少倒掉了約2億人一年的口糧。隨意倒掉的剩菜剩飯，很可能就能養活2億人。「光盤行動」象徵式的反應出北京人自發推動減少浪費的意圖，也能慢慢養成不驕奢、不貪汙的好習慣。

超市購書法

　　臺灣的蔡志一博士應邀到北京發表演講，順道看了一下他在北京出版的兩本書，到底有沒有市場。蔡博士是個中醫，他先到同仁堂總部大樓去看了一下，發現那裡的醫院小書鋪居然有擺上他的書，大喜過望之際，他再去西單圖書大廈翻翻，是不是也有擺他的書？

　　「西單圖書大廈」位於西單最熱鬧的長安大街邊，占地五萬多平方公尺，是北京市國家級書店中規模最大、書種最豐富、最早科技化的旗艦店

北京的一家大型書店：王府井書店。

書城。出版品有33萬種，一至四樓，經營社會科學圖書、少兒讀物和文學藝術類圖書、文化教育類圖書、錄音錄影作品、科學技術類圖書，地下一樓則為各國原版書。

　　因為是採取全開放式圖書管理，又沒有地方可以坐下，想在這33萬種書海裡面找書，顯然不容易。蔡博士必須先在入口處的兩大排電腦檢索處，依照書名和人名，找到自己的書是第幾樓、第幾區、第幾排、第幾號。並且，就算是抄下了資料，到了那個樓層，還是花了不少時間，才開心地找到自己那本大作。

　　這時，他發現，原來跟他相似的書其實很多，於是他挑了幾本，打算帶回臺灣去看。這下子，他才看見結帳的櫃檯，那裏已經有十幾個人在排隊。有的人甚至是推著超市用的那種購物手推車來買書，一口氣買個幾萬元書籍的，大有人在。

　　朋友說，這些人多半是公司或企業的高層主管，他們買書回去看，如果認為不錯，再告訴屬下大量買給員工都要看。有的時候，一個單位買個七八百本也不算甚麼。北京的企業集團有的超大，一個公司幾十萬員工的，也不在少數。

　　的確，單就這一家書店而言，自1998年開幕至今，銷售業績已經突破十七億人民幣，顧客超過九千萬，而且銷售額以每年23%的幅度增長著，這還不計入他們的網上書店。

　　另就出版物來看，2013年暢銷書排行榜第一名是中央電視台的主持人柴靜所寫的《看見》，出版一個月不到就賣出超過150萬冊，據說她個人至少可以拿到560萬人民幣的版稅。《看見》是知名記者和主持人柴靜，講述她在央視十年歷程的自傳性作品，既是柴靜個人的成長告白書，並在某種程度上，也是中國社會十年變遷的備忘錄。

　　不遑多讓的還有電影的票房紀錄。2013年的《泰囧》迎春賀歲喜劇，單單在元旦三天的票房紀錄就超過11億。2014年的《爸爸去哪兒》一月在北京首

映，預計票房超過13億，首日觀賞人次為260萬人次。這還不算這本同名暢銷書的收入。

就這樣的兩部喜劇，可以創造超過三十億的票房。寫一本書也可以收到五、六百萬人民幣的版稅，這就證明了人多就是錢多。套用一句北京人常說的話：巨量、巨多、巨可怕。文化產品尚且如此，一般商品的買氣更不用說。

根據統計，中國大陸城市消費水準排名（前30）消費指數，包括一般性娛樂消費指數、綜合物價指數、意外消費估算（房地產消費指數因各地政策不同，不在統計範圍內），可以部分反映一個城市的富裕和繁榮程度。目前消費最高的城市是上海，居全球18位，北京2000年曾為世界第5，現降至22位。若上海消費指數為1，北京則是0.95。

2013年11月11日，中國人民大學商學院江林教授，根據調查研究資料測算，中國內地文化消費潛在規模為47,026.1億元，占居民消費總支出30.0%，而當前實際文化消費規模為10,388億元，僅占居民消費總支出6.6%，存在36,638.1億元的文化消費缺口。這表明，中國內地潛在文化需求未得到有效滿足，文化消費還有著巨大的市場空間。

換句話說，上述那些巨大的數字，非但不僅能顯示出「高端大氣上檔次」的社會主流市場，未來還有非常好的成長空間。這也是北京市政府不斷在近年提倡文化創新活動，投入大筆經費，希望把北京的文創產業提升到另一個高度的原因。未來，「北京文創集團」將推出「中國夢」系列文化產品，包括以影視為核心的「中國之影」；以演藝為核心的「中國之夜」；以藝術為核心的「中國之韻」；以國際推廣為核心的「中國之窗」。還將在不同文化領域組建多家子公司及海外分公司。

別墅鬼城

　　週日，北京朋友招團去長城自駕遊。分乘三輛車在約定好的時間和地點集合之後，第一站並不是八達嶺，而是附近的一個別墅區。車隊突然從三輛變成七輛，進入別墅區之後才發現，這是一座別墅鬼城。

　　車隊停在一棟別墅前面，主人原來是這車隊裡面的一員。他熱心的招呼這二三十人到他的別墅裡去參觀。別墅很大，西洋建築，西式擺設。一樓有美國人常見的壁爐，二樓有麻將間。數一數，各種大小房間有十來個。後面有車庫，至少可以停四輛車，前院很大。

　　主人說，前院預定是要養花種菜的。他說，這棟房子是前些年買來給岳母住的。由於岳母住在南方，他也不是北京人。買來之後，一直沒有人管理，也沒有人住，覺得可惜，所以打算出售，希望車隊裡面有意願的，可以出個價錢。

　　從別墅區的大門口直到他這棟別墅，開車大約開了將近半小時。一眼望去至少有幾百戶的別墅，都杳無人煙。家家戶戶都只有一條大狼狗守門，院子破爛不堪，顯然自從完成建築之後，這裡就是空城一片。有些房子的窗戶已經被打爛，主人不知去向，小偷來把裡面的裝潢設備搬走了也沒人知道。

　　自駕遊車隊的朋友們紛紛表示他們的羨慕之情，但是沒有人有興趣出價。在北京，不名來路的房地產很多，別墅鬼城也不少。這些房子多半是建築商蓋好之後推銷給一些外地買主；還有的，是企業主送給官員的「酬勞」。

　　有的別墅區本身就是不合法的。這些可能是當地政府或村書記與開發商合作的產物，先圈好地蓋房，銷售到上百棟之後，才被北京市政府發現可疑。據說，還有的是因為北京市政府空拍，從上空看見有一大片樓房或別墅區，仔細想來沒有核准過這樣的建案，才去查封的。

　　查封之後如何？政府會用爆破的方法，炸掉這些房子。但是這樣是炸不完的，當地開發商可能過了幾年又死灰復燃蓋了起來，照樣有人買、有人賣。畢竟，老百姓是盲目無知的。只要相對便宜一些，就一定會有人買。

　　事實上，只要有錢，大可不必買那些別墅鬼城。北京的豪華巨宅多如星辰。打開任何一個銷售北京別墅的網站，無論是城內或者城外，高檔別墅都不缺貨。甚至標價八千萬到一億的，也不在少數。這些別墅有的是小套房，有的是獨棟，也有的是聯排式別墅群。這裡面，以亞運村和奧運場館附近的最為搶手，朝陽區也有不少。近郊的燕郊、大興、昌平、順義也有不少。

北京郊區的千戶別墅區。

北京街頭都是房地產等仲介公司。

　　台商拖鞋公主就很早在北京置產。走進她的房子，看來就像進入歐洲的沙龍，每一個角落都是她精心設計的。她說，因為自己怕潮濕，所以整棟房子都做了恆濕處理，與博物館裡一樣。同時，她是一次現金給付，不用貸款。

　　從她的窗戶望出去，可以看到寬闊的河邊綠地。她說，她很少回北京住，但是只要回來，這裡就是她招待好友和名人的地方。她還在不遠處的另一棟房子裡面，設立了一個自己的公司，這樣，走路就可以去上班。

　　類似American Town似的北京郊區別墅城也很多。陳蕾就住在地鐵可以通達的迴龍觀附近，這裡有大量的小區都是獨門獨院式的房子，多數人都是在上地這裡工作的高收入科技工作者，還有很多是外國人，或者是外商公司外派到中國的工作者。她還指著一間別墅說，有人花錢買了三棟後爆破，而後再改建成為一棟。

　　外商外派人員的條件都很好。一位任職北京微軟的華人是美國外派到北京工作的。公司幫忙把所有美國的家具用品都免費搬到北京，還給他們住在高檔社區裡面，衣食無憂，高收入、低消費，所以很多外商公司都有外派人員願意到北京或者上海這些大都市。

　　據說很多影視歌星名人也都喜歡住在北京，因為這裡才有影視基地，聯絡起來比較方便。還有一部分特大號企業家則會在「西海」或「北海」邊上找房子，但是這裡多半是「名門之後」所擁有的住宅區，即使有錢也未必能拿到一棟靠著湖邊的美宅。

　　網路上說，北京最貴的房子在前門、西四那附近的四合院，目前是一平米大約二十萬人民幣（100萬新台幣／平米）。2011年6月，位於海澱區、玉淵潭公園附近的釣魚臺7號院4棟大樓，取得了銷售證，其中3號樓擬售均價達到30萬元／平方米，刷新了北京最貴住宅紀錄，引起了廣泛關注。暫停銷售後不久即開始重新銷售。其中定價30萬／平方米的3號樓被開發商留作企業自用，不再對外銷售。另外22套房源的價格做了調整，調整後的價格為12.5萬～15萬／平方米之間。

　　此外，《貢院六號》和《盤古大觀》也是北京知名的豪宅。《貢院六號》坐落於北京市東城區建國門內長安街北側的繁華路段，是早期北京豪宅的代名詞。《盤古大觀》更是名震遐邇，從鳥巢和水立方看過去，就可以看見這棟形狀像「龍」的酒店高級公寓。這裡面有四合院、七星級酒店、辦公大樓、還有一條全世界最長的商業長廊「龍廊」。目前的售價是每平米十六萬人民幣（五房三廳五衛）。

　　總之，在北京不缺豪宅別墅，只要想買，每天都有人追著你跑。

LV，來十個

　　小嫻拿著手機，在香榭大道上大叫。她剛才看到Cartier旗艦店有一款鑽錶「坦克」，想買，錢不夠。信用卡兩張都刷爆了，急了。同一團的老張先借她十萬，她自己又付了三萬。現在從巴黎打電話給北京的媽，就要把十萬匯給老張還債。

　　老張可沒有這麼笨。他雖然是個粗人，但是用最簡單的法子出來旅行。懷抱著現金五十萬總沒錯，反正放在皮箱裡也沒多少。聽說巴黎老佛爺的LV是高檔貨，就問導遊：這裡的是真貨嗎？

　　導遊小王白了他一眼，嗲聲嗲氣地說，大哥，趕緊買吧！這裡我們只待一個小時。老張二話不說，指著LV的那一攤，向銷售員比個十的樣子。銷售員用漢語問他，要哪一款的，他想了一下，隨手胡亂指著櫃檯說，都給我來一個。末了，老張買了手包、手提包、肩包、斜胯包和晚裝包。上車的時候拿不了，還讓小王在後面跟著幫忙提。

　　車上這一群搞文化和商業的問老張，你都是送女友呀？老張笑而不答，故作神秘。其實，他也不知道買回去要幹甚麼？只是聽說LV是「高大上」的代名詞，而且在法國買一定不是假貨，又比較便宜，所以，先買再說。至於回去怎麼處理，等回北京再看著辦。

　　像小嫻和老張這樣的故事，北京天天都有。導遊小張說，她們不必推銷，只要把團員送到高檔百貨公司門口，就等著收帳。勤奮一點的歐洲團導遊，每個月

輕鬆賺八萬到十萬，兩三年就可以在北京買一棟不錯的房子。這些都是靠海量的北京團大採購而來。

除了買包、買手錶、買鑽石、買黃金，旅行團甚麼都買。錢從哪裡來？這不勞駕您操心。如果不能刷卡，咱就付現款。現在世界哪個角落都收人民幣，帶出去的錢就要花完才過癮。就算不買別的，最差也要買點奶粉回來送人。「拖粉族」一度使得香港恐慌。

其實，北京並不缺高檔購物商城，也不缺「水貨」集散中心，只是旅行團既然去國外，那就一定要「見者就收」。即使到臺灣，也會從北買到南，甚麼都買，直到超重拿不回來為止。看準這批高端消費者，臺灣還預備發給這些人一年多次簽證，力拼730億新台幣的觀光年產值。

就這樣一陣狂買，中國成了世界第一消費大國。根據美國華盛頓的地球政策研究所報告指出，在五大基本商品中，除了石油以外，中國的糧食、肉類、媒和鋼鐵的消費都超過美國。中國的化肥量消費是美國的兩倍；電視、冰箱和手機的消費量也遙遙領先。中國人使用的智慧型手機目前已經有8.95億部；黃金消費量在2013年突破千噸。

同一時間，無論是北京市出境或入境的旅客，每年都在大幅增加。以2013年為例，中國旅遊研究院所公布出境旅遊人口將達到9,430萬人次，比前一年增長15%，消費額約為1,176億美金。另根據北京市統計局的發布資料，2013年，北京市接待國內遊客2.47億人次，同比增長9.3%；總收入3,666.3億元，增長11.1%。其中，外地來京遊客1.48億人次，同比增長8.3%；旅遊總消費3,332.3億元，增長10.4%。北京居民在京遊9,983.3萬人次，同比增長10.8%；旅遊總消費334.0億元，增長18.6%。

最後再舉一個紅酒銷量的報導，就可以明白，在北京或是全中國的驚人消費數字，絕對都是名不虛傳。根據法新社2013年1月28日的報導，中國（含香港地

北京國際車展的消費力也相當驚人。

區）2013年消費了逾1.55億箱（每箱9升裝）的紅酒，相當於18.65億瓶紅酒，與2008年相比增長了136%，超過法國（1.5億箱）、義大利（1.4億箱）、美國（1.3億箱）和德國（1.1億箱），中國已超過法國，成為世界第一大紅酒消費國。

另就法國國際葡萄酒及烈酒展覽會，關於亞太及全球葡萄酒及烈酒市場走勢研究報告稱，中國人自2005年以來對紅葡萄酒越來越迷戀。在2007年至2013年間，其消費增長了1.75倍，而義大利和法國同期則減少了5.8%和18%。雖然中國葡萄酒的消費量在以20%至25%的年增長率持續增長後於2013年減少了2.2%，但在2013年至2017年間還是有可能增長33.8%。

一位在北京銷售紅酒的臺灣姑娘就說，他們公司的紅酒還沒有進口，就全部賣完了。銷售其實很簡單，老闆打幾個電話分一分就沒了。到貨的時候，按照各個預訂的人所訂的箱數送過去就可以。買酒的人有的是企業主，也有的是太子黨和富二代，這些都是老闆的朋友，不用擔心錢收不到。

另有一份針對北京本地的葡萄酒市場的報告指出，北京作為中國的政治、經濟、文化交流中心，具有消費導向作用。葡萄酒消費量以每年20%左右的速度增長，目前已經成為中國葡萄酒消費最大的城市之一，也是眾多葡萄酒品牌雲集之地。姑且不說來自國外30多個國家1,000多類葡萄酒產品，單國產葡萄酒就有十幾種，可以說，凡是有規模、有實力的葡萄酒廠家都要來北京一見高下。

最貴的紅酒「拉菲」正牌，其中最便宜的，都在每瓶一萬元到四萬元人民幣不等，「小拉菲」也要五千元以上。好在法國酒莊是限量供應，否則可能十年以後的酒，現在都給中國人全買光了。

小偷拿走55萬

2014年1月4日，北京的媒體報導，一個小偷拿走他老闆家的鑰匙，在屋內櫃子裡偷走了55萬現金。老闆報警之後，警察看了一下屋內，發現窗門完好無缺，又把錄影帶調出來看，找到的嫌疑人居然是他的女部下。原來，老闆和這名女職員最近相處不好，女職員從老闆口袋偷了鑰匙，到他家去偷了現金。

這個案子很快就偵破，留下一個疑團：為甚麼家中無人，要放著55萬現金？是過年的準備金？還是，本來就很有錢，55萬也只不過是個小CASE？否則，一般的老百姓不是都把錢存在銀行，等有需要的時候再去提領嗎？這或許只可以證實一件事：北京治安很好，路不拾遺。

著名的網站《天涯社區》裡有一篇文章名為：「兩千萬在北京並不算有錢人」。文章敘述他與老闆一起吃午飯，老闆問他現在他在北京的房租多少錢，他說3,500元。老闆回了一句，他家裡有一棟房子，現在每個月租金是9,000元。

細問之下，原來老闆的父母都是退休公務員，各自有配房，加起來就有兩套房，各為三房兩廳。退休後，父母又在比較高檔的地區投資了一棟兩房兩廳。老闆也買了兩間房，這樣算起來，他們家裡的房產價值就超過兩千萬，每個月單單是租金收益就有三萬多塊。

的確，這樣的案例在北京並不是個案。很多老一輩的北京人，在公務機關工作時，夫妻雙方都有分配到房子。他們用自己的積蓄再買一兩棟房子，並不困難。如果這些老房子因為都市更新而改建或者拆遷，照法律規定，每家每戶都可

北京後海的傳統住宅區。

以依照人數多寡另外分配到新房。

於是，很多老北京人並不需要賺錢，單靠這些房地產致富，就已經足夠。只要手上有一兩棟房子，以最近這五年幾乎房價都漲了兩三倍來看，即使不賣，租出去，所得的租金，也比上班那萬把塊錢要多很多，在工作單位上還有很多「灰色收入」的，那就更衣食無憂。

這可以解釋一部分北京人有錢的原因：有土必有財。住在遠郊區的司機小張也是這樣。他家住在房山區良鄉附近，那裡都是一些農村的四合院。最近幾年政府來了通知，聽說有個國外的集團要買他們這個區域的地設立葡萄園，所以兩三年之內就會整村拆遷。新的移居房子，政府已經快要蓋好，到時候，現在他們一家四口，可以分到2～3套房子，並且還有少許的拆遷補償費。

所以，像他這樣在村里開計程車的司機，都不是辛辛苦苦早出晚歸型的，甚至於，北京人經常發現在街上很難找到計程車，原因之一是天冷，太晚，堵車，太遠等等，提早收工了。以至於計程車公司還要拼命催這些計程車司機出來幫忙，解決機場、火車站附近等不到車的頭疼問題。

「灰色收入」當然也是北京人致富的另一個原因。網上曾經披露，在北京至少6,000人手握300套房，按每套房值300萬計算，總值達5.4萬億元人民幣，約合8,793億美元。想想看有些人手上居然有這麼多房子，這些人的錢財難道是經營管理所得？在北京這個非商業的城市，想要經營致富賺個幾億，那就只有靠關係了。

有一本書叫做《要掙錢、先掙關係》，說明在中國社會靠關係賺錢才是最快的。尤其是在北京，如果亮出自己的家譜、師長、單位等等關係，的確可以事半功倍，並且依託這些關係，拿到很大、很高的利益，這樣的財富，絕對不是上班族可以想像得到的。

比方說，山西的礦主最近在當地被查得緊，就託個人情到北京找個關係，幫他通融一下。這樣的問題，凡是過手的人，肯定都有極大的好處。又比方說，有人想在密雲弄一塊地蓋休閒農場，需要批准，或者快一點辦好，那也要託個人幫忙，這種人情也想當然耳少不了銀子。

也許是因為知道北京人有錢，所以來北京行騙的人也為數不少。最簡單的例子就是做傳銷，或者兜售高價養生食品的。所謂傳銷，可不是只賣化妝品這些而已，而是招人募股投資。前兩年北京朝陽區，才破獲一個據稱是英國的公司，在北京募股，涉案金額三千多萬，有會員1,500人。高價養生補品則多半是開說明會騙老年人上當，買了幾萬元的各種維他命。

真正的北京「高大上」名流，據說都集中在北京四周的四千多個會所（私人俱樂部）裡。其中又以號稱「四大會所」的「長安俱樂部」、「中國會」、「京城俱樂部」和「美洲俱樂部」最有名氣，有錢也進不去。長安俱樂部是香港商陳麗華所投資興建的，有會員九百多人，就在長安大街上。陳麗華在市郊還有一個豪華氣派的紫檀木博物館，是華僑界的名人。中國會在西單，建築物是原來清朝親王的住宅，典型的四合院，由香港商鄧永鏘爵士建立。京城俱樂部，是中信集團與美國國際會所管理集團共同創建的，號稱中國富人第一俱樂部，位於朝陽區。美洲俱樂部，是全球連鎖的俱樂部，位於建國門西北角的華潤大廈頂層，是最年輕的商務俱樂部。

無論家有萬貫或者身價上億，在北京生活的人們都各自有他們的生活圈，至於財富是從哪裡來，也只有他們自己知道。

13 北京的兩性之間

北京的男女之間。

獅子男遇見摩羯女

　　北京的男女在畢業前如果沒有戀愛，或者沒有固定的對象，那麼，一邊工作一邊找對象，就是最迫切的事。剩男、剩女不是生理年齡的問題，而是社會的一種價值觀，年輕人到了適婚年齡的24～28歲如果還沒有對象，家長就要「催逼甚急」。

　　一個學生在網上來了這封求助信，算是典型的、男女開展戀情的案例：

老師

　　您好，感謝您能看見我的求助資訊！最近感情真的出現了問題，是這麼回事：我倆今年剛剛畢業，我和她經朋友介紹認識的，認識之後就一直聯繫著。她出差我倆見了面。之後，我倆每天打打電話，雖然不多，但是還能聊得很好。在這之前，我就跟她說：我知道你的工作不太好找工作，我找工作比較容易些，所以不用擔心。她是家裡的老大，老大的責任重，我說將來我也一定會孝順你的父母與家人，在我這裡孝順永遠是第一位。我對你的要求不高，孝順，通情達理，支持我，就行了，你有你喜歡的工作，我為你高興，你有高收入的工作，我為你自豪，而我一個男人，養家糊口那是天經地義，跟我在一起我一定會給你幸福的，而且結婚到我家裡，我的家裡也不會讓你受委屈的。

　　她說結婚的時候要有自己的窩，我說，那是一定的（因為我知道結婚沒窩租房子住的滋味），我們可以先繳首付，然後慢慢還房貸，但是不可能一輩子做房奴，她也答應了。在這期間，我看她上班挺累的，就給她買

了零食，聽說她沒有吹風機，就給她買了吹風機，有的時候，早上怕她睡過站，就用手機準時叫她起床，每天晚上打電話，她有時候把工作中的不順向我抱怨，我會給她最大安慰與鼓勵，說實在的，每次聽見她疲憊的聲音，感覺自己真的很不夠做個好男人，不能在喜歡的人身邊照顧她，哪怕是每天的粗茶淡飯，或是週末幫她整理一週的發票，那也行！

　　目前我對我的工作不是很滿意，所以就在投簡歷，準備年後換工作，等著我收到面試通知的那天晚上，我把這事告訴她後，她給我來個大轉彎，說我把她當成女朋友，但是她並沒有把我當成男朋友，我說是不是我那些地方讓你失望了，她說不是，她說她想找一個會做飯的，孝順的，有上進心的，愛她的等等，我這些都符合要求，我說我不是高富帥，就是一個普普通通的小夥兒。她說她目前對我沒有喜歡的感覺，她說她沒有喜歡的男生，她說她要是喜歡一個男生會很關心他，看到漂亮衣服給他買，有事情第一個就先給他打電話。

　　之前我也感覺到了她並不是很關心我，我也沒介意，因為我認為女孩子不太愛表達唄。她說，這是她的問題，說讓我別給她打電話，過一陣子可能就好了，讓我等她一段時間，可是我真心的很愛她，我不可能不打電話。現在的我很糾結，我該怎麼辦啊，她說如果喜歡不上我，就讓我忘記她，我說怎麼可能，因為在乎，所以痛苦，因為我一直把這段感情，當做婚姻的前奏，等到她想結婚，我們就結婚，我不是在玩弄感情，我是一直真心的。

　　看完了他們的故事，大致上就點出了當下北京男女之間的問題。這其中有幾個環節很重要：第一，男女都很迫切的想找對象，但是也很怕找錯對象。第二，男女經常是分居兩地，以網路或者電話聯絡。第三，初見面談的直接條件，不是品貌或者學歷，而是有沒有房產。第四，男女認識不久，最多一兩年，就談婚嫁。

老師給的標準答案是這樣的：

　　我仔細看完了你們的故事，大致上我的感覺是可能她變心了，有了其他物件（對象）。這不是你是否愛她的問題，而是她並不愛你。如果，她目前沒有物件，而且也對你不在意，那就是她對你還沒有感覺。喜歡和愛不是一件事。她也許喜歡跟你做朋友，可是不代表愛你，更不表示將成為你的對象。

　　當下，你不能過於強求。一方面要有心理準備，她可能隨時會跟其他人在一起。一方面，你要給她一段時間去想，想一陣子，也許會接受你的感情。你可以用「以柔克剛」的戰略來試試看。不要給她打電話，但是每天晚上給她發短信。噓寒問暖，或者說一點自己工作上的糾結，女性很怕「軟功」，你要讓她感覺你是關心她的，並且也要讓她發揮同情心來關心你。

　　或許你可以停個三五天再給她發一次短信。我相信她還是會在意你的。你可以試試看不問她的現況，但是把自己的工作或生活發給她。基本上，這個女孩並不排斥把你當好朋友，但是並沒有認真把你當物件。她只是感覺你還不錯而已。現在談婚嫁或是其他進一步的感情，還不是時候。所以，你不能操之過急，緣分有的話，到時候自然是你的；緣分淺的話，沒了也很容易。

　　典型的獅子座愛表現，操之過急，活動力強，凡事都想操控在自己手上，有點霸道，沒耐心。摩羯座的女生，務實而本位，不容易被很快打動，但是很顧家。給摩羯座的禮物要實用，快過年了，買個全家人都能用的著，她又可以天天用的比較好。買個公仔，但是可以當抱枕的吧！去買一個刺繡抱枕，上面繡兩隻小鴨。你告訴她，學工程的人很笨，不會表達，就像是醜小鴨。但是，黃色小鴨很實在很時尚，很可愛，成雙成對。

　　希望她能天天抱著睡好覺。當然還要美美的包裝。

　　聖誕禮物就寫張賀卡吧！賀卡就寫聖誕快樂，天天開心！或者發個彩信也不錯！摩羯女是冷感植物，得花時間。真心才能感天動地。

剩男招親記

　　唐總是臺灣設計界大師，最近考上北京大學攻讀博士。這幾日，聽說學弟在北京結婚以後，老丈人催他們趕快買房，不禁大抱不平，打算面授機宜，把這件事擺一陣子。唐總的意思是說，學弟還在校讀書，哪來的錢買房？老丈人則堅持，沒錢幹啥要結婚？雙方多了個程咬金，矛盾深化，問題難辦。

　　唐總顯然不能入境隨俗。以臺灣人的概念給學弟出謀劃策，可能幫不了忙，還壞了人家既成的好事。他和學弟都沒有意識到，自從「非誠勿擾」之後，中國大陸的婚嫁以「無房勿擾」為第一準則。如果不是在校園裡戀愛，那麼只要談好一個對象，「買房」可以算是一個必要條件，甚至唯一條件。

　　以小梁為例：他自2009年隻身來到內地，除了安身立命以外，最大的心願，就是找一門親事。但打從北京移居杭州，現在住天津的這些日子裡，只要他看上一個姑娘，哪怕在相親網上認識的也罷，對方莫不拐彎抹角的問一個現實問題──有房嗎？小梁的回答很肯定、也很實在：在臺灣有三棟，大陸沒有。

　　結果就是：沒有結果。可憐的小梁雖不算一表人才，可也長得不賴，身體壯壯，有存款、有專業，最後的下場就是看著他每個週末拴著個牌子到天津的公園去「配對」。而且天天談戀愛，天天失敗。最近的他，認真考慮把臺灣的房子賣了，到天津置產，以便隨時領著美嬌娘「安居樂業」。

　　這，在臺灣人的眼中是個怪現象。小梁交的第一個北京姑娘其實還談的不錯，

兩人很投緣，沒幾個月對方就領著他到葫蘆島去見家人。小梁的媽在臺灣聽說兩人已經談到婚嫁，馬上預備了金銀首飾準備來大陸提親。沒想到小梁去了一趟，白忙一陣。因為，對方讓他看看家裡的目的，無非是讓他預備點錢幫老宅修門面。

死心眼的小梁還是臺灣人的想法：這是啥意思？還沒過門就要我掏錢，那不是要賣女兒嗎？一不做二不休，他就把這對象給「休」了。此後他才明白，如果老是用臺灣人那一套想法，他可能這輩子甭想在內地大城市討老婆。「修屋」、「買房」是硬道理，沒有給銀子，哪可能給老婆？

這一天小梁又來到一個高檔海鮮店，四個人正襟危坐等著。介紹人不斷看著手錶，時間一分一秒的過去，預定的對象還沒有來。又過了一個小時，介紹人憋不住打了個電話。對方說，走錯路了，馬上就到。小梁有點緊張，但，又裝作不在意。介紹人說，這位小姐是在銀行工作，家世背景不錯，可以放心。

今年小梁痛下決心，非把自己給「嫁」出去不可。認真的四處找媒人撮合，這下子終於來了一個條件相當的。當然得耐心等著。好不容易，遲到一個多小時的女孩出現了。細看既非年輕、身材也很抱歉。但是，人家一進門就指著手錶說，真抱歉，外頭堵車，後頭還有個約，只能坐半小時。

小梁沒說幾句話，就送女孩下電梯，臨走好不容易給了個電話號碼，給人家個短信：很高興認識你。對方過了一天半才回了個：對不起，手機沒電，現在才回復，保持連繫。看來，又是白忙一場。介紹人不急不徐的關照他，沒關係，我這裡的女友還多著呢！

「相親會」在北京很普遍。有很多相親的網站、公司、活動平台，只要繳一點錢，就會按照填表人的需求幫忙介紹認識男女朋友，這些人見面後是否能夠有緣分，那就看當事人怎麼想。由於社會需求大，電視廣播節目這些年也有非常多的「配對類節目」。

　　最有名的一句話，莫過於「寧在寶馬裡哭，也不在自行車上笑」，這被認為是當代年輕男女對於婚姻看法的寫照。這是江蘇衛視《非誠勿擾》裡面經典的話語。「寶馬」就是BMW名車，如果一個女孩只愛名車，不顧一切，會不會被大家唾棄是個「拜金女」呢？

　　答案當然是否定的。這只是一種比喻而已。如果對象有點經濟基礎，那即使是相貌不好或者學歷差一點，都可以勉強通過。相反的，如果對方是農村裡來的孩子，又兩袖清風，沒有較高的收入，那麼「貧困夫妻百事哀」，在一個像北京這樣的大城市過日子，每天的柴米油鹽，不知道要找哪個人伸手？

　　所以，男女到了適婚年齡，女方還好，只要不是長的太抱歉，即使學歷差一點，也很容易找到對象。但是男方呢？一定會被對方結結實實地問道：有房嗎？這個問題如果沒個確實的交代，那就希望很渺茫。即使去相親幾百次，還可能是吃完就走。

　　有一檔《北京愛情故事》連續劇，近日被搬上銀幕，裡面就非常寫實的描繪了現代北京男女的點點滴滴。故事裡的三個男主角各具代表性的述說著自己的愛情故事：程鋒，吳狄和石小猛是大學同學，也是情同手足的好朋友。不過三個人的家庭背景卻有著很大的差別。程鋒是富豪之家的公子哥，幼年時母親因為父親程勝恩的背叛而自殺，這讓程鋒一直怨恨父親。吳狄出身平民家庭，在一個重組家庭裡長大，十四歲時母親和繼父遇車禍去世，只有繼父的兒子吳魏勉強可以算作一個親人。石小猛來自雲南小鎮，家裡人都是樸實的鄉民，在偌大的北京城，石小猛沒有可以依仗的靠山，一個人苦苦打拼，想闖出自己的一片天地。

　　有興趣了解北京現代男女愛情故事，可以看看梁家輝和劉嘉玲主演的同名電影。

我們在一起了

　　老師，如果您有空，我可以請教您問題嗎？我遇到人生中最煩惱的事情，擇偶。我真的不知道怎麼辦，所以才想請智慧的您幫我分析一下。老師，打擾您了。接下來我把情況跟您說一下。大學的時候交了個男朋友，不是同校，但可以算是同村鄰居，到現在有四年了。他家經濟情況很不好，畢業後一心想做生意，但又沒本錢。導致到現在沒有穩定工作，生意也沒做成。畢業三年了沒有任何儲蓄，有時候還需要我接濟。他其實也不是很明確，一個大方向而已，其他那些小枝節他自己也不清楚，感覺他現在就像在大海裡，抓到什麼是什麼。

　　我爸媽還不知道我們在戀愛。但是作為父母知道這種情況都會反對的。如

月壇公園約會的男女。

果沒有其他人介入，我一直很愛他，相信我自己堅定，一定能說服我父母。可是現在我也動搖了。因為工作後有個同單位的對我很好，追我一年了，知道我有男朋友還堅持不懈。我覺得我的心是偏向我同事這邊的，我很想趁著還在青春的尾巴，再任性再奮不顧身一次。可是我長大了，顧慮的很多。四年感情，我真的不知道我真的離開他，完全沒了他的消息我會怎樣。

　　我男朋友不准我跟那個同事聯繫，跟那個同事聯繫我又覺得同時對不住兩個人。兩個都是很小心眼的人，要麼結婚，要麼一輩子陌路人。但是他們兩個都是很認真的人、很全心全意的、都對我很好。我男朋友比較宅，也比較不會玩，他的朋友都是生意人，我覺得融不進去。我同事是比較會玩比較有活力的人，圈子都是文人居多。我呢，我性格內向，比較懶，很依賴人，我一直希望有人能帶動我去做一些事情，認識一些人，認識世界，同事比較可以帶我做這些。我男朋友在我之前沒有談戀愛，同事也是，有過喜歡的人，但也沒談戀愛。都是很純情的人。

　　這是很典型的案例，學生在學校裡或者畢業後認識的朋友，兩人很快就在一起。很長一段時間，因為沒有稟告父母，所以家裡的人也不知道。有的年輕人在大都市裡會遇見另一個更好的對象。說實在也不能算是第三者，因為這對年輕人也沒有婚約。

　　問題是，像是北京、上海、廣州（簡稱北上廣）這樣的大城市，許多男女都來自不同的地方。深圳更嚴重，百分之九十都是外來人口，有時候，上班看到一個不錯的對象，下班就帶回家（所住的地方），一陣子之後發現不合適，就彼此分手。更麻煩的是，有的年輕人直到有了孩子，還沒有通知父母，也沒有領證，

不算合法夫妻，生下來的孩子就有法律問題，這時候如果男方有暴力傾向，把孩子帶回老家給父母看管，女方就一點辦法都沒有。

　　以下是另一個學生的問題：

　　　　老師你好呀！有個問題，想請教一下老師。我把我的問題告訴老師吧，讓老師幫我出個點子。我和男朋友在一起快要兩年了，我現在是大二的學生，他只是初中畢業而已，出社會好幾年了。他一直說想有個家，而我現在又不能給他，我比他小五歲。有時候我們會因為時間的問題而吵架。他說怕我以後畢業了不會跟他在一起，而他又等了我好幾年，到時候我不跟他在一起，而他年紀又大了。

　　　　我家人可能不會同意我們在一起，畢竟他家的家庭情況不好，他學歷也不高。家人可能會說辛苦把我送進大學，而他只是初中生，我嫁回農村他們就覺得養我是沒什麼功勞了！我又不想讓家人傷心，他家裡人都認識我了，可我家還不知道他，他說他覺得委屈，看著別人都跟女朋友回家了，可他卻不能。他在外面人家問起他這個問題的時候，別人都不看好我們，說我們是不可能的。

　　　　我爸媽一直都是反對我在上學期間戀愛，要是他們知道了罵還不說，肯定全部轟動，個個都傷心死了。我怕我這麼說出去我家人要逼著我離開他，我現在好矛盾。每次我媽媽都叫我別戀愛那麼早，我看到她期待的眼神看著我，我就覺得很難受，就會騙她說我沒有交男朋友。我怕告訴家人不同意，而他這邊是老是催我。我覺得我家人和他我現在只能選擇一個。可以說，他什麼都沒有，甚至有時候還會賭錢，抽煙和朋友在一起還是會喝酒。他的朋友都是一些文化不高的，我們家裡孩子又比較多，各個都把

希望寄託在我的身上，總是說等我畢業出來就幫幫她們。我考慮到以後，他沒什麼手藝，所以才那麼矛盾。我是愛他，但是有時候現實讓我會產生這種念頭。每次一鬧分手我就很捨不得，根本就是分不了。

　　每次我問他，以後要是我的家人不同意我們，你會堅持嗎？他說會，但是不知道他能不能堅持到最後。我一向都比較聽家人的話，所以我害怕他們會難過。他說這個社會誰有本事誰就生存，學歷根本不能算什麼。我希望他學的多一些，我不在乎他的出生，家庭條件，就是希望他懂的多一些，以後我跟他生活才不會那麼累。他希望他的妻子結婚生子，在家裡做好飯菜等他回家，而我不能這樣，我要是不工作就會沒收入。我們在一起就覺得很幸福，歡聲笑語的，不知道以後會不會變而已。有時候想想要是他讀的書多一些，追逐的目標一樣那該多好呀！

　　這個真實的案例則反映出，現在學校裡的青年很早就「在一起」了，他們多半對於男女之間的關係、社會對他們的看法、家人的態度、夫妻到底是甚麼都沒有認清，就很快樂的「同居」。等對方看來不是自己理想的那一個類型，又不知道該如何是好？有的學生甚至在學期間就墮胎幾次，或者被欺負了還不知道是怎麼回事。種種原因的背後，是學校教育跟不上時代，年輕人走得太快，在傳統和現代中迷失和迷惘。

北京的離婚率

2013年11月16日，中國廣播網更正了一則前一天與北京的離婚率有關的新聞內容：

> 昨天，有媒體報導稱2012年北京離婚率高達39%，今年北京離婚率高達40%。對此，北京市民政局表示說，上述媒體錯將離結比（離婚和結婚的比率）當做了離婚率。對於北京離婚率39%的這個資料，北京市民政局對媒體表示，不知道這個資料從何而來，民政局沒有發佈過這個資料，也沒有接受過任何媒體關於此事的採訪。

那麼前一天的新聞又是怎麼寫的呢？標題是這樣的：「我國離婚率近5年增長近40%　北京增幅超平均值」，換句話說，中國整體的離婚率是40%，而北京的離婚率是39%。

北京市民政局婚姻登記處處長吳蓓修正說，離婚率的計算應該是是當年的離婚對數，除以人口總量。按照這個演算法，2013年北京的離婚率低於全國平均水準：全國的離婚率是2.3%，北京是2.1%。

無論是39%或者是2.1%，都可以說是「高離婚率」。值得探討的問題是：為甚麼北京人的離婚率會這麼高呢？以下幾個實際案例，或許可以看出一點端倪：

求助信（一）

老師，打擾您了。我是一個很會料理家庭的女人，可由於一些原因，離婚了，現在很困惑，也覺得自己很孤獨。40歲的女人離婚後應該怎樣面對生活？很想再有個家，可現在的社會現實對40的女人來說很不利啊！我的兒子上高一了，他住宿，回來後大部分時間跟著父親。我有個收入不錯的工作，和父母住在一起。平時有很多女朋友，但現在有些逃避，喜歡一個人獨處。心裡話可以說說，但現在覺得起不到什麼作用，說完了孤獨還是孤獨。您說40的女人還會找到一個溫馨的家嗎？

求助信（二）

有個問題想要請教您，最近挺煩我老公的，我們才剛結婚，我老是對他發火，您能幫我分析下嗎？我對周圍的人都沒什麼脾氣，就是老對我老公發火。看見他就想發火，感覺很反感他，感覺他做什麼都不能讓我滿意，怎麼看都不順眼，我也知道他對我很好，不應該這樣，可就是控制不住。現在他說也不想看見我了，說我老吼他，是不是我要求太多，對他期望太高了，我想要個孩子，他不想，我對這個也比較不理解，我問他，他就說我就跟個孩子似的……

求助信（三）

老師，這陣子心情起起伏伏，很多事情牽絆著自己的思維，我發覺自己好像不太能夠像以前那樣很單純的去思考生活的各種問題，尤其是婚後，公公婆婆的想法和生活習慣間接會影響到我和老公之間的相處方式。我很難去跟公公溝通，因為他的個性，負面的性格有著「極度的節儉」＋自我中心的

思考，在夫家，總是每個人都必須去容忍他的脾氣，尤其是婆婆最辛苦，一直沒有被平等的尊重著，每天必須配合他的習慣來生活。其實我看她這樣，心裡覺得很難過，但也無可奈何，因為要改變一個人的個性很難很難，我身為媳婦的角色，我沒有什麼著力點去「建議」他應該要如何。

家家有本難念經。婚後，這個家裡的每個成員，對於家裡，對於生活的想法，好像我必須都去考慮進去。很多原本沒有直接相關問題，也變成是我們必須去介入處理的問題讓我倍感壓力。平日的工作已佔據我大半的生活時間，假日若回夫家，仍有家人彼此之間各種相處的問題，有時候會讓我覺得很心情很低落。如果是涉及到金錢的事情，更是複雜，變成是公不公平，計較與否和氣度的問題。

北京民政部最近5年的統計資料顯示：2008年辦理離婚手續的有226.9萬對，增長8.1%，粗離婚率為1.71%；2009年辦理離婚手續的有246.8萬對，增長8.8%，粗離婚率為1.85%；2010年辦理離婚手續的有267.8萬對，增長8.5%，粗離婚率為2.0%；2011年辦理離婚手續的有287.4萬對，增長7.3%，粗離婚率為2.13%，2012年辦理離婚手續的有310.4萬對，增長8.0%，粗離婚率為2.3%。2012年與2008年相比，中國的粗離婚率5年間增長了近40%。而在北京市，離婚人數的增幅超過了全國的平均值，《北京市民政事業發展統計公報》顯示，2012年北京市民政局辦理離婚登記3.8萬對，比2011年的3.3萬對增長了15.9%，是中國增幅平均值的近1倍。

北京的專家分析，造成離婚率高的主要有四大原因。

第一是，橋婚。意思是把婚姻當作是達成某種目的的橋樑，達不到目的就離婚。

　　第二是，爭財。意思是婚前婚後對於財產的支配或者分配的問題。

　　第三是，第三者。意思是由於社會上的不正當誘惑，而有婚姻中的第三者介入。

　　第四是，假離婚。意思是為了房產過戶的稅務規避，鑽政策的漏洞。

　　復旦大學社會學系教授于海認為，高離婚率雖然凸顯了個人的自由和隱私權的受保障和保護，但背後蘊含的高不穩定性，以及由此產生的婚戀觀、價值觀上的非理性變遷，卻又值得高度關注和警惕。她說：「現在社會上有些人不以『情人』、『包二奶』為恥，反而作為成功的標誌來炫耀，這不僅是道德的問題，而且反映了組織以及文化等社會約束機制的瓦解。」

　　面對這樣的結果，相信對每個社會都是警鐘，也都是棘手的問題。

我是真「同志」

　　好長一段時間，小趙都沒有在網上跟人聊天了。他和男友正忙著裝修新房，還想要開創自己的事業。小趙是真「同志」，他說，和另一半的感情很穩定，住在一起好幾年了，親密的像是小夫妻。

　　像這樣的同性戀故事並不少見。在北京西單，隨處可以看到兩男或兩女，勾肩搭背做著親密動作。週末的地鐵站裡，細心的人也可以發掘「同志」們的身影，他們並不因為自己的身分而感覺不適，相反的，他們很肯曝光自己的特殊身分。

　　小趙說，除了沒有孩子，我們甚麼都有。一起奮鬥、一起戀愛，可以過著幸福快樂的生活。他們倆都是社會上的白領，生活也算「小資」，新房布置好之後，也可以請朋友到家裡來小聚，他可以亮拿手好菜，邀請大家品嘗。

　　北京最紅的「同志」配對，莫過於「夏河洛洛」。夏河，26歲；洛洛，18歲。兩人接吻的曬圖大剌剌的公開在網上，引起北京保守派的人一陣撻伐。但又有很多人對這些事看得很淡。網友說：「現實總歸離不了瑣碎而平淡，而俗見更免不了偏激和排擠，他們在不免俗的現實生活中努力的創造著一個唯美的國度。美男子與天使的愛情，如夏花般的絢爛的綻放開來。」

　　換言之，真「同志」在北京受到許多年輕人的祝福與追捧。即使到最近，「夏河之戀」在三年後接近了尾聲，還有許多人唏噓不已。兩人分手據說是有了

第三者，就如同正常男女戀愛一般，「同志」間也容不下一粒沙子。

　　隨著這對「網上紅極一時的男同，京城第一名Gay」的故事出現之後，「同志」的故事也悄悄地散開了。「同志」是否可以在境外辦理婚姻註冊？是不是也可以美容、整形？他們之間的「第三者」問題等等，都隨著網路的曝光，每天在群友中引起熱議。

　　中國第一位研究性的女社會學家，中國社會科學院社會學所研究員、教授、博士生導師李銀河就贊成「同性婚姻合法化」。她在最近接受訪問的時候表示，中國同性婚姻合法化還需要10～20年，這是個時代潮流。美國民調表示有47%的人士贊成同性婚姻，《聯合國公約》裡也加上了反對性歧視。

　　她還在這篇2014年2月12日的對談中，提出她自己對「中國人對同性戀看法」的調查研究報告佐證：

　　　　咱們中國公眾對同性戀態度，和美國比，有一個非常有趣的差異。在美
　　　　國，你一看它的分佈是「紡錘形」，就是說堅決擁護同性戀的就是40%
　　　　多，堅決反對的40%多，然後中間態度不明的是10%左右。而我們在中國
　　　　做的公眾態度是調查是「棗核形」，就是堅決反對的10%～20%，堅決贊
　　　　成的10%～20%。多數人都說不太清楚這事，然後我什麼態度無所謂。

　　她認為，西方推動同性戀婚姻的困難點，在於有著宗教的束縛，而中國，沒有這種「國教」。中國的民族文化是「中庸」，自古就認為中國人不要太激烈的贊成或反對，凡事採取中庸之道。她說，同性戀也可以收養孩子，或者用一個人的精子來「借腹生子」，只要有血緣關係就可以。

　　她說，西方人是個人本位，中國人是家庭本位。傳宗接代還是一等大事。一個人沒有婚姻是很大的壓力，好像他一生都很失敗，這也是很悲慘的事情。社會上很多同性戀在結婚以後，才被配偶發現，結果往往是個悲劇，所以同性戀婚姻終究有其必要性。

　　事實上，這些案例已經逐漸浮出了水面。「同妻」就是個隱藏的社會問題。所謂「同妻」就是男同性戀的妻子，她們在結婚以後才發現自己的老公很冷淡。還有個別的案例，是要求結婚以後，讓他把「另一半」也接回家一起住。這裡面還含有家庭暴力、孩子撫育、和愛滋病的感染等更複雜的因素。

　　根據統計，中國現在有八千萬男同性戀者，其中有百分之九十都與女人結婚。中國預防性病愛滋病基金會顧問、衛生部愛滋病專家諮詢委員會委員張北川教授就指出：「80%的中國男同性戀者會進入婚姻或已在婚內。同妻並不是嚴謹的學術概念，如果排除雙性戀，真正意義上的同妻數量，應該在1,600萬。這些女性，要麼成為同性戀傳宗接代的工具，要麼成為其丈夫掩蓋身份的保護傘。」在他接觸的同妻裡，有位60多歲的老人，竟然還是處女。

　　2013年2月25日，女同性戀者馬友友與21歲的女友Elsie前往東城區民政機關申請註冊結婚，但被拒絕。儘管得不到法律承認，這對戀人還是自製了一份「結婚證」。Elsie和馬友友還在大街當眾接吻，呼籲人們正視同性戀問題。

　　據說，北京的同性戀酒吧並不少。女同性戀酒吧，在西單、鼓樓和元大都酒吧街；男同性戀酒吧則在工人體育館（工體西路）附近。也有「同志」的專屬網站，發布北京同志圈的消息，以及介紹同志聚會的會所。雖然沒有數字統計可以知道北京「同志」到底有多少人，但是，「同志」族群在未來的北京社會，將會是另一個兩性之間的新問題。

北京前門大街步行街賣糖葫蘆的女孩。

卤煮火燒

　　外地人到北京，總想著吃「全聚德烤鴨」和「東來順火鍋」，這就像是到了臺灣就想去阿里山和日月潭一樣。如果你問臺灣人，臺灣最好玩的地方是哪裡？相信沒有人會首選阿里山和日月潭。同樣的，如果你問在地的北京人甚麼館子最好吃，他們也不會說吃烤鴨或者火鍋。

　　那會推薦甚麼呢？有人會問，你敢吃「豆汁」嗎？「豆汁兒」可以說是老北京最土的食品之一，只要你敢喝，那才算個北京人。作法是用綠豆浸水泡後磨成糊狀、加入漿水、過濾、沉澱、得到灰綠色的豆汁後，再加入涼水煮沸即可食用。或許你想這不就是綠豆湯嗎？答案是，發酵的綠豆湯，有餿味，就對了。

北京人喜歡吃烤串。

北京王府井小吃街。

　　這個如果不想吃，那就來碗炸醬麵吧！無論是老北京炸醬麵或者打鹵麵都很容易入口，特別有名的大紅門（地名）張店炸醬麵一碗十元，也可以吃得很開心。真的吃不飽，那就叫個「爆肚」（羊肚或牛肚）。據說什剎海東興順和門框胡同的老家百年老店最有名。或者加上個「炒肝」也不錯，就是豬肝和大腸，那就要到前門魚鮮口街的天興居炒肝店去品嘗了。

　　臺灣人喜歡吃燒烤，在北京大街小巷都有「烤串」，不貴也好吃，多半掛著清真的字樣。烤串的材料多半是羊肉、雞翅、雞心、饃、蔬菜加上啤酒。著名的王府井大街有個美食街，入口處還有烤蠍子和章魚，敢吃的去看一下也不錯。夏天各大街小巷餐廳前面都有露天烤串，吃喝聊天，挺有樂趣。冬天呢？那只有吃火鍋啦！

　　「東來順」的火鍋之所以有名氣的原因，是因為這裡的食材和配料好。百年老店所採用的羊肉，是選用內蒙古地區錫林郭勒盟所出產的。只取閹割的優質小尾綿羊的上腦、大三岔、小三岔、磨襠、黃瓜條五個部位。切出的肉片以薄、勻、齊、美著稱，半公斤羊肉可切二十釐米長、八釐米寬的肉片80到100片，每片僅重4.5克，且片片對折。再加上自製的白皮糖蒜和芝麻燒餅，包君滿意。

　　如果不敢嚐羊肉，那就去吃烤鴨。無論是「全聚德」和「便宜坊」在北京都有很多連鎖店，以往需要大排長龍，現在經過改良，可以隨到隨吃。「全聚德」創建於1864年，「便宜坊」創建於1416年，都是中華老字號。「全聚德」是北

北京烤鴨。

京烤鴨；「便宜坊」是悶爐烤鴨。這是兩大烤鴨的流派，各具特色。吃烤鴨可以配個酸梅湯或者玉米汁（玉米湯），也是一種享受。

　　「鹵煮火燒」是一道北京到處可見的家常菜。據說起源於北京城南的南橫街。光緒年間，因為用五花肉煮制的「蘇造肉」價格昂貴，所以人們就用豬頭肉和豬下水代替，經過民間烹飪高手的傳播，久而久之，就成了鹵煮火燒。「蘇造肉」是皇宮的名菜，由乾隆的御廚張東官所研發，他是蘇州人，他煮的肉就成了「蘇造肉」。如今大街小巷都有得吃，最有名的百年老字號是「小腸陳」。現在也是連鎖店，由一位陳玉田老人所創建。

　　「火燒」（烤餅）類在北京常見的還有「驢肉火燒」。提到「驢肉」，可能臺灣人都會望而卻步，但是如果想到中國著名的「山東東阿阿膠」就是驢皮熬製的，那麼吃點驢肉也就不希奇了。「驢肉火燒」顧名思義就是用驢肉做餡，夾著火燒來吃的。又分為河間驢肉火燒和保定驢肉火燒兩個流派，俗話說：天上龍肉，地下驢肉，不妨來吃吃看。

　　如果對「火燒」類很能接受，還可以吃點「褡褳火燒」。「褡褳」是古代一種中間開口而兩端裝東西的口袋，大的可以搭在肩上，小的可以掛在腰帶上；「褡褳火燒」有點像是鍋貼，樣子很像「褡褳」。製作方法是用麵片加入餡料，兩面折

上，另兩面不封口，放入油鍋煎熟。北京前門外門框胡同的瑞賓樓是老字號的吃「褡褳火燒」好地方。

前不久，習近平主席臨時起意到「慶豐包子鋪」買包子，一下子讓這家老店鋪名揚四海。「慶豐包子鋪」到底有甚麼令人垂涎欲滴的包子，讓主席不打招呼就上前買？話說這家包子鋪，建立於1948年，最早叫「萬興居」，原來在西單，現在已經是連鎖門店了。席主席去的那一家在月壇西街，專門點了二兩豬肉大蔥餡的包子，共六個，一碗炒肝，一份芥菜，共消費21元。自此被稱為「主席套餐」。

當然，如果沒時間到這些地方去品嘗，只能在路過的街上隨手拈來，那麼，街邊的「老酸奶」是不錯的選擇。「老酸奶」是固態的酸奶，有的人會以為不乾淨不敢吃，其實沒有問題。再就是「冰糖葫蘆」，可以拿著邊走邊吃。「冰糖葫蘆」是將山楂、小番茄用竹籤串成，沾上麥芽糖漿。冬天吃起來又酸又甜，還很冰，適合小孩子品嘗。或者，可以在街上找到賣「糖炒栗子」的，買一包吃吃也不賴。

舌尖上的北京，話題一開，總是說不完。畢竟這是個很大的區域，很多傳統風味的各種吃食琳瑯滿目。通州的「豆酥捲」、平谷野三坡的「油炸河魚」、懷柔的「油栗紅燒肉」，算是近郊區可以品味的佳餚。至於各種小菜和皇家點心，就得另闢章節來描述。

路上叫賣的冰糖葫蘆。

宮廷小點

　　隔壁的老奶奶一大清早就出門，問她急急忙忙去幹甚麼？她說，要去稻香村買點好吃的給孫女兒帶著。稻香村，一個北京人經常去的連鎖食品店，到底賣的是甚麼？讓北京人非來不可。

　　北京稻香村，成立於清光緒21年（1895年），銷售生產中西糕點、熟食製品、冷凍食品、休閒小食品等十二個系列的400多個食品，年銷量達40億人民幣，有30多家直營店和100多家加盟店，還有自己專屬的中央供應廠。

　　一般來說，稻香村就是北京糕點的代名詞，特別值得推薦的，除了一些皇家小點之外，就是尋常百姓喜歡吃的點心類食品。這裡面經常被提起的，大概有：

　　（1）糖火燒：這是北京人經常吃的早點。外表棕紅色，有三百多年歷史，主要食材是紅糖、麵粉、麻醬、桂花和鹼（或者酵母粉）。不甜不膩，適合老年人吃。

　　（2）奶油炸糕：看起來像是西洋點心的泡芙。製作時先用麵粉做成燙麵，加上白糖、香草粉、雞蛋、奶油，放在花生油裡面炸，再滾上白糖。也有黃米麵炸糕（玉米粉）或者江米麵炸糕（白米磨成的麵粉）。炸糕，當然熱量也很高。

　　（3）核桃酪：北方的核桃很多，以核桃為食材的各種點心類食品也多。核桃據說對於醒腦比較有功效，所以核桃酪適合青少年喝上一碗。主要是用糯米、核桃和棗子加上白砂糖所做出來的甜品，非常可口。

　　（4）糖捲果：這是女士們的最愛。主要食材是山藥、大棗、麵粉、青梅、桃仁、瓜仁、芝麻和麥芽糖等。把一些材料滾入麵粉炸，撒上芝麻、白糖，還要放上山楂糕。

　　（5）麻香餅和玫瑰餅：都是糕餅類的甜點，前者是黑芝麻餡後者是玫瑰餡。北京人用巧克力和玫瑰入餡做點心的很多，元宵就有幾十種口味。糕餅也是一樣。

　　此外，蜂蜜蛋糕、牛舌餅、抹茶酥、抹茶紅豆卷、起酥、南瓜餅、杏仁酥、桃酥、薄脆餅、豆沙餅、耳朵餅、玉帶酥、自來紅、自來白（兩種傳統京式月餅），也都是老饕們的首選。

　　其實，走進北京稻香村，甚麼吃的都有。自製熟食，二十四節氣點心，元宵和湯圓，一樣也不缺。怪不得後來很多仿冒的「稻香村」出現，讓正牌的「稻香村」打出「一定要有三『禾』標誌的才是正品」這樣的口號。北京的消費者極為精明，不用擔心他們會買錯東西，外縣市就很難說，必須張大眼睛。

頤和園聽鸝館的宮廷菜價格不斐。

頤和園一角。

　　如果不嫌貴，到頤和園裡的「聽鸝館」吃個「宮廷菜」也是不錯的選擇。
「聽鸝館」是慈禧太后欣賞戲曲音樂的地方，「聽鸝館」三字牌匾還是她親自書
寫的。目前是頤和園裡唯一的五星級餐廳，接待過無數國賓和名人。

　　「宮廷菜」並不只是「滿漢全席」。在這個環境清幽、畫棟雕樑，宮女環繞
的餐廳裡，很多外國人來吃的還是皇家小點，還有頤和園昆明湖裡面的昆明魚。
價格雖然有點貴，不過偶而來享受一下高檔服務，也是很值得的。

　　標準的宮廷小點裡面，少不了一定有的是：豌豆黃、驢打滾、雲豆捲、窩窩
頭和糖耳朵。

　　（1）豌豆黃：北京的農曆三月初三要吃豌豆黃，因為這是上巳節，相傳是
黃帝的生日。碗豆黃在春季上市，北京人就做成小點，後來也成了清廷小吃。
可以清火、解暑、消炎、降血壓。北京北海公園裡的仿膳飯莊，1925年開始營
業，據說有最好吃的宮廷菜，豌豆黃、肉末燒餅和窩窩頭都是招牌菜。

　　（2）雲豆捲：主要材料是雲豆、紫色山藥、和綠茶蓮蓉，看起來很漂亮的
點心。

著名小吃豌豆黃。

（3）驢打滾：聽來就很有趣，有點像麻糬包紅豆沙再滾一層花生粉，其實做這種點心還挺複雜的，單是食材就有黃米麵、黃豆麵、澄沙、白糖、香油、桂花、青紅絲和瓜仁這麼多種，而且最外面滾的是黃豆麵。所以才有驢打滾這種名字。

（4）窩窩頭：又叫艾窩窩或者小窩窩。窩窩頭是用玉米麵製成的，原本是北方窮苦人家的食品，做成一個圓錐形，底部中空便於蒸熟，外邊有的加上紅棗。因為含有玉米油，對老年人的降低膽固醇和預防高血壓、心臟病有好處。

（5）糖耳朵：又叫做蜜麻花。製作材料是麵、紅糖、花生油、鹼、飴糖、蜂蜜，先炸後淋上糖蜜，看來像是耳朵的形狀，就叫做糖耳朵，熱量高。

（6）焦圈：這個也很普遍，現在街邊賣麵食的攤上也能找到。看起來有點像是炸過的油條而呈圓圈形狀，北京人拿這個夾燒餅吃。

（7）蛤蟆吐蜜：就是豆沙餡餅，白色的皮，豆沙會露出來。還沾著白芝麻。是一種烤出來的點心。

據說，聽鸝館最有名的一道菜叫做「紅娘自配」。典故是來自慈禧身邊的四個超齡的御廚想離開，就以西廂記裡的「紅娘自配」做了一道菜給老佛爺吃，她雖然生氣，還是放了她們，自此有了這道名菜。主要食材是大蝦。去殼拍成大片之後塞入肉泥，下火炸過，然後再把一些佐料加上勾芡淋在盤中就成。

至於著名的「滿漢全席」含有南菜54道和北菜54道，一共有108道菜，要分三天才能吃完。這裡面又分為六種宴席：蒙古親藩宴，是清朝皇帝為招待與皇室聯姻的蒙古親族所設的御宴。廷臣宴，是皇帝宴請大臣的筵席。萬壽宴，是帝王的壽誕宴。千叟宴，是乾隆的大宴，史上記載有3,600人參加。九白宴，是部落上貢九白（白駱駝一匹，白馬八匹）的時候，皇帝宴請的筵席。節令宴，是清宮按著時令所擺的宴席。這樣的排場，如今即使有錢，也找不到了。

難忘二鍋頭

　　老王放下手上的電話，笑呵呵的對老婆說，晚上有個「局」。在北京，有個「局」的意思就是有個「飯局」。老婆問他，要不要帶酒？老王說，帶個二鍋頭吧！老婆一聽還好，表示這個「局」，不算甚麼正經八百的「局」。

　　北京飯局很多，也很複雜。有一本書《北京飯局》就描寫北京人晚上吃飯的那一套飯局，在東邊的叫做東局，西邊的叫做西局。這裡面還分男局和女局，當然也少不了聲色犬馬。

　　「飯局」的地點不重要，吃完飯誰也不記得了。不過，有哪些人參加才重要。所以接到電話，只要問一句「有哪些人」，然後下一句就是「把地點發過來」。到時按照簡訊去就對了，到了現場，自然明白今天這個局是怎麼回事。

　　北京的「局」絕對不會是沒事來吃個閒飯。多半主人是有事才招這個「局」，並且，主人還不一定是付帳的人。經常是主人有事要辦，或者他要宴請甚麼人，然

北京宴飲不能沒有酒。

後找一個人來埋單。埋單的多半是商人，主人多半是「單位」裡的官員。

　　「局」上如果喝酒，那要先說兩句。一般情況下，主人還會準備個「祝酒詞」。雖然是官腔官調的「大話」、「套話」，可是沒有還是不行的。網路上還有很多祝酒詞的範本，做秘書的要能會寫祝酒詞，因為這是基本的宴請禮儀所必需的語言。老闆出門以前，要把它放在公事包裡面。

　　無論甚麼「局」，北京的宴席上都一定會有「官員」，哪怕是個「裝家」（裝成是個官員，事實上只是個大單位裡的芝麻官），主人也會很盛情的請來說說大話。宴席上還會有很多「托兒」專門說自己有多大能耐，有事請託都靠他們，其實就是個白手套。「局」上也許還有些女的，這些人有的是家屬、秘書助理，還有的是來認「乾爹」的。

　　北京飯局上很少人會交換名片，就算是交換，那張名片也不太管用。除非將來有利用價值（所謂的項目合作），不然名片都只是虛晃一招而已。當然，真正的老友相聚不在此列，那也完全不必交換名片。或者，大家談的好，對方說忘了帶名片，就給你用張小紙片寫個手機號碼，也別當真。

　　無論是大老闆或者官員到了飯局裡都會眼觀四面、耳聽八方，深怕自己不夠謹慎出了紕漏。久經「飯局」考驗的人說話都很給力，但是能完成多少任務，那得託天之幸。

　　人人都知道，山東酒多，很會勸酒。北京離山東這麼近，當然酒也少不了。只是喝酒的方法不同，北京人喜歡「二鍋頭」。喝酒是問對方能喝「幾兩」，而不像山東是問喝「幾盅」。

　　「二鍋頭」意思是第二鍋燒出來的「鍋頭酒」。號稱北京珍品。屬於蒸餾酒，純度高，度數也高。經常看到北京人擺上「二鍋頭」，兩個人邊吃邊聊，很有意思。喝「二鍋頭」要有些小菜：花生米、高碑店（地名）的豆腐絲、醬牛肉

和拍黃瓜。也許會另加鹵煮火燒、爆肚或者白水羊頭。

　　電視上經常看得到「二鍋頭」的廣告，有兩個牌子：紅星和牛欄山。紅星二鍋頭是普通老百姓的「飲品」，比較便宜，所以到處可以看到人拿著個瓶子隨處喝。「牛欄山」是個地名，跟牛沒有關係，位於燕山腳下，潮白河畔，有八百年歷史，是用高粱小麥為原料，豌豆大麥製成的酒麴所釀造而成的。「二鍋頭」其實有一千多款，大多是酒精濃度高達50～55度的白酒。

　　除了「二鍋頭」，傳統的「茅台」和「五糧液」當然也是遠近馳名的好酒。只不過最近幾年，假酒太多，北京人也談「酒」色變。加上現在公務接待費用被砍，許多高價的酒都滯銷，應酬場合大家也都改喝洋酒替代。

　　北京街頭上賣酒的「專賣店」林立，賣的多半是國產酒。「洋酒」諸如威士忌、白蘭地、或者葡萄酒也有，但是不多。北京人說的紅酒，就是紅葡萄酒。白酒，就是高粱酒，不是其他地方所說的白葡萄酒。喝紅酒的風氣這幾年剛開始起步，未來將會在北京餐桌上更流行。

　　如果不會喝酒，在北京的宴席上可以選擇「酸棗汁」、「酸梅湯」或「露露」這一類的飲料。「酸棗汁」可以安神養心，失眠、心煩、健忘和神經衰弱的人可以多喝，有熱飲也有冷飲。「桂花酸梅湯」當然是好喝的飲料，但是有些北京人認為很土。「露露」是產自河北承德的一種杏仁露，到處可以買的到。

　　實在不行，還可以選個好喝的「豆漿」。「永和豆漿」到處都可以找得到。裡面不但有豆漿、燒餅、油條，還有各式中式快餐，也是另一種選擇。

去過牛街嗎？

　　中國大陸的少數民族有55個，其中人口數超過一千萬的有兩個：滿族與壯族。接近一千萬的就有：回族、苗族、維吾爾族、土家族。回族是中國境內分布最廣的民族。根據史料記載，西元7世紀中葉，大批波斯和阿拉伯商人經海路和陸路來到中國的廣州、泉州等沿海城市以及內地的長安、開封等地定居。西元13世紀，蒙古軍隊西征，西域人大批遷入中國，吸收漢、蒙古、維吾爾等民族成分，逐漸形成了一個統一的民族──回族。

右圖　牛街禮拜寺的古蹟，可看出融合了
　　　中國的建築與回民的色彩。
左圖　牛街禮拜寺外牆的回民文字標示。

　　北京的回民據稱有十萬，與其他城市相同的是，這裡也有條回民一條街，但這裡的回民街名字叫做「牛街」。牛街本來叫作石榴街，後來因為回民吃牛肉，就成了牛街。牛街不但有清真寺、回民醫院、回民小學和回民超市，就連經過這裡的公車，都有阿拉伯語的解說，非常特別。

　　走進牛街，觸目的風情都是伊斯蘭的綠色。可以看見包著頭巾的婦女在街上走來走去，還有頂著圓頂小月亮的各種建築，更重要的是，無論白天晚上，這裡買清真食品的人們都排著長隊，他們到底都來買甚麼好吃的呢？

　　有個排隊的說，這裡的東西實在。這句話的意思是說，便宜又大碗。大致上，排隊的人會買的食品有三類，一類是熟食，一類是點心，一類是主食。這三類食品其實在其他地方也有得賣，不過，牛街的東西因為是清真，必定乾淨，而且相對的比較便宜。

　　有幾種比較特殊的點心，可能在牛街更有特色。

　　（1）薩其瑪：或者叫做沙琪瑪。這其實是滿族的食品，原意是狗奶子蘸糖。把麵條乍熟以後，沾上糖衣。是一種喇嘛的點心。

　　（2）麵茶：北京麵茶的原材料是小米麵或糜子麵、芝麻醬、香油、花椒、鹹鹽。與臺灣的不同是鹹的，不是甜的。

　　（3）杏仁豆腐：這個到處都有。正確的食用杏仁，能夠生津止渴，潤肺，定喘，滑腸通便，減少腸道癌，但是過量會引起中毒，所以在食用前必須先在水中浸泡多次，並加熱煮沸。

　　（4）饊子麻花：饊子麻花古代叫做環餅，秦漢以後是寒食節必吃的食品。北京南來順飯莊的蜜麻花最有名，天津麻花更有多種多樣。

　　松肉也是著名的伊斯蘭美食。主要是用羊肉和油皮所製作。油皮就是豆腐皮，簡單的說這道菜是用豆腐皮裹著羊肉炸過而成。牛街的洪記小吃店賣松肉很

上圖　牛街清真超市的入口，裡面
　　　也有美食街。
右圖　白記年糕的招牌。

有名，是老字號，店面不起眼，可是人很多。「牛肉粒」、「雞肉粒」也是他們外賣的名菜，說穿了就是炸雞粒和炸牛肉粒。

如果有空進入很寬廣的清真超市，那就一定要買一塊「白記年糕」吃吃看。「白記年糕」不是臺灣那種咖啡色的年糕，也不是江南那種白白的年糕，而是有各種口味的糕餅。很大很大一塊，看你要買多少，現場排隊切下來帶回家去吃，主要有豆沙口味和紫米口味。在這裡還可以買到最正宗的艾窩窩、驢打滾、豌豆黃和山楂糕，這都是標準正宗的清真點心。

甑糕，這個在臺灣也不多見。據說來自陝西關中地區，是以糯米加紅棗所蒸出來的一種食品。「甑」這個字是一種古代的陶器，底部有個小孔。甑糕是用「甑」這種器具蒸出來的糕點。清真超市的「伊寶荷葉」這家店，可以買到很好吃的「甑糕」。可以熱吃，也可以涼吃。

牛街還有很多頗負盛名的老字號，例如：東來順和南來順的涮羊肉，李記白水羊頭，大順齋、祥益齋的糖火燒，老誠伊家的小豆涼糕，同盛軒的麻辣香鍋和麻辣燙等等。但是，無論多忙，人們一定要去「聚寶源」吃個火鍋。「聚寶源」分成兩部分，一個是火鍋店；一個是牛肉店。「聚寶源」火鍋店人山人海，是牛街最老字號的清真涮鍋。牛肉店，當然就是以賣清真牛羊肉為主，每天也都是大排長龍，標榜就是肉好、實在。

當然，來到牛街還要來看看清真寺和清真大寺，這兩個地方是不同的。北京牛街的清真寺不是伊斯蘭風味的，而是標準的古色古香的中國建築。創立於西元966年，遼聖宗十三年，裡面有禮拜殿、梆歌樓、望月樓和碑亭等。據說是世界十大清真寺之一，值得參觀。

如果看過了以上的好吃回民清真美食，但是沒機會去牛街，那也沒關係，可以去「護國寺」一帶去看看。「護國寺」是個地名，現在並沒有「寺」，只有小

牛街禮拜寺的建築是標準的中國特色。

吃街，那種感覺就像是到基隆廟口，旅客主要不是去拜廟，而是去品嘗各色小吃一樣。其中的金字招牌是「護國寺小吃店」，只要路過，總是看到人山人海，各種北京小吃和點心，永遠不嫌多。

也有人說，最好到後海和鼓樓大街一帶去吃。這也很容易，因為北京伊斯蘭餐廳很容易辨認，在門口招牌上一定會掛著伊斯蘭的回文字樣。只要喜歡吃牛羊肉、烤串這一類的口味，例如孜然牛肉，那就隨處都可以找得到。不過，首選還是標準答案——牛街。

垃圾圍城

　　北京人的家庭垃圾，統稱生活垃圾。由於沒有嚴格的垃圾分類，所以是全部都丟入每個社區的公共垃圾桶，再由大型垃圾車全部運走。說是沒有分類，也有一些冤枉，因為這些大型垃圾桶上，明明白白都寫著哪個桶應該丟甚麼，類如可回收的、廚餘的、鐵罐的等等，但是卻沒有一個人照著上面的說明扔垃圾。

　　原因很簡單，大型垃圾車來的時候，是把所有桶內的東西，一股腦地全都扔到那個攪拌器裡面去，然後就開走了。如果你是分類好的垃圾，最後還是一樣被全數歸總為一種垃圾。居民看了知道分類也沒用，何必那麼麻煩，頂多就拿比較像樣的塑膠袋包好，綑上就往裡面一扔。

　　社區裡面的清潔隊員們早上會整理公共垃圾桶，他們會把一些已經滿的不能滿的垃圾都打平，以便蓋子還能蓋上；還會把扔在半路上沒放進去的垃圾掃乾淨，這就算是很不錯了。夏天居民都會抱怨，垃圾很臭，住在樓下的，空氣難聞。

　　北京也有大量拾荒的老先生、老太太們，自動到各處垃圾桶前面去撿拾垃圾。他們要的是紙類，特別是紙箱，所以只要附近有人搬家，這些拾荒的自動就來了，不用擔心垃圾沒處可扔，他們都會幫你拿走，還會自己打包分類。一些塑膠空瓶也值幾個錢，常會看見一些老太太，拿著很大的塑膠袋拖著幾百個塑膠瓶在街上走，然後賣到附近的小型回收站。這些人再用小車拿去賣，算是一門生意。

　　大型的垃圾如果有一點價值，社區的清潔員就會告訴你，放在一邊就可以了。他們自然會有地方可以拿去回收，有時候這也是一筆小買賣。如果家裡有不

要的電腦、電器、家具這類的東西，那更簡單，每個社區附近都有人專門收買這些東西，只要走到街上，地上或牌子上寫著收舊貨，賣給他們就好。

最有趣的不是收舊電腦，而是收吃不完的藥。這也是一門生意。在街上經常看到地上寫著：收藥。那就是家裡吃不完的藥，可以賣給他們。至於這些舊藥賣給誰了？那就不得而知。也許又回到藥房或者醫院去了。反正，藥物可以放很久，不用擔心過期，也吃不出哪些是舊品回收的。

街上的清潔隊員很辛苦，因為北京人喜歡到處扔垃圾不說，還喜歡張貼小廣告。大量貼在電線杆上的廣告，又叫牛皮癬。到北京的人會看到很多紅布條，上面寫著「消除牛皮癬」，可別認為北京正在流行一種皮膚病，那是指非法小廣告。這種東西多半是房屋出租或出售的小貼紙，只有用一種強力灑水車，才能把它們清除掉。

更討厭的是一種直接噴在地上的小廣告，多半是寫著「辦證」和一個電話號碼。這種辦證多半不合法，在北京的上百種證都能辦，更多的是假證（例如大學文憑）。因為辦證很複雜、很麻煩，外地來的根本沒辦法搞清楚到哪裡、需要甚麼手續辦各種證，所以也只能被這些黃牛宰割。這種地上噴貼的廣告，必須用清水先沾溼，然後一張張的搓下來，很費工夫不說，前面才清理乾淨，後面又有人繼續貼。

還有一種就是餐廳的廚餘。這個部分很懸疑，到底收的人都扔到哪裡去了？好像沒有人注意。倒是有人說炸出來的油被回收成為餿水油，這應該是廚餘最後的歸屬。甚至，如果搜索廚餘兩個字，竟然找不到任何結果。更不用說到哪裡去找社區廚餘桶或者廚餘垃圾車了。

北京日產垃圾1.84萬噸，已經造成「垃圾圍城」的困境。目前中國處理垃圾都是用填埋法，也就是挖一個大坑，把垃圾扔下去，讓它自動腐爛。據統計，北京目前有政府投資建設的大型垃圾填埋場約20個，非正式的或者由其它所有制單位建立的各種垃圾場約3,000個。

北京的人文素質仍待提升。

　　這3,000個私有的垃圾場，他們處理垃圾的方法顯然不能與公有制的垃圾場相比。公有地填埋場只是掩埋處理而已，北京記者曾經到離機場不遠的黑橋村去採訪非法的垃圾處理場，發現那裡都是用焚燒的方法處理垃圾，還有位於南四環外的永合庄掩埋場，垃圾山不斷的散發惡臭，工人上班都要戴著防毒面具。

　　2013年11月13日的羊城晚報這樣寫著：

> 　　北京目前垃圾處理的困境是：填埋場多年超負荷填埋，2～3年內將關閉，垃圾將無處填埋。
>
> 　　9月的一天，北京市政市容委有關負責人告訴羊城晚報記者，隨著地價逐漸高昂，土地越來越稀缺，加上城市的飛速建設，如今，北京要拿出土地來做填埋場已十分困難，而一些大型填埋場與居民社區之間只有一牆之隔。據悉，北京現有的15個填埋場中，有7個將在兩年內關閉。
>
> 　　「改革開放前，北京的垃圾都是運到郊區一堆，自然淨化。」王維平向羊城晚報記者介紹，「1983年，北京的垃圾問題開始複雜起來：塑膠、膠皮、包裝盒、金屬、碎玻璃都有了，當年北京做了三次航空拍片，50平方米以上的垃圾堆有4,700堆，繞四環路一圈。我們認定：北京垃圾圍城了。」

　　最近，中央電視台頻頻開始推動垃圾分類和亂倒垃圾不文明的相關廣告與宣導片，不過，就連北京這種首善之區都會被垃圾圍城，無計可施，其他城市更不遑多讓，垃圾一扔就拉倒了。最後，人民還要埋怨為甚麼會有霧霾天。霧霾形成的主要原因，難道不是人類自己製造的垃圾嗎？只是從地上飄到天上而已。

15 北京人
的
工作效率

北京的清潔車是不用考慮交通堵塞的。

北京慢生活

外地人到北京一看，人山人海，就會以為北京人快節奏，每天忙的馬不停蹄。其實，北京是「文山會海」，上班的人忙的是開會、寫報告，至於清晨和黃昏，就是忙著趕路出門和進門。

北京人真正的工作時間，屈指算來，其實十分有限。想想看，每年十一月中旬開始供暖，到次年三月中旬才結束，這其中的四個月——四季有一季——冬天，因為過於寒冷，並不適合真正做甚麼大事。

其次，除了每年五十二週的週休二日，去掉了一百零四天，還有五一和十一長假以及各種連休，雖然便於老百姓回家探親、掃墓，或者是可以擴大內需，然而，辦公室的生產力都會由於這些假日斷斷續續，每一件事都只能推行一點點，就又要等很久才能繼續。

還有，北京人講話很大聲，但是做事很緩慢。因為多數人沒有經過「企業管理」這一層的嚴格訓練，很少人懂得如何「舉一反三」、「一物多用」、「多功能」、「高效率」等等，簡單的說，北京人辦事風格就是一個字：慢。

慢，其實還有很多隱藏的原因。例如，舉棋不定是因為自己不能作主。官僚制度使得許多事情都是「頂層設計」，其中最嚴重的，恐怕還是趕不上時代的思想與工具。走進多數北京人的辦公室，幾乎看不到幾家擁有現代化的辦公家具，更不用提甚麼走動管理風格、綠化和動線、行動化數據，就連用電子筆記來代替手抄手寫，基本上還只有百分之一的人能做到。

北京的公園到處都有人練功夫。

最有趣的畫面是看到高官們開會時，牆面上已經是視訊會議系統連線，好像很科技。但是你看一下開會的人，很多都是隨意拿個本子或者幾張紙，用筆寫下來。即使是高級幹部都沒有用平板或NB這類東西紀錄的習慣，寫滿一個本子，又有何用？裡面根本沒有按照優先級分類，只是不斷地聽，不斷的點頭，不斷的抄寫，如此而已。

這些人回到辦公室，真的能夠執行剛才所講的內容嗎？不用擔心，他們都有屬下可以使用，在北京，即使是芝麻大小的人物，都會帶著助理，凡事交代就可以了。開會也會有專門速錄的人員在一旁，全文一字不漏的紀錄，與會人員即使睡著了也不怕會漏掉任何一句重要的話。

因為使用現代科技的行文辦法還不普及，各單位的電子公文系統可以實現的理想還與需求差得很遠。諸如現代化辦公室裡面的各種系統的運用、檢索、查閱資料等等，也只有在少數單位可以普及。更不用說遠端服務或者異地存儲等更現代化辦公室所需求的科技。

雖然如此，北京人還是很自豪地說，自己很有效率。每天可以忙很多瑣事，完成很多任務，殊不知這些都是八十二十原理裡面的那八十瑣碎的多數，而不是那些決定關鍵的少數。至於每件事應該如何科學分類、如何做決定，這些都不是北京人的專長。

打個比方來說，北京人打電話和接電話，往往講個沒完，很喜歡說些題外

話，而本來一句話兩句話就可以找到原因結果的，卻要花費十幾分鐘繞著圈子講話。這種講話的習慣，必須要有起承轉合，還要有很多客套語，浪費時間。更不必說要談事情的時候，很少看見有人事前就把預定要談的幾個要點先寫下來，最後做個總結。

北京人所說的總結，多半也不算是總結，原因是不能拍板定案。充其量只不過是個今天所談事情過程的要點陳述而已。與北京人談話要有心理準備，答應的事情多半都要經過很長的時間才會回應，這和臺灣人的立即回應是截然不同的。

北京人工作很少有Follow up的意識，意思就是說，如果一件事情交代了，對方沒有主動定時回報的習慣。例如，你如果交代屬下要寫一個報告，如果沒有告訴他幾天內要寫多少字，或者，你如果拿幾張單子去報銷，沒有告訴他錢必須哪一天入帳，那可能兩、三個月這東西還在桌上沒有動靜。

並不是他們懶得做，而是要做的事情太多，這件事情以為不那麼緊急就放一下也沒關係。所以在北京辦事得要有耐心，不斷催著，或者派個人看著，否則可能一件公文批下來或者一個決定定案，都是三、五個月以後的事情。並且，北京人認為這樣已經很快、而且很有效率了。

還有一件事情很阻礙效率，就是人事變遷很快。也許現在答應你的那個人，信誓旦旦的說沒問題，結果新人一上台，一切都變了，就連政府之間簽的合約，都可以重來，更別說兩造之間的約定俗成。等你下次耐不住去問一下怎麼回事的時候，對方的回答往往是，我是新來的，不知道；或者，剛換新領導，可能還要等一陣子。

北京人幾乎從不會拒絕或者說不可以，如果你的簽證到期了，申請續簽，結果一直等都沒辦下來，你去櫃檯問，答案一定是：再等等吧，我也不知道為甚麼。

文山會海

　　一個北京出租車司機，在後座撿到一個紙包，就到派出所去招領。沒想到，裡面是開「兩會」時候某代表的資料袋，司機非但沒有受到褒獎，反而受到這個代表的懷疑：你，有沒有動過我的資料？

　　「兩會」指的是人大與政協。每年春節剛過，北京就要召開兩會，動用舉國資源，為這些國之「重器」開平道路。「兩會」開會的場面之大，表現出無與倫比的氣魄，參與的代表們受到中外媒體的一致追捧，把這些菁英的地位，看得比神仙還重。「兩會」前後將近一個月，北京許多事情都不能做，要等「兩會」開完，有了決定，才往下走。

　　「兩會」類似建言會或者是聽證會。實在說來，這幾千人的報告和研究，到底有多少人的意見是有價值或者可行的，沒有完整的統計。只不過，大家都知道，這些人的意見可以直達中央或者媒體，其他時候老百姓想要建議甚麼，那就可能成了「上訪」，問題不得解決，還可能遭批評。

　　也因為如此，人大和政協的地位崇高。他們來北京開會有如朝聖，街道經常封閉，某些地鐵站過站不停，搞得北京老百姓怨聲載道。還有，這些代表來到北京，除了開會，還要做關係、拉關係，經常是白天開會，晚上夜夜笙歌，酒池肉林，所以即便是自己的資料袋掉到人家車上，不但沒發現，撿到還給他，還會被罵。

用「文山會海」來形容北京的各單位絕對不誇張。無論找哪個人，答案都是「他在開會」，不然就是「出差了」。等找到這人，答案一定是「我在忙著寫報告」。除了開會和寫報告的時間在幹甚麼？那可能就是「有個『局』要去吃飯」。非吃不可，不去得罪人；等去了回來，已經半夜三更。

開會的時候，無論大小人等，習慣的動作就是先泡好一杯茶，拿在自己的座位上。北京人喜歡披上夾克或者外套，然後抱著個大茶杯，開始開會。會議通常很準時，無論甚麼會議，多數人都不會遲到早退。還有，也很少像台北一樣，開不完中午吃個便當（工作餐）繼續開會。無論怎樣開會，時間都很準時，絕對不耽誤吃飯時間。

「文山會海」就是指文字報告堆積如山，會議多如大海。甚麼事情都要經過這兩個重要程序才會完成，至於有沒有效率，只有天知道，因為，前面說過，中國的決議都在上層，都是「頂層設計」，換句話說，多數會議只是個「形式」而已，就如同表決一樣，在中國的表決只是個表象，鼓掌通過。

充滿文字堆砌和無用報告的案例，常成為網路上許多人茶餘飯後的笑談。在北京這就稱為「官話」、「套話」、「大話」、「空話」，是「虛」的。「虛」不一定是假的，不過大家都會照著這種文體來寫報告，於是，有一個小朋友的開學報告這樣寫的：

俗話說：萬事開頭難，開學的工作千頭萬緒，但是在全體師生的共同努力下，整個校園秩序井然。

同學們迅速的從假期狀態回到了緊張有序的學習狀態中，師生的工作學習顯得樂觀而充滿生機。下面就上週情況做以下總結：

1.禮儀方面：首先，要特別表揚值日班級六（1）班，開學第一週就按時到崗，每一位執勤學生都拿出了最佳的精神面貌，使學校充滿溫馨。有些同學見到老師就很禮貌的打招呼，特別值得表揚，也希望其他同學向此學習。

2.學習方面：上週主要是進行常規教育，營建一個積極健康向上的學習環境。本學期開學的態勢良好，學生能延續很好的學習風氣，低年級的學生在班主任的帶領下，努力改變自己的不良習慣，也進入了一個較穩定的階段。早自習，教室裡傳來的讀書聲使整個校園更有詩意！特別表揚一（1）、一（2）、二（1）、二（2）、二（3）、三（3）、四（1）、四（3）、五（1）、五（2）、六（1）、六（3）班。

3.紀律方面：同學們都能認真完成眼保健操和課間操；路隊方面，大部分班級都能有序的排隊出校門，特別要表揚二（3）、三（2）、四（2）、五（2）、五（3）、六（2）、六（3）班。

4.衛生方面：由於開學前期做了一系列準備工作，所以學校的衛生保持良好，但偶爾在校園的某一角會發現果皮紙屑等垃圾，希望同學們在以後的生活中能改掉亂丟的不良習慣，讓校園環境更添美麗風采！

新的學期新的精彩，讓我們共創美好明天！謝謝大家！

　　看看以上的小朋友報告，就可以找出很多「官話」、「套話」的痕跡，這是上行下效，本來一件事情很簡單，因為要寫成官樣文章就變成很複雜。不過，話又說回來，如果從小就有這麼優秀的模仿力，在中國這個孩子就叫做「有出息」，能夠有樣學樣。

　　上班的人，單單是寫報告，就耗了大半天時間。舉例來說，每隔一段時間，要寫個心得，叫做「述職報告」；跟業務有關，當然要寫「業務報告」；出門尋訪回來，要寫「調研報告」；出差回來，要寫「出差報告」；開完會，要寫「會議紀要」；提出申請，要寫「建議報告」；會議結束，要寫「總結報告」。此外還有「綜合性報告」、「專題報告」、「回復報告」、「工作報告」、「工作計畫」、「方案」、「工作總結」等等，每一種都有既定的格式與應用語言，一個字也不能錯。

　　下次拿到一個報告，可得耐心看完，那都是嘔心瀝血的創作。

領導講話、向領導會報

俗話說，會無好會，宴無好宴。這句話，在北京可能不太適用。開會，表示你是個有資格可以上檯面的人，所以被通知開會，即使再不喜歡，也比沒有機會上桌子開會要強。宴無好宴，那就更不對了，有人請吃飯，表示你有份量，否則想去參加，還輪不到你呢！

所以嘛！明知山有虎，偏向虎山行。能夠與領導層見上一面，握個手、拍個照，那可不知道多美呢！普通人最津津樂道的，莫過於今天會上見到哪個人，據說他是某某某的甚麼人，這就好比拿到一張金名片一樣。如果還能跟哪個人吃個飯，說兩句話，等回到自己的單位上，更要臭美半天，合不攏嘴。

其實，在北京各種會議的過程當中，多數時間都是聽領導一個人發表，會議如果有三小時，可能兩個半小時都是領導一個人在講話，其他人點頭微笑，或者連微笑也沒有。而這些領導的發言，往往了無新意。很多話都是重複了又再重複，一直聽到耳朵流油為止。但是，領導發言，就是「交代聖旨」，非聽不可。

因此，為官會講「官話」是非常重要的。這種官話有幾個訣竅，第一，要說明這是照上面的意思發布的；第二，要有很多教條式的命令，比方：三不政策、三個能力、三個意識、三個原則等等，以便大家可以抄下來；第三，要有很多對稱型的語詞，例如：政治強、風氣正、人員精、人心齊、服務好、效率高。以下摘錄一段《人大主任在作風建設專題民主生活會議上的講話》發言稿，可見一斑：

　　信訪工作是人大日常工作的一個重點。要切實轉變工作作風，堅持熱情接待、依法辦理的原則，按照具體問題具體分析、不同情況某地別對待的要求，努力做到「五宜五不宜」。

　　一是「宜禮不宜硬」，接待上訪群眾，要以禮相待、耐心傾聽、認真記錄，堅決杜絕「門難進、臉難看、話難聽、事難辦」的衙門作風，防止因對人民群眾態度生硬而激化矛盾；二是「宜解不宜冷」，面對上訪群眾的合理要求，要堅決依法辦理，努力為其督促解決一些實際問題，絕不能對群眾的困難和疾苦「冷淡麻木、漠不關心」；三是「宜疏不宜橫」，對一些法律政策認識不到位的上訪群眾，問題一時難以解決或不能解決的，就講明政策，悉心疏導，做好思想工作，切忌心存不滿、態度蠻橫，使矛盾複雜化；四是「宜勤不宜煩」，對於諮詢類的信訪，要抓住機會，勤於宣傳，及時把黨和國家的法律、法規和方針、政策廣泛宣傳到人民群眾中去，使人民群眾瞭解有關政策，減少誤會，消除誤訪；五是「宜嚴不宜推」，對於某些人員的惡意上訪，要嚴肅批評，指出錯誤，反對「一推了事」。

　　當領導會講話，那就是頂呱呱的領導。當屬下的，更要會「向領導會報」。這才是上班族的頭號大學問。如何向領導會報，可能要去上一堂三天的課，才能完整的明白「會報」的技巧。以北京人的話來說，這是吃飯的工具，更是一門藝術。既要不悗不求、也不能妄自菲薄。官場文化要能心領神會，真是不容易。就連央視春晚的相聲小品，都有《領導會報》一套段子，惹人笑料。

　　工作報告，有甚麼難？難的問題在於，你不明白領導是怎麼想的，所以要先推敲他的想法，才可能不會出錯。如果說的好，對方可能立刻就答應你的請求，如果說錯一句話，那也有可能萬劫不復。

　　北京的各種公民營單位裡面，都有很多錯綜複雜的關係，特別是與政府相關的單位，例如學校、企業、或者行政單位，人事安排都是裙帶關係，想要搞清楚這些人是哪來的，甚麼關係背景進來的，必須花很長時間先了解北京，以及北京過去、現在與未來的種種變化。

　　舉個例子，如果你是學校的系主任，你可能並不是因為自己哪一點很優秀而擔任這個職務，而是因為你是某人的介紹或者推薦才能入職的。當你當上了系主任，也許你會發現，你這個系裡面，每個老師都有來頭，連你手下的助理都有比你更雄厚的背景，就算他們誰犯了甚麼錯，你在會議裡是不能隨意指指點點，批評他們那些不是的，否則你就是下台的人；甚至，你下台了還不知道為甚麼。

　　這些人脈關係，當然造成了工作執行不力，或者許多想法無法執行的影響。因此，「執行力」這種問題在北京是施展不開的，要執行得力，不是哪個領導能辦到的，也不是哪個辦事員辦不到的，而是這裡面的問題往往牽扯到太多「人」的關係，容易造成事情的延宕，當然也就談不上甚麼高效率。

　　個別的私人企業會好一些，但是想要達成真正企業機構那種管理明快的風格，在北京是辦不到的，或者說，很難辦到的。其中不僅是官官相護、利益糾結、公務員心態，還有是否臨到「即將換屆」的問題，更遑論這些領導班子本身有沒有能力、有沒有素養、想不想辦事、怕不怕得罪人、有多少屬下能辦事，諸如此類都是千絲萬縷的問題。

　　最近，湖北陽新的九個地方官當場宣布被免職，引起軒然大波。免職的原因是上班下圍棋、工作用餐時間飲酒、辦公室看電影、上班在外打麻將、辦公室內上網下棋。當一千人的會議開始時，不是領導講話，而是先放了一個隨機上班拍的短片，正當全體人士開懷大笑，末了，居然宣布這些人被開除了。隨即各種高層關說的電話就湧來，意思是，大家不都是這樣，下次不敢了就是。

　　問題是，大家都這樣，還怎能為老百姓服務呢？

我要辦證

　　央視四套（第四頻道）每天下午一點二十左右，有個大約十分鐘的動畫脫口秀節目叫做《快樂驛站》，其中有一集故事情節大致是這樣的，有一個新聞界的工作人員到外地出差，依照規定入住一間旅館，結果在還沒有Check in以前，先被要求填了很多很不相干的表格，而且，每一個關卡都有各種不同等次的人，提出各種問題來刁難，看的人各個哈哈大笑。因為，雖然有點誇張，但是的確是事實。

　　舉個例子來說，如果是一對來自外地的男女，在北京結婚，要辦理結婚證明，那他們最好是請假三天到五天，專心跑各種繁雜的手續，否則很難辦成。標準結婚辦證流程如下：

　　登記地點：男女一方戶口所在地的婚姻登記機關。
　　攜帶證明：
　　1.居民身份證。
　　2.戶口名簿（或者集體戶籍證明）。
　　3.婚姻狀況證明。
　　　　①固定工、離退休職工由所在單位出具
　　　　②待業、個體無業人員由居（村）委會出具
　　　　③待業人員、個體戶還應提供勞動手冊（或執照）

4.二寸彩照3張，本人近期正面免冠二寸單人彩照3張，雙方照片顏色統一，結婚登記處有實利來快照服務。

5.再婚當事人的特殊證明（另外需持1～4的證明）：離婚證書（或解決夫妻關係證明）（或法院調解書）（或法院離婚判決書）。注：持初級法院判決書的，還需帶好初級法院判決生效的證明。

6.因私出境人員的特殊證明（另外需持1～4的證明）：我駐外使、領館認證（或公證）的在國外期間的婚姻證明。

7.因私出境回國定居者的特殊證明（另外需持1～4的證明）：如無在國外期間的婚姻狀況證明，可持經公證的本人在國外的未婚證明書。

婚前體檢：

1.持上述證明，有所在區、縣民政局開具婚前體檢介紹信。

2.攜介紹信，到所在區、縣的婦幼保健醫院進行體檢。

3.經體檢證明符合條件的，持體檢合格證明回民政局登記註冊。

其它：需交納結婚證工本費、服務費。

仔細看一下，身分證，這個大家都會帶在身上，沒問題。戶口名簿，恐怕會在老家，不會放在男女雙方的身邊，必須寄過來。婚姻狀況證明，如果沒工作，還要到（村居）委會去申請證明。照片，雙方的顏色還要統一，所以必須去拍照。如果再婚，要有離婚證書。如果出國，要駐外領使館證明；如果回國定居，要有在國外的「未婚證明書」。婚前體檢，必須等前面的證明都拿到，再到民政局去拿「婚前體檢介紹信」，憑這封信才能到當地的婦幼保健醫院體檢；最後拿這個體檢合格證明才能回民政局登記註冊，當然還要繳納結婚證工本費和服務費（北京目前約74元）。

　　據中國之聲《新聞縱橫》報導，從出生到死亡，從「准生證」到「死亡證」，有人算過，中國人一生至少要辦80個證件。甚麼是「准生證」？臺灣人可能連聽都沒聽過，就是「計畫生育服務證」。如果沒有這張「准生證」，那就可能跟大導演張藝謀夫婦一樣，要被罰款幾百萬。或許藉此機會，也可以了解一下中國的生育規定：

> 1. 男女結婚後，如果要生育孩子的話，必需先去辦理計劃生育服務證明，生孩子的時候相關部門要檢查，比如醫院、管計劃生育相關部門，這個證相當於工商的許可證一樣，有這個生育服務證就代表國家批准你生育合法的孩子了。
> 2. 懷孕7個月的時候要靠這個生育服務證來啟動你的生育保險辦理程式。
> 3. 育齡夫妻持《生育服務證》接受預產期醫療保健服務，根據需要選擇參加宣傳、諮詢、培訓，並接受生殖保健、避孕節育服務。
> 4. 給新生兒上戶口。領取了《生育服務證》的夫妻，在其子女出生後，應當持《生育服務證》和醫療機構出具的《出生醫學證明》到戶籍部門辦理新生兒入戶手續。

　　換句話說，要得到家裡那個寶貝孩子之前，準爸媽先去申請「准生證」，將來才能合法，辦理的條件是女方達到晚育年齡（24周歲以上）並且夫妻雙方均未生育或收養過子女，可以在懷孕前或懷孕後三個月內辦理計劃生育服務證。要怎麼辦呢？也很複雜的：

步驟一：生育第一個子女的，應當到女方工作單位（無工作單位的到戶籍
　　　　所在地居民、村民委員會）領取《生育服務證》。

步驟二：填寫夫妻雙方基本情況後，由雙方工作單位（無工作單位的由戶
　　　　籍所在地居民、村民委員會）簽署意見並蓋章。

步驟三：由女方戶籍所在地鄉（鎮）人民政府、街道辦事處審核並對《生
　　　　育服務證》統一登記、編號、加蓋公章後，交由當事人保存。

　　也就是說，生個孩子不但要國家核准，而且還要到工作單位領取「准生證」
（生育服務證）還要到（居村）委會簽署意見並蓋章；再拿到街道辦事處審核、
蓋章。

　　以小見大，生活大不易。工作也不可能有效率。原因之一就是要求的各種繁
文縟節、程序規範太多，普通老百姓要花掉很多時間在這些手續完成上、還不能
出錯，造成很多麻煩。可是，老北京人會說，現在已經好多了，以前結婚都要國
家批准，出城還要蓋上百個章，現在的法律寬鬆多了。

由3G到4G

許多北京「中國移動」的手機上，最近都收到這樣一條簡訊：

> 尊敬的客戶您好，根據您近期的消費情況，您享受的北京移動信用服務將
> 於3月由3星級調整為2星級。如您於2014年2月28日前成功辦理4G預存話
> 費換手機方案，且月最低話費承諾不低於108元，協議期不少於12個月，
> 即可繼續享受3星級信用服務。

這一則由3G到4G活動通知，引起很大的反彈。眾所周知，中國手機由3G升到4G服務也不過就幾個月的事情，許多用戶還不十分了解其中的優劣，也還沒有打算升級到4G，現在收到這樣的通知，只能讓消費者更加反感，不可能促進更廣大的愛用者馬上跟進。

中國的通信業務，歷來都是權威壟斷事業，由「中國移動」、「中國聯通」、「中國電信」三分天下。2013年12月4日，這三家都得到了4G的牌照。「中國移動」在2014年初，宣佈推動TD-LTE，4G「雙百」計畫：TD-LTE網路覆蓋全國地市級以上的100個城市、採購超過百萬部TD-LTE終端，建設20萬個4G基地站，覆蓋人口超過5億，是全球最大4G網路。

　　消費者關心的問題是，上傳下載的速度可以提升多少？一位手機用戶拿到「中國電信」的營業廳去比對一下，大致有個結論是：此前電信3G測試中下載速率在1Mbps至2Mbps之間，此次使用MiFi終端的情況下，電信4G下載速率能夠達到17.28Mbps，算是非常不錯了。

　　這就是另一個工作效率的問題。北京兩大科技公司「騰訊」和「360」都在去年開放免費的「雲盤」，而且還都可以提供客戶高達10T的容量，使用者可以把所有個人的資料都存在雲端，用意多好。但是實際操作的時候會發現，不要說是10T，想要有1T的資料上傳到「雲盤」，那可能要耗費客戶一個月的時間。

　　下載再快也沒用，上傳速度趕不上。每一家基本上都有這個問題。用戶端花更多的錢，但是可以增加的速度有限，那麼，有誰願意為此再重新買個新手機，換個新套餐？答案是，也許，但不是現在。

　　於是，「噹噹網」的CEO李國慶發出一則微博段子說：「中國移動推出4G套餐，40元包300兆流量，按照每秒百兆的速率，這個套餐3秒就用完了，3秒40元，一個小時就是48,000元。如果晚上忘了關閉4G連接，一覺醒來，你的房子都快成移動公司的了。」

　　費用高、速度慢，可能是中國網民永遠的怨嘆，當然還有「網路封鎖」的問題。一位來北京的外國教授說，在北京無法展開任何研究工作，因為大部分的國外網站都遭到封鎖，就連最普通的一些圖書館連線都無法正常運作。更不用說現代人都使用的臉書Facebook，推特Twitter，LinkedIn，Yahoo，Google等，就連像是hotmail這樣的郵箱，都會經常變得速度很慢。

　　一些機關行號，多半都用「內網」，不能連接到「外網」，所有外界的資訊只能靠手機來通行。久而久之，可以看到所有的上班族，上班時間幾乎都在看手

機，下班也在看手機，電腦慢慢變成一種擺設，只是在上班時候開著，表示我們都在上班而已。

事實上，如果仔細看這些人都在網上看甚麼，可以見到三分之一的人都在淘寶網上看、買東西，目不轉睛。還有三分之一的人在QQ或者微信（We Chat）上與朋友聊天。最後三分之一的人，則在「百度」搜索引擎上敲來敲去。即使有長官或者客戶經過，這些人都還是如此。

下班了，大家就把手機或平板拿出來，插上耳機聽「酷我」音樂，或者看看「暴風影視庫」昨天下載的電影或連續劇，用這樣的方式打發來回擁擠的交通旅程，是最快樂的選擇。

真正需要對「境外」聯絡的人們，那就只好「翻牆」或「越獄」了。「翻牆」、「越獄」就是經過第三國，想辦法看到想要看的資料，或者聯絡到所需要見到的人。當然，這種「非正式」的網路，到了重要的時刻（例如開兩會的前後），就無法運行。官方顯然是用睜一隻眼和閉一隻眼的方法來節制。

網速變慢當然也有途徑可以改善，各種官方和民間的測速器，無非就是要用戶不要開那麼多種程式，或者多花一點錢來增速，但老實說，增速有限。對於不需要「速度」的行業來說，沒有甚麼影響，但是今天的社會，沒有速度，當然就沒有效率。

基於以上許多因素，北京慢生活是鐵了心的。公園裡總可以看到慢條斯理的人們在打太極拳、練操，有些公務員上班時間去買菜、帶家人看病、辦自己的各種私事，不到十一點半很多人就已經去吃飯，下午睡個小覺（還有人回家睡一覺再來上班），三點半就去接小孩下學，然後帶到辦公室直到下班，這樣的生活，很容易地過了一年又一年。

有問題嗎？你管得著嗎？當然，就看自己的良心了。

北京市外短程少量運輸一般都使用這種電動三輪車，俗稱「三蹦子」也叫「狗騎兔子」。

16 北京的春夏秋冬

社區內的古建築物冬景。

賞花到北京

與臺灣「四季如夏、一雨成冬」不同，北京的氣候是四季分明的。春天大約會在四月底開始，只要看樹梢上的花苞開始長大，忽然間，在一週之內，北京城光禿禿的行道樹上，就開始鋪滿綠葉，而後，在你還沒有想到為甚麼這麼快的時候，京城就會百花齊放，氣溫每天上升一兩度，很快的，春來了。

北京人說，春風似剪刀。春天也像是「後母臉」，乍暖還晴時節，往往忽冷忽熱。這時候，沙塵暴也來了。許多人認為，北京經常有沙塵暴，這是不知道氣候變化的人誤解了。沙塵暴來自北方，是季節性因素的影響，並不是北京籠罩在沙塵暴裡；但是，沙塵暴一來，風力大得驚人，類似颱風，漫天塵沙，屋裡屋外都是細沙。若是剛好下小雨，那北京的每輛車子都成了「泥猴」。

季節變化也帶來身體的變化。許多老人的呼吸道容易受到傳染，所謂「年好過、春難過」就是這樣來的。另外，一整個冬天在屋裡供暖的後果，會讓皮膚都很乾燥，所以，到了春天，很多人的身上都會脫皮，從臉上或身上脫皮之後，往往看到衣服上和床單上都會留下一層白白的東西。

於是，有太陽的春天，家家戶戶開始整理冬衣和棉被，大量冬衣會送到洗衣店去清洗，讓洗衣店生意應接不暇，家庭主婦會把棉被拿出去曝曬、收藏後，等下一個冬天才取出來用。孩子們則開心地等著開學後不久，就有春季旅行。這時候，經常看見大街小巷的兒童，揹著小書包，隨老師搭車去郊遊遠足，是小朋友最開心的時刻。

玉淵潭春景。

北京十大踏青景點，依照排名是：北京植物園、百望山森林公園、北海公園、玉淵潭公園、小湯山特菜基地、南宮遊樂區、北京歡樂谷、紅螺寺、幽谷神潭和靈山。這裡面，位於市中心的北海公園和玉淵潭公園最接近老百姓，北海公園無須贅述，玉淵潭櫻花節則值得介紹。

前面介紹過的玉淵潭公園是北京十大踏青景點的第四名，地鐵在軍事博物館停下，經過中華世紀壇，後頭就是玉淵潭的南門，門票十元。玉淵潭的櫻花節很短，每年都是三月中到四月底才有活動。玉淵潭是八百年前的泉水流出所形成的，分為東西兩個潭面，中間有橋連結。著名的「釣魚台賓館」和「中央電視塔」都在咫尺，形成著名的亮點。潭面並不算很大，佈滿了大小遊船，極為熱鬧。

根據記載，玉淵潭公園的櫻花形成經歷了將近20年時間。1972年9月，日本國民贈送中國象徵兩國人民友誼的大山櫻花樹苗1,000株，1973年3月11日在玉淵潭栽植了分到的180株。由於櫻花樹對生存環境要求嚴格，玉淵潭公園管理處選擇了公園西北角一帶做為櫻花栽植區。這裡背

上圖　玉淵潭櫻花節。
下圖　北京大觀園的玉蘭花。

風向陽，土質適宜，南面濱湖，空氣濕潤，比較符合櫻花樹的生存條件。經園林職工精心養護，櫻花樹苗長的很好，1975年開始開花，1978年全部開花。

　　走進櫻花道，只見滿坡的粉色、白色、紅色櫻花綻放，分不清楚哪種是日本晚櫻，日本早櫻或大山櫻。除了櫻花園之外，這裡還有一個「留春園」。留春園位於玉淵潭公園東部，有開闊的草坪，環繞的亭廊和高大樹木，以及遍植的四季可賞的花木，曲徑通幽，林木疏密有致，是座美麗幽靜的園中園。座落在對景上的留春姑娘雕塑是坐在水中山石之上的少女，橫笛引雁，給人以留春之意。四角亭位於西南隅，是留春園內登高攬勝的至高點，可以把留春園的春色盡收眼底。

　　北京的春天很短暫，有時候一兩個禮拜之後，馬上轉為夏季，所以想要看滿城的姹紫嫣紅，最要緊的就是要等春天花一開，就趕快去賞花。除了賞櫻，北京的玉蘭花也是一絕。北京的玉蘭花有白色、紫色和黃色，街邊到處都有，頤和園、香山植物園、大覺寺、戒台寺和潭柘寺是郊外賞玉蘭花的好去處。

　　除此之外，必看的還有蠟梅。只要下完雪，就可以欣賞「越冷越開花」的

北京昌平的銀杏林。

梅花。春節過後，北京鷲峰國家森林公園的數百株梅花已悄然綻放。這裡的梅花節，可以讓遊客欣賞到杏梅系、真梅系、櫻李梅系的100多個品種、3,000多棵梅花。鷲峰森林公園位於海淀小西山風景區，距離頤和園18公里，是北京著名的森林公園，也是北京林業大學的試驗林場。南邊是大覺寺，北邊是陽台山風景區。

　　在普通的花園社區裡面，北京人的春天最早看見的是黃色小花成片開放，那就是迎春花和臺灣很少見的連翹。這兩種都是灌木，所以常常可以見到橫七豎八的枝幹，以及非常美麗的黃花。據說連翹還可以清熱解毒，是一種中藥。北京春天還有紫丁香，也是落葉灌木，有紫色、紫紅色和藍色。

　　最後，一定要提的是銀杏和楓葉。雖然在北京釣魚台國賓館東側的銀杏大道，到秋天才最美麗，但是很多北京大馬路上的銀杏樹，也在春夏秋冬四季分明的展示它們的枝葉。特別是秋天的金黃，秋風颯颯，分外美麗。至於香山的紅葉，那就是綿延山丘的大片紅，非常震撼。只是，天不冷，紅葉不紅，一旦紅了，滿山遍野都是人，要看到近景，也難。

南水北調

　　一個兩千多萬人的大城市，到了夏天，會不會缺水呢？答案是：不會。

　　北京一年四季都很乾燥，很少下雨，也很少下雪，那，大家喝的水，要從哪裡來呢？答案是：密雲水庫。

　　以2013年來說，整整有一百天沒有降水，天乾物燥，可是北京很少聽說有火災，也沒看到哪棵樹因為乾旱死亡，還有，即使夏天到了，除了個別社區自己的原因，沒有聽說過需要停水停電的。

北京昆玉河撈水草的工人。

　　從地圖上看，北京有幾個很大的藍色區域，比方說頤和園裡的昆明湖、圓明園的福海、位於市中心的西海、北海、中南海、西區的玉淵潭、蓮花池、南區的龍潭湖以及東邊朝陽公園裡的水碓湖和南湖，但是這些只能供玩賞的湖區，很難為這座大城市的供水產生甚麼效益。

　　北京地區其實還有不少河流，像是永定河、潮白河、北運河等等共計80多條，但是目前多為乾涸的階段。所以真正依賴的水源，就是東北角的密雲水庫。密雲水庫位於燕山山脈之中，1960年建成，面積180平方公里，水庫容量為40億立方米，這是北京唯一的飲用水源。

　　當年水庫建成，是靠淹沒20.7萬畝良田，以及65個村莊搬遷才完成的。有11,536戶、56,908人被安置到其他地方，是個巨大的工程。2012年7月21日，北京迎來了十年未見過的特大豪雨，雖然市區很慘，但是這一場大雨帶來十個昆明湖的水量，這是密雲水庫喝得最飽的一次，其餘年份都只能靠每年一兩天的夏季或秋季雨水，勉強過日子。

　　由於人數眾多，只靠一個水庫供水當然不夠。所以，據說北京人喝的自來水，是抽取地下水來的，而密雲水庫的水，則是景觀用水、灌溉用水、工業用水、綠化用水、以及貯存備用。北京的自來水，屬於硬水，$CaHCO_3$（碳酸鈣）含量較高，煮沸之後會在鍋底留下一層白色的鈣化物，大家都不敢喝。因此，多數人都會在社區的水站購買桶裝礦泉水。

　　由於空氣乾燥，一年四季，皮膚也都很乾燥。南方的人到北京住一個禮拜，手腳的皮膚就會「縮水」，看起來好像老了十歲。而北方的婦女如果平日不保養皮膚，五十幾歲看來就像六十幾歲。乾燥還會在冬天產生靜電，隨意用手接觸金屬物件，就會啪的一聲，初次不習慣的人，會嚇一大跳。

　　到了冬天，大約十一月中就會開始供暖，黃河以北的家家戶戶，必須另外買加濕器，增加屋內的溼度。家用加濕器是將液態水轉化成蒸汽與空氣混合進行加濕，有很多種式樣可以選擇，但是最好的是超音波加濕器，採用每秒200萬次的超音波高頻震盪，將水霧化為1微米到5微米的超微粒子和負氧離子，通過風動裝置，將水霧擴散到空氣中，使空氣濕潤並伴生豐富的負氧離子，達到均勻加濕、清新空氣、增進健康的最終需求。

　　北京的濕度大約年平均在54.1度，也就是冬季大約只有42～47度左右，是臺灣濕度的一半。街上的行人每隔一兩個小時，就需要補充水分。所以，每個人身邊多半會準備一個水罐或者水壺。但目前北京市地下鐵都有安全檢查，攜帶飲料需要打開先喝一口才能通過，非常麻煩。

　　為了要徹底解決缺水乾燥的問題，中國正在進行巨大的南水北調工程。南水北調就是把南方水災和北方旱災的狀況減輕，把南方的水引到北方去使用。一共分成三條調水線：東線、中線和西線。預計是在青藏高原上的西線工程，控制整個西北和華北，因長江上游水量有限，只能為黃河上中游的西北地方和華北部分地區補水；中線工程從漢江與其最大支流丹江交匯處的丹江口水庫引水，供水給黃淮海平原大部分地區；東線工程的起點在長江下游的江都，終點在天津。

　　這個構想從設立到完成，據說需要40～50年，完成以後，其總渠道之幹渠，將從河南的南陽市淅川縣陶岔渠首引水，沿已建成的8公里管道延伸，在伏牛山南麓山前崗壟與平原相間的地帶，向東北行進，經南陽過白河後跨江淮分水嶺方城埡口入淮河流域。經寶豐、禹州、新鄭西，在鄭州西北孤柏咀這裡穿越黃河。然後沿太行山東麓山前平原，京港高鐵、京廣鐵路西側北上，至河北省保定市唐縣，進入低山丘陵區，再過北拒馬河進入北京境，過永定河後進入北京地區，終點是玉淵潭。屬於中線工程。

太行山一脈的妙峰山楓紅景致。

　　2014年，源自秦嶺深處的丹江水，將從一條全長1,277公里的人工大河，也就是南水北調中線幹渠，向北京奔流而去。50年前，為了建設丹江口水庫初期工程，河南南陽有141人獻出了寶貴的生命，2,880人因此而成了殘廢。如今，丹江口水庫大壩壩頂，將從162米加高到176.6米，蓄水位由157米提高到170米。水域面積擴大至1,050平方公里，不僅將淹沒大量農田、房屋，湖北、河南兩省總共34.5萬人民，為了南水北調，只能沒有選擇的離開他們的家鄉。

　　根據計畫，南水北調中線工程將於2014年5月底前全面完成與通水相關的尾工建設。6月初，將展開全線充水試驗，9月底前完成全線通水驗收，汛期後正式通水。換句話說，北京自此搶先獲得了河南的丹江水，雖然沿途犧牲了大量的天然資源和寶貴的國庫錢財，但北京缺水問題可以據此獲得終極的解決。

放個霧霾假？

霧霾，在北京已經成為茶餘飯後的話題，直接放上幾則曝光在網路上的笑話：

1. 二十歲站在德勝門能看見西山，三十歲站在德勝門能看見西直門，四十歲站在德勝門，連德勝門也看不見了！
2. 經過北京2,000萬人幾天幾夜的呼吸，北京的空氣品質終於有所改善。新的北京精神由此誕生：「厚德載霧，自強不吸，霾頭苦幹，再創灰黃！」事實再次證明：霧以吸為貴。
3. 京城的菜市口，跪著一溜即將被處決的犯人。「午時三刻已到，行刑！」話聲剛落，蒙面的劊子手上前，扯下了犯人的口罩。

豪不誇張地說，「北京霧霾」已經像北京的LOGO一樣，在世界媒體上天天放光。而PM2.5，現在連小朋友都知道，是指「空氣中直徑等於或小於2.5微米的可吸入肺顆粒物，會引發包括哮喘、支氣管炎和心血管病」。曾幾何時，北京的居民起床第一件事，不是看今天氣溫幾度？而是看今天是颳幾級風，可不可以把霧霾吹到外地去。還有，研究一下哪種口罩最有效？

「央視網」居然還說明了霧霾天氣的五大好處：讓中國人更團結、讓中國人更平等、讓中國人更清醒、讓中國人更幽默、讓中國人長知識。這，讓北京人笑歪了。瀋陽老百姓說，這話一點也不實際。最好，是政府規定放個「霧霾假」。想想看，當出門走路不到五百米，回來摳鼻孔就是黑的，這樣的毒氣，能受得了嗎？

北京在以往的年月，並沒有像這兩年霧霾的嚴重；至少，人們沒有感覺出來，只知道天空總是陰陰的、暗暗的。按照空氣質量標準：

北京的霾。

PM2.5指數	等級	注意事項
0.500～50	1級優	參加戶外活動呼吸清新空氣
50～100	2級良	可以正常進行室外活動
101～150	3級輕度	敏感人群減少體力消耗大的戶外活動
151～200	4級中度	對敏感人群影響較大
201～300	5級重度	所有人應適當減少室外活動
≧300	6級嚴重	儘量不要留在室外

2014年1月2日，北京市環保局通報，2013年北京空氣品質優良天數達176天，重污染天累計58天，超標污染日中的首要污染物為PM2.5。針對北京地區污染物來源，國家環境監測司副司長朱建平對此表示，到2014年6月底前，北京、天津、石家庄將提出解析的初步結果。

中科院大氣物理研究所研究員張仁健與同行合作，對北京地區PM2.5化學組成及來源解析季節變化研究發現，北京PM2.5有6個重要來源，分別是土壤塵、燃煤、生物質燃燒、汽車尾氣與垃圾焚燒、工業污染和二次無機氣溶膠，這些來源的平均貢獻分別為15%、18%、12%、4%、25%和26%。

另一方面，國家機動車污染防治專業委員會副主任顏梓清表示，目前影響北京空氣品質最主要的因素，是機動車尾氣排放。她說：「根據美國、日本等國治理空氣污染的經驗，以及這些國家的清潔空氣行動計畫，主要是控制機動車排放總量，重點是削減自用機動車污染量。」

無論哪種污染源所占的比重有多少，基本上可以確定，北京的空氣污染是來自於人為的因素，而且燃燒煤與生物質，以及工業污染所帶來的危害最大。只是

官方的數據必須要半年到一年以後才能出爐，之後要找出是哪些人或者哪些企業排放出來的，再想辦法對症下藥，慢慢地改善。

北京人說，我們是人肉吸塵器、人肉過濾器。但是，很奇怪的是，北京人出門從不戴口罩。為甚麼不戴？答案居然是「北京人百毒不侵，沒事」。2014年春節，北京市政府建議大家不要放爆竹，北京人民的反應是，此時不放要等何時？所以，霧霾就霧霾吧！煙花照樣朵朵開。

至於「霧霾假」，談何容易？中國為了每年的放假，吵翻了天。甚至，中央還為了放假，由國務院修改了「全國年節及紀念日放假辦法」。這是參考了各方專家的意見，以及211萬網民參與投票的結果公布的。可是在2013年12月11日公布當天，就造成輿論一片譁然。

中國放假爭執的焦點，不是放多少天，而是放多少「帶薪假」的問題。「帶薪假」就是臺灣的「年假」。依照「職工帶薪年休假條例」規定，中國勞動者凡是任職滿一年不滿十年的，年休假5天；滿10年不滿20年的，年休假10天；滿20年的休假20天。看起來，這個規定倒也沒有甚麼不合理。但是，仔細看一下整年度的日曆，就知道「中國式拼假」——把各種假期調休改為長假——確實有問題。

算起來，中國人的公共假期已經到達115天，等於每年的三分之一時間，都在放假。剩下的上班時數到底還有多少「生產力」？老闆們受得了嗎？

現在，放假的國家大事，是由國家旅遊局的「全國假日旅遊部暨協調會議辦公室」（簡稱假日辦），匯集了十幾個部委的人員，每年提出方案，最後由國務院審定。想想，這麼複雜的決策過程與結果，普通老百姓想要爭取個「霧霾假」，恐怕是天方夜譚。

北京看雪？

　　網路上常見的許多北京雪景，往往讓人誤解，以為北京冬天經常下雪，可以來京賞雪。這是錯誤的觀念，北京一年下不了幾場雪，而且很少下大雪。時間更不固定，有時候十一月就來了一場雪，有時候四月底還會下雪。不過，下雪多半在半夜，白天不多；等早上看到地上白雪皚皚，多半已經下完了。

雪中即景。

　　北京冬天大概在十月底或十一月初就開始了。那時家家戶戶還沒有正式供暖，但是天氣很冷，北風呼呼的吹，所以，電暖器就要上場。北京人多數家裡雖然有冷暖氣，可是很少家庭會開暖氣。正式供暖是11月15日，在這以前政府和軍方單位的家庭會先行供暖，然後才輪到老百姓。

　　雖然是11月15日正式供暖，但是10日左右就會開始慢慢暖上來，這是一種水暖式的供暖系統，靠家裡的供暖系統加熱片給暖。北京市民都會斤斤計較，天天拿溫度計看看到底屋內有幾度。供暖是北京熱力公司所提供的，每年下半年就會派發通知到社區服務站，讓大家準時先繳費。繳費標準是依據每戶的面積大小而定，許多年都沒有漲價。大約是每平方米24元，期間是從11月15日到次年3月15日，共四個月。

　　3月15日以後，在北京還是很冷。電暖器又要拿出來了。一直要用到三月底或四月初，才能保持比較不太冷的天氣。這時候寒衣還是不能「放置」「收

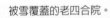

被雪覆蓋的老四合院。

納」，真正要到五月初以後，確定不再有寒流侵襲。冬天才算漸漸結束。根據這個計算模式，在北京不冷的日子，最多只有半年，也就是五月到十月。其餘都算廣義的冬季。

　　冬季來臨以前是會刮大風的。所以住在北京，要有風衣。因為很少下雨，在北京幾乎沒看過雨衣（軍警除外）。大風吹的門窗呼呼作響，嚴重的時候，在街上走路都會站不穩。風衣結束之後的日子，就要穿上短大衣或者厚夾克，等到十二月初正式進入冬季，就要開始穿羽絨衣。

　　厚毛衣或者高領毛衣在北京是用不著的，供暖以後，室內大約都是17～22度左右，暖如春天。室外可能平均都是6度到零下，穿衣的法則很簡單，「皮草加比基尼」就對了。預備一些類似長袖的T恤，加上防風的羽絨褲和羽絨服，一雙厚棉襪和一副厚手套，一雙雪靴，大致就可以過冬。

　　買衣服的時候，要注意「防風」這兩個字。多數的羽絨衣不防風，穿幾件也沒用。防風的冬衣會在買的時候寫在衣服的說明吊牌上。北京人很少看天氣時間今天幾度，都是看今天有風麼？如果衣褲沒有防風係數，穿再多也是枉然。這也是北京人的困惑，多數北京人到冬天都穿著羊絨衫或者棉毛衫，左一層右一層的包裹著五六層，事實上還是不暖。原因就是羽絨服的防風係數不夠，質料不好，所以穿的很多，還是不暖和。不過北京人身體好是真的，擠地鐵裡面是又悶又擠，出來後又冷又乾。大家每天都這樣出行，也沒幾個人生病。

　　雪靴也是一樣。北京的女孩子們都喜歡穿上高筒的靴子，細細的跟，走起來滴答滴答的響，但是下雪過後，路上很容易滑倒，特別是有水的地方，滑倒後又不容易站起來。雪靴的後跟裡面有一個倒鉤，在雪地行走的時候要拉出這個倒鉤，這樣在雪地走路可以插住雪地的滑坡，比較不容易滑倒。

買手套也要有毛裡的才行。看起來漂漂亮亮的皮手套，在北京只能當裝飾品。真正寒冷的時候所戴的手套，裡面需要有絨毛才夠保暖。許多人會戴帽子，不過最好的是羽絨服本身就有的帽子。還有圍巾，通常不太用得著，當然如果搭配裝飾衣服，倒是可以考慮添置。

只要頭頂、腳底、頸部、手部保暖，其他部位是不會感覺寒冷的。真正的冬天，是從零上漸漸轉入零下，最麻煩的氣候是季節轉換的秋入冬，這時候得病的很多，也不適合到處亂走，但是真正的冬天來了，即使很冷，也都還過得下去。

特別需要了解的是，下雪前會驟冷，下雪天不冷，融雪天很冷。如果想來北京等著看下雪，那也許等三個月都是大太陽，甚麼也看不見。冬天早晨大約七點半天才亮，五點多就天黑了，北京城除了某些區域有夜生活，多數地方都漆黑一片，這樣來到北京賞冬的人，會很失望。

當然，真正的北京人到冬天還是有自己的樂趣的。年輕人會相約去滑雪場滑雪，上班族則趁著週末去吃吃館子，老年人如果健碩，清晨照樣在廣場跳廣場舞、打太極、練劍，百無禁忌。對北京人來說，冬天是自然四時變化的一部分，如果有雪，那地面上的樹木都可以受到濕潤，對空氣汙染改善有很大的幫助。

所以，只要清晨聽到剷雪的聲音，不用開窗就知道昨晚下雪了；街坊鄰居的人們都會自動出門來到街道上掃雪。他們會把雪掃到樹木的根部堆起來，因為樹木是不會被凍死的。一些比較容易被雪壓壞的樹木，北京人很早就會用一種綠色的塑膠套給包裹好，等到春天才會打開。也就是給樹木蓋上一層棉被。

冬天圍爐吃火鍋是開心的事情。不過火鍋是銅鍋，燒木炭，有個尖尖的高腰身，會冒煙。涮肉的佐料和食材也與南方的不同。南方的海鮮類火鍋，在北京基本上是很少見到的。北京人吃的主要還是牛羊肉為主的火鍋料。冬天的北京，還是很美的。

北京2020

　　北京前門附近有個四層樓的「北京城市規劃館」，這裡面有各種模型，說明北京的過去、現在與未來。其中，有關北京市在2020年的規劃憧憬，非常引人入勝。2020並不遙遠，是否能夠建設成藍圖中的綠化城市，值得期待。

　　這個「三圈」、「九田」、「多中心」的設想，主要集中在土地規劃與利用上面。「三圈」指的是圍繞北京城市中心的三個圈，也就是以第一道綠化隔離帶和第二道綠化隔離地區為主體的環城綠化隔離圈，以「九田」為基礎的平原農田生態圈，和以燕山、太行山山系為依託的山區生態屏障圈。

　　「九田」是指位於大興、通州、順義、房山、延慶等區縣內的九個規劃基本農田區。「多中心」是指中心城、新城以及其他服務全國、面向世界的重要城市節點。這裡面有國務院所下達的幾個重要指標，包括，耕地保有量由2010年的339萬畝，減少到2020年的322萬畝。建設用地由2010年的3,480平方公里，增加到2020年的3,810平方公里。也就是說，北京在十年內的耕地面積將逐步減少；建設用地將逐步增加。

　　這樣的土地利用格局，是在2009年公布的。按照規劃，到2020年，北京市城鄉建設用地規模將控制在27萬公頃以內，中心城區建設用地規模將控制在778平方公里以內，建設用地擴展應優先利用閒置地、空閒地，儘量不占或少占耕地。

進一步說明的話，「九田」是建設九片基本農田集中分佈區，包括延慶平原片、昌平東部片、順義西北片、順義東部片、平谷西南片、通州東部片、通州南部片、大興南部片、房山東南片。「多中心」是針對中心城、平原地區、山區三個圈層土地利用功能、特點和利用方向，高效率地建設和發展中心城及通州等11個新城。也就是北京未來的發展還有若干新城是或者衛星城市出現。

2020年的北京城將分為4類功能區：

第一，首都功能核心區。範圍：東城、西城、崇文、宣武。功能定位：首都功能的最主要載體。

第二，城市功能拓展區。範圍：朝陽、海淀、豐台、石景山。功能定位：涵蓋中關村科技園區核心區、北京商務中心區等重要功能區，是北京現代經濟與國際交往功能的重要區域。

第三，城市發展新區。範圍：通州、大興、順義、昌平。功能定位：是北京疏散城市中心區產業與人口的重要區域，是未來北京經濟中心和未來城市發展的主要後備空間。

第四，生態涵養發展區。範圍：門頭溝、房山、平谷、懷柔、密雲、延慶。功能定位：是保障北京市可持續發展的關鍵區域。重點發展生態農業、旅遊休閒產業。

這一份《北京市城市總體規劃2004～2020》中還說明，2020年，北京市中心城人口規劃控制在850萬人以內，新城人口約570萬人，小城鎮及城鎮組團人口約180萬人。嚴格控制中心城人口規模，進一步疏解舊城人口，合理調整中心城的人口分佈。中心城中心地區人口約540萬人（其中舊城人口約110萬人），邊緣集團人口約270萬人，綠化隔離地區及週邊地區人口約40萬人。

2020年，北京市建設用地規模會控制在1,650平方公里，人均建設用地控制在105平方米。其中中心城城鎮建設用地規模約778平方公里，人均建設用地控

北京秋季的門頭溝山路。

制在92平方米；新城城鎮建設用地規模約640平方公里，人均建設用地控制在112平方米；鎮及城鎮組團城鎮建設用地規模約212平方公里，人均建設用地控制在120平方米以內。

北京中心城是北京政治、文化等核心職能和重要經濟功能集中體現的地區。其範圍是上版總體規劃市區範圍加上迴龍觀與北苑北地區，面積約1,085平方公里。新城是在原有衛星城基礎上，承擔疏解中心城人口和功能、集聚新的產業，帶動區域發展的規模化城市地區，具有相對獨立性。規劃的11個新城，分別為通州、順義、亦庄、大興、房山、昌平、懷柔、密雲、平谷、延慶、門頭溝。

規劃書又在北京市域範圍內劃分四個次區域，並進一步劃定管制區。

（1）中心城次區域：即中心城的規劃範圍（不含石景山五環路以西地區）。

（2）東部次區域：包括通州、順義、亦莊以及懷柔、密雲、平谷等的平原地區。

北京的城市建設。

　　（3）西部次區域：包括大興（除亦莊地區以外地區）、房山山前平原、豐台河西地區、門頭溝山前平原、海淀山後地區和昌平（不包括迴龍觀、北苑北地區）的山前平原、延慶平原以及石景山五環路以西地區。

　　（4）山區次區域：包括懷柔北部山區、密雲北部山區、昌平北部山區、門頭溝西部山區、房山西部山區、延慶山區。

　　通州、順義、亦莊新城規劃人口規模為70萬～90萬人，同時預留達到百萬人口規模的發展空間；大興、昌平、房山新城規劃人口規模約60萬人；其它新城規劃人口規模在15萬～35萬人之間。

　　按照這樣的規劃藍圖，北京市民可以明顯地知道，未來的北京市是個區域分布非常明確的城市。舊城人口將會往郊區疏散，郊區的新興城市將會成為都會衛星城鎮，若是北京市人民按照這份想法布置自己未來的工作或居住，將可以更進一步朝著大北京的方向前進。

17 北京的特色旅遊

外地人來北京旅遊可以隨處租自行車。

來看「北京猿人」

　　從很小的時候，我們的教科書上就有「北京山頂洞人」這個名詞。「北京猿人」似乎是人類的鼻祖。因此，來到北京的人，應該到「山頂洞人」所居住的地方看看，真確的瞭解一下，「山頂洞人」是哪裡來的？又為甚麼會被說成是人類的祖先？想了解北京的原始生態，得去看看。

　　「周口店北京人遺址」，位居北京房山區周口店鎮龍骨山北部，距離北京約50公里。周口店是北京人的故鄉，最初形成的村落約在元代。為甚麼叫做「周口店」？原因是因為村子位於「周」字形的山口處。還有人說是有周姓人家最早在此開店，其位置處於山口處而得地名。很久以前，這裡只是一個並不知名的小山村。自從1929年在這裡發現了沉睡50萬年的第一個完整的北京猿人頭蓋骨化石以後，馬上轟動了世界。

　　1929年，中國古生物學家裴文中，在這裡發現了原始人類牙齒、骨骼和一塊完整的頭蓋骨。並找到了北京人生活、狩獵及使用火的遺跡，證實50萬年以前，北京地區已有人類活動。

　　周口店遺址是50萬年前的北京猿人、10～20萬年前的新洞人以及1～3萬年前的山頂洞人生活的所在。從1927年開始考古挖掘，總共有27處文化遺物地點，出土40多個北京人化石遺骸，10多萬件石器，200種動物化石，博物館有7個展廳，紀念品展售及功能會議廳都一應俱全。

一頭鑽進「周口店遺址博物館」，可以看見這是一個規劃的非常完整，設備齊全的博物館。不僅是有大人應得的知識和小孩喜歡的電腦動畫，就連靜態模擬和小遊戲都考慮周到，還很體貼的出版了兒童版的雜誌和免費的「北京人」雜誌。連廁所都是乾淨清爽，還有衛生紙。如果還有甚麼可以挑剔的，那就是裡面的服務員，沒有一個會主動招呼外來的客人，都和其他博物館的人一樣，習慣性地坐在窗前發呆。

給人印象最深刻的是進門的三顆牙齒，這是瑞典地質學家安特生與他的助手所發掘「北京人」牙齒，人類歷史因此可以被追溯到50萬年前。給人好奇地的是，第一：為甚麼50萬年前的牙齒還可以完整保留不腐化？第二：如何測定是50萬年前的人類牙齒？第三：叢生峻嶺的情況下，如何能在山洞底下找到這些牙齒？

這裡保留了幾處洞穴可以進去看看。洞穴裡面比較暖和，問題是，當時的鑽木取火，照明夠用嗎？冬天如何過的？洞穴裡還有多種動物如鹿、虎、豹和犀牛的骨骼，那時候的人如何徒手擒服這些體積龐大的動物？當時還沒有衣服可以蔽體，又如何保暖？這麼多人是如何攀越高山找到這些岩壁上的洞穴呢？這裡真是個可以讓大人小孩共同探索文明的好地方。

根據博物館的說明，北京猿人的正式名稱為「中國猿人北京種」，科學上稱之為「北京直立人」，英文學名Homo erectus pekinensis。北京猿人生活在距今大約70～20萬年的地球，大約在60萬年前來到周口店，在這裡斷斷續續地生活了近40萬年。到約20萬年前，北京猿人才離此而去。

北京猿人的顴骨較高。腦量平均僅1,532毫升。身材粗短，男性高約156釐米，女性約144釐米。腿短臂長，頭部前傾。既不像是猴子猩猩，也不像是現代人類，所以叫做「猿人」非常合適。北京猿人看起來站立不穩，事實上四肢骨已與現代人接近，能夠步履穩健地直立行走。

　　北京人從他們居住地附近的河灘、山坡上了解到，北京猿人會挑選石英、燧石、砂岩石塊，以石擊石打制出刮削器、鑽具、尖狀器、雕刻器和砍斫器等工具，用以肢解獵物、削制木矛、砍柴取暖、挖掘塊根等種種需要。有些學者甚至認為，北京猿人已經可以製造骨角器。除狩獵外，可食的野果、嫩葉、塊根以及昆蟲、鳥、蛙、蛇等小動物，也是北京猿人日常食物來源。

　　科學家還根據出土的動物和植物化石，得知昔日周口店一帶森林茂密、水草豐盛，氣候曾經比現代的華北溫暖。隨著全球性的氣候波動，這裡在幾十萬年間也曾發生冷暖交替頻繁的現象。北京猿人因為會用火，大大提高了他們適應環境的能力。但研究也發現，北京猿人通常幾十人結成一群，壽命很短，大多數人在14歲之前就死亡了。

　　「周口店遺址」有自己的網站。裡面記錄著各國重要貴賓最近來訪的過程。2013年12月11日，韓國公州市市長李俊遠一行14人到周口店遺址參觀。周口店北京人遺址博物館與韓國公州市石壯里博物館原來就互為友好博物館。2012年，為慶祝中韓建交二十周年，兩館共同舉辦了為期一年的「北京猿人在韓國」展覽，參觀觀眾達22萬人次。12月13日，馬來西亞國家文旅部文化遺產司司長、玲瓏谷地考古遺址博物館館長默德·薩瑞·阿卜杜拉（Mohd Syahrin Abdullah），副館長如澤瑞·阿比（Ruzairy Abri）也來到這裡訪問。

　　「周口店遺址博物館」的新館正在建設，旅遊者可以同時到附近的中國房山世界地質公園遊覽，北京也是世界上第一個擁有「世界地質公園」的首都城市。

未有北京城，先有潭柘寺

　　真正的北京人，沒有人沒去過「潭柘寺」的。這就像是台北人如果沒去過龍山寺，那就很不像是台北人一樣。「未有北京城、先有潭柘寺」可以說明這座古寺的知名度和特殊的程度。要認識北京，一定要來京西的「潭柘寺」看看。

　　搭地鐵1號線到底站蘋果園，然後轉公車931就可以到潭柘寺，路程大約要兩個多小時。如果在地鐵的終點站搭野雞車，每個人十元比較快，不過半路上司機會停下來，要客人買超級昂貴的香燭。潭柘寺門票55元，不算便宜。但是，能夠來看看這座名震遐邇的千年古剎，還是很值得的。

　　「潭柘」是北京西邊門頭溝區一座山的名字。這裡的風水特別好，四周有九座山環繞，看來是九龍抱珠。潭柘寺距今有1,700年歷史，是北京最古老的古剎。始建於西晉永嘉元年（西元307年），最初叫做嘉福寺，後來康熙皇帝賜名為岫雲寺，但因寺後有個龍潭，山上有柘樹，故民間一直稱為「潭柘寺」。

　　在山下看冷冷清清，山上卻人聲鼎沸，各國的觀光客絡繹不絕的往山上走。中午時分，遊客可以先在嘉福飯店吃齋飯，五菜一湯，飯店經常人滿為患、座無虛席。原來，觀光團早已包了內外的筵席廳，旅客多半都還是年輕人。

　　北京城的故宮有9,999半房間。潭柘寺在鼎盛時期，有999半房間，儼然是故宮的縮影。據說，明朝初期修建紫禁城時，就是仿照潭柘寺而建成的。目前，潭柘寺共有房舍943間，其中古殿堂638間，建築保持著明清時期的風貌，是北京郊區最大的一處寺廟古建築群。

潭柘寺寺門以及康熙題匾。

春天到潭柘寺，就是百花盛開，百鳥齊鳴的好時機。遊客拿著大小香燭，逢廟見神就拜，古寺莊嚴肅穆，自不在話下，有些用手寫的解說文字，佈置在廟前的展示臺上，解說佛教的規矩，似乎有些唐突和奇特，彷彿告訴遊客說，你們都有很多不懂的地方，現在讓我告訴你。

依照說明書上所指點的，潭柘寺有33處景點，不過其實走來走去，並沒有小徑通幽的感受，倒是到處都有商業的感覺。大雄寶殿前面，玉蘭花節還出現皇帝、和珅、劉羅鍋的表演，洋琴、太極扇舞，敲鑼打鼓說說唱唱，成為民間遊藝場。玉蘭花個個碩大無比、迎風招展，美不勝收。

據說，潭柘寺內有一種享譽京華的名花，叫作「二喬玉蘭」，種植在毗盧閣的東側。二喬玉蘭又叫朱砂玉蘭，屬木蘭科落葉小喬木，每朵花有九枚花瓣，花朵碩大，每年四月開花，花開時節，紫中帶白的玉蘭花綻滿枝頭，十分嬌豔，常常被賞花、拍照留念的遊人們，圍得水泄不通。

潭柘寺還有一個有關鎖龍井故事：火燒潭柘寺、水淹北京城。中國最早的鎖龍井故事是從大禹治水開始，指的就是把蛟龍鎖在一些井內，所以各地都曾有過鎖龍井的傳說。潭柘寺也有一口鎖龍井。簡單的說這種鎖龍井都有一條長長的鎖鍊，如果拉動這條鎖鍊，井水就會冒出腥味，發出牛叫的聲音。

相傳金熙宗完顏亶曾於皇統元年（1141年）到潭柘寺進香禮佛，是第一位到潭柘寺進香的皇帝。後代皇帝爭相仿效，使潭柘寺的地位大大提高，寺院香火鼎盛。

上圖　潭柘寺的大雄寶殿。
下圖　潭柘寺內的民俗活動。

金熙宗將當時的寺名「龍泉寺」又改為「大萬壽寺」，撥款對潭柘寺進行了大規模的整修和擴建，開創了皇帝為潭柘寺賜名和由朝廷出資整修潭柘寺的先河。

元世祖忽必烈的女兒妙嚴公主為了替其父贖罪，曾到潭柘寺出家，最後終老於寺中。通說她每天在觀音殿內跪拜誦經禮懺觀音，居然把殿內的一塊鋪地方磚磨出了兩個深深的腳窩。如今，妙嚴公主的拜磚還供奉在潭柘寺的觀音殿內，是潭柘寺極為珍貴的一件歷史文物。

明成祖朱棣繼位後，封明初重臣姚廣孝禪師為太子少師。功成名就之後，姚廣孝辭官不做，到潭柘寺隱居修行。之後，朱棣到潭柘寺看望他。據說，當年修建北京城時，設計師就是姚廣孝。他從潭柘寺的建築和佈局中獲得靈感，北京城的許多地方，都是依照潭柘寺的樣子修建的：太和殿是仿照潭柘寺的大雄寶殿而

潭柘寺的玉蘭花。

潭柘寺的建地廣大，秋葉染紅的景致也值得期待。

建，同為重簷廡殿頂，井口天花繪金龍和璽，所不同的是更高大了一些而已。後來姚廣孝奉旨主持編纂《永樂大典》才離開了潭柘寺。

　　康熙皇帝曾親撥庫銀一萬兩，整修潭柘寺。在震寰和尚的親自主持下，從康熙31年秋到33年夏，歷時近兩年，整修了殿堂共計300餘間。康熙三十六年，皇帝二遊潭柘寺，親賜寺名為「敕建岫雲禪寺」，並親筆題寫了寺額。從此，潭柘寺成為了北京地區最大的一座皇家寺院。次年，康熙為牌樓親題匾額，並賜潭柘寺桂花12桶和龍鬚竹8杠，這就是現今在寺中所見到的金鑲玉和玉鑲金竹。

　　既然每個朝代都有皇帝到潭柘寺進香禮佛，后妃、王公大臣、平民百姓當然就更多。明代以後，潭柘寺是北京城百姓春遊的一個固定場所。「四月潭柘觀佛陀」是北京老百姓的一項傳統民俗。潭柘寺還有著名的「潭柘十景」，例如秋天的潭柘寺所屬的平原村，長滿了柿子、紅果、山楂、秋梨等果木樹以及丹楓。到這裡來看看漫天的楓紅，也是另一種旅遊的好選擇。

寺廟博物館

在北京，有不少的廟宇殿堂，被改裝成博物館。一方面可以多招攬些遊客；一方面也可以幫助當地的老百姓多了解文化。這些寺廟博物館有自己的特色，值得去欣賞與了解，來到這些寺廟博物館，不但可以看到古剎，又可以欣賞到現代博物館，也是收穫頗豐。以下就介紹三個位於北京市內的寺廟博物館：

一、長椿寺（北京宣南博物館）

首先介紹長椿寺，也就是北京宣南博物館。長椿寺位於北京2號線地鐵的長椿街站，出地鐵往南走大約500米，就在宣武醫院對面。宣武醫院本來也是這個長椿寺的一部分，不過幾經天災與戰亂，長椿寺改變很多。北京市政府花了兩億人民幣把原來住在這裡的老百姓遷走，重新整修後，就把一座原本是禮佛的皇家大廟清空，改成這座宣南文化博物館。

長椿寺可不是無名之輩，這裡曾經也是「京師首剎」。想當年多少趕考試子和文人墨客都曾在這裡路過。到現在，還可以看到院子裡各處的塑像，很生動的介紹了過往風塵僕僕的人們。根據牆面上的說明，長椿寺初建於明朝萬曆二十年（西元1592年），主要是為了明神宗生母李太后的禮佛需求，所以為水齋禪師建了這座廟。取名長椿，是長壽的意思。太后去世以後，她的一幅端坐在九朵蓮花上的圖像，曾經是鎮寺之寶，但是後來已經不知去向。

北京宣南文化博物館的戶外人像。

　　2005年長椿寺改為宣南文化博物館對外開放，主要是作為教育基地使用。宣南文化是個人文薈萃的地方。清代的《四庫全書》就是在這附近集結一批文人雅士，以琉璃廠為中心，編纂大書。隨著宣南文化的興起，許多外地來的官員都聚集在這一區，商家漸漸雲集，產生了日後的大柵欄和天橋這些文藝區，同時還誕生了附近牛街的回民文化聚集地。

長椿寺運用了兩側邊間和中間大殿的地方，開闢了八個展廳，分別是：

（1）悠悠宣南：回顧三千多年前，北京城建立形成的起源。

（2）宣南士鄉：由於康乾盛世修纂《四庫全書》，八方來的鴻儒學子絡繹
　　　不絕。

（3）英烈足跡：烈士李大釗死後曾在這裡停柩六年。

（4）梨園勝景：京劇誕生與名伶的滄桑。

（5）城南樂園：天橋八大怪展示民俗文化與民間藝術。

（6）百年興商：百年字號的一批商號在此雲集。

（7）民族團結：回民雲集在牛街。

（8）開發成果：發展宣南文化不遺餘力。

各廳都有多媒體設備可以點擊查閱相關資料，並且有很多史料、實物、模型、蠟像等等，立體呈現、豐富多樣，頗富教育意義。

二、東嶽廟（北京民俗博物館）

第二個是東嶽廟，也就是北京民俗博物館。「東嶽廟」找來一點也不費事。先搭地鐵2號線到朝陽門（古稱齊化門），下車在G出口換乘公車（有很多線路都可以到）只要兩站，就到了「神路街」站，下車朝對面一看就是「東嶽廟」。廟就在大馬路邊上，完全不用到處問人。大門口左邊賣票亭賣的是40元一張的票（有解說員）；右邊票亭賣的是10元票（無解說）。

定睛往裡走才發現，這個元代就建立的大廟，主要供奉的都是陰曹地府裡的各路神明。也只有在這裡，才知道原來陰間的工作分的這麼細。老百姓常說的十八層地獄，裡面有著各種掌控生死的審判官，普通人即使是認真了解宗教（玄教），也未必能窺其一二。

北京東嶽廟。

　　兩廂過道裡面每一間都供奉著不同的神明，同時還有簡單的解說，告訴遊客這尊神明主管甚麼。比方「速報司」寫的是「善惡之報、如影隨形」，岳飛是速報司之主。「還魂司」是指萬一死的時間不對，陽壽未盡，還魂司會讓這人返回陽間，還會添壽。「惡報司」是管理惡報的總機關。

　　「張宗師祠」供奉的是「東嶽廟」的開山始祖張留孫。他年少的時候在江西龍虎山修道。到大都（京城）後被封為「玄教大宗師」。晚年張宗師認為北京沒有泰山東嶽大帝的行宮，所以在皇帝首肯之下，自費籌建了這座大廟。後來陸陸續續修建，從1319年一直到1328年才全部竣工，佔地8,000餘平方米，目前還是中國唯一「國辦」的民俗博物館。

三、萬壽寺（北京藝術博物館）

　　第三個介紹的是萬壽寺，也是北京藝術博物館。萬壽寺就在三環邊上，門口就是黃河。這裡是明、清兩代皇家慶祝壽典的地方。整體建制與其他廟宇相似，古木參天，幽靜肅穆。早期這裡號稱「京西小故宮」。最早是明朝萬曆皇帝的母親李太后出資興建的，慈禧太后也經常到這裡來捻香禮佛，又稱「小寧壽宮」。

　　萬壽寺共有七進院落，占地三萬平方米，分為東、中、西三路。這裡曾有中國著名的「永樂大鐘」，但大鐘後來被搬到「大鐘寺」；另有一個有名的慈禧面容的觀音像，現在擺在大雄寶殿（沒有公開）。大禪堂後面還有很大一片假山，牆上說明這是象徵普陀、峨嵋、清涼（五台）三派佛教三山。寺底下應該還有地藏宮，現在也圍起來不讓人看。

　　北京目前有博物館一百三十餘所，如果都看完恐怕要好幾年，但是這些博物館各個都有自己的特色，有很多都是世界上絕無僅有的珍藏。如果能悠閒的慢慢品味這些博物館，來北京才不算是空出寶山。

古剎風雲：碧雲寺、白雲觀、 戒台寺、白塔寺、五塔寺

　　北京市的百年、千年古剎不勝枚舉，在這裡，筆者介紹幾個具有特色的古剎，提供大家欣賞。這些都是來自筆者歷年的《閒遊札記》。

一、香山碧雲寺

　　久居臺灣看慣山和海的人，移居北京就會有些寂寞。若是舉目四望，北京市郊唯一可以掛上名號的山就算是香山了。香山之有名原因有二，一是每年晚秋看紅葉；另一是國父孫中山先生曾暫厝碧雲寺。靈山雖無聖水，但是好整以暇的半日遊，也叫戀山的人兒可以陶醉一下。

　　乘車往西邊走，如果不趕時間搭公車就可以直接到山腳下。北京的公車若不在尖峰時刻搭乘，就不會擠，又便宜，一元有找。一路經過蘋果園（地名）、八角、還可以經過非常值得一遊的北京植物園，之後就到達香山。

　　香山有好多種走法，多半的遊人都是從北門進來，先買十元的票，再往前走。如果是走上香山公園，就不需要另外買票，但是要搭纜車來回就各要五十元。纜車很刺激，有空一定要去嘗試空中飛人的滋味。半路上還會有機器偷拍照，等你下了車，又可以買你不經意被偷拍的模樣。香山紅葉並不只是一棵樹變

香山公園。

成紅葉，而是整座山都成了紅色，就像是臺灣的油桐花開滿了群山遍野，一樣的浪漫有致。不過那要等運氣，只要天氣溫度驟降，整座山會嘩的一下子都紅了。

　　進入碧雲寺這一邊還要再買十元入場卷，有些阿嬤會為了沒帶老人證不能免費，大吵大鬧。碧雲寺建於元朝至順二年（1331年），算的上是完整的古剎。碧雲十景名傳中外，都與佛教有關。山門前一對石獅子很威嚴，據說是魏忠賢所作。全部院落是六進，層層殿堂都是依山建築而成，清幽簡樸。

　　哼哈二將把手山門之後，可以看到彌勒佛笑哈哈的坐在那裡。再上去是羅漢堂，裡面黑悠悠的站滿了508尊羅漢，據說第444尊是依照乾隆皇帝的樣子塑造

的，不知是否為真。從這個院落往山上看，可以看見遠處的纜車扶搖直上的壯觀
景象，纜車一路有三道關口，大約要搭乘半小時才會到達山頂。這裡的香火不算
頂盛，不見遊人到處燒香拜佛，使得景色格外宜人。

　　往上走就是孫中山先生紀念堂了。正門懸匾題字據說是出自夫人宋慶齡之
手。1925年國父逝世以後曾經停柩在此，現存的鋼棺還是蘇聯政府所贈。小廳
裡陳列著國父的寶墨和手跡，許多外國人都指指點點的對這位創造中國的偉人嘖
嘖稱奇，只可惜我們的國父走的太早。我們只能在這裡欣賞他瀟灑的身影，緬懷
那一段轟轟烈烈的革命史跡。

香山的孫中山紀念堂。

　　最陡峭的是金剛寶座塔，這就是中山先生的衣冠塚了。很有趣的是前院裡有一棵連戰先生在2006年4月15日手植的白皮松，頗為珍貴。這與塔上國父手植的九龍柏可以說是相互輝映。說起這個寶塔，那可就是鎮寺之寶了。塔院有漢白玉的牌坊，牌坊兩側有照壁刻著八個歷史人物，分別是：左有藺相如為節，李密為孝，諸葛孔明為忠，陶淵明為廉；右有狄仁傑為孝，文天祥為忠，趙壁為廉，謝玄為節。牌坊後有兩個八角形碑亭，南北相對，亭內放乾隆御制金剛寶座塔碑，左亭內為滿、蒙文，右亭內為漢、藏文，非常講究。

　　金剛寶座塔高347米，有塔基、寶座、塔身三個部份。塔基正中開卷洞，上面的匾額寫的是「燈在菩提」。寶座上有七座石塔，一座屋形方塔，一座圓形喇嘛塔，其後有五座十三層密簷方塔，中央一大塔，四隅各有一小塔。這是一種獨特的建築形式，是曼陀羅的一種變體。曼陀羅是梵語譯音，意為「壇城」，後來演變成象徵性圖案。

　　根據解說，井字中央是須彌山，四周分佈水、陸、山、佛。五座佛塔基座均為須彌座，塔肚四面刻佛像。塔肚之上用十三層相輪組成塔頸，最後為銅質塔剎。塔剎中央鑄有八卦，四周垂有花縵。塔剎上端又立一小塔，上有「眼光門」，門內有佛。整個金剛寶座塔佈滿了大小佛像、天王、龍鳳獅象和雲紋等精緻浮雕，都是按照西藏地區傳統雕像而刻造。

　　香山共有八大主題景區，要來玩個幾次，才可能略窺其一二。

二、白雲觀

　　根據記載，位於北京西便門外濱河路上的「白雲觀」是北京最大的全真教寺院，創建於唐代開元29年（西元741年）。搭乘地鐵1號線在木樨地下車，然後向前走，經過巍峨的首都博物館之後右轉，很快就找到公車，不到兩站就到。進

北京白雲觀。

入牌樓之後，可以看見建築有中軸線的設計。首先經過著名的「窩風橋」，旁邊有個專門賣銅錢的，買把銅錢可以往橋下扔。這座橋與交通無關，跟風水有關，橋底下並沒有水流過，只有兩邊各擺上一把掃帚和一個鏟子，寓意明顯。

　　雖然中國各種道觀也算不少，但是像這樣完整規制的道教殿堂還真是少見，所有的神祇依序排開，即使不懂得信仰的人也可以熟悉天地之間，到底有哪些神祇？祂們各司何職？「靈官殿」裡面供奉的是四大護法：左邊是趙公明、馬勝；右邊是溫瓊、岳飛。王靈官是道教護法之首，有三隻眼睛，糾察天上人間的善惡，有驅邪治病的神通。我想進去把牆上的趙公明圖畫給拍下來，無奈每間殿前都掛著牌子「殿內朝拜、殿外燒香、禁止拍照」，裡頭還都坐著個道士看著，沒法子動手腳。

　　「玉皇殿」裡面懸著百壽幡，據說有南斗、北斗、36帥和28宿。兩邊有「財神殿」供奉三位財神：中間是春神青帝、左邊是趙公明、右邊是武財神關公。「三官殿」供奉天、地、水三官，天官賜福降祥；地官赦除過咎；水官解脫疾厄。三官的聖誕也就是上元、中元和下元節。「老律堂」供奉的是全真七子，兩邊另有「救苦殿」，供奉太乙救苦天尊（九幽地府至高尊神），「藥王殿」供奉孫思邈。

進香的人很多，各殿前頭的香爐都燃起熊熊火光，香煙嬝繞。這裡有明文規定，40公分以上的長香不可以帶入觀內。白雲觀也是中國道教協會的所在地，中國道教學院及道教文化研究所、中國道教雜誌社、白雲觀道醫館也都設立在這裡。值得一提的是，殿前的說明牌都是用繁體字寫的；而牆上很多說明文字都是用簡體字寫的。

唐玄宗因為信奉道教，所以建立這座寺院，初名「天長觀」，到了金代改稱「太極宮」，到了西元1224年，道教創始人王重陽七大弟子中的長春真人丘處機應元太祖成吉思汗之賜主持這所道觀，因此稱「長春宮」，丘處機去世

上圖　白雲觀內香火鼎盛。
下圖　白雲觀內的道士坐堂。

後兩年，明初就改名為「白雲觀」。關於丘處機有許多傳說，武俠小說《射鵰英雄傳》和《神鵰俠侶》描寫的情節許多讀者耳熟能詳。殿內有一面牆上記載著他的許多神蹟，說他能夠未卜先知，凡是他所主壇的醮事無不應驗。這也是白雲觀到處懸掛「有求必應」的主要原因。

　　供奉長春真人的「丘祖殿」裡面有個大缽，據說是乾隆皇帝所賜，底下埋著丘真人的遺體（遺蛻）。乾隆為此還提過一首詩〈詠丘祖像前木缽〉：「琳宮偶過憩天長，真率木瓢小像旁，都道提攜來漠北，誰知津逮自襄陽」。丘祖殿後面是兩層樓的大殿——「三清四御殿」，供奉道教的最高神祇。四御是指四位協助玉皇大帝職掌天道的神祇：中天紫微北極大帝職掌天經地緯、日月星辰及四時氣候；南極長生大帝掌管人間壽夭福禍；勾陳上宮天皇大帝掌管南北兩極、天地人三才與人間兵革之事；承天效法后土皇地祇掌管大地河山及陰陽生育。樓上的三清大帝——正中為玉清原始天尊；左為上清靈寶天尊；右為太清道德天尊（太上老君），據說三清為道的化身，分別為宇宙形成的三大世紀。

　　中軸看完後再回頭到老律堂旁邊的小木門，穿過去就可以到東區。首先映入眼簾的是「三星殿」，也就是福祿壽三星。中間是福，左側是祿，右側是壽。可見人類的首選是得福，也就是家庭和睦、幸福美滿。接下來進入「慈航殿」，也就是觀世音菩薩的殿堂。「真武殿」供奉的是真武大帝。「雷祖殿」供奉的是風雨雷電四神，總司五雷、運行三界，主天之災福，持物之權衡，掌物掌人，司生司殺。繞道西區看看，這裡有「元辰殿」，又稱六十甲子殿，也就是太歲。接著是「文昌殿」，好多學生會來這虔誠的祭拜。「文君殿」，又稱娘娘殿，供奉的是五位道教女神：中座是天仙聖母碧霞元君，左為送子娘娘與催生娘娘，右為眼光娘娘與天花娘娘。「八仙殿」有八仙，即是鐘離權、呂洞賓、張國老、曹國舅、李鐵拐、韓湘子、藍采和、何仙姑，代表了貧富美醜男女老少，寓意只要持

京西戒台寺大殿。

修，人人可以成仙。呂祖殿供奉呂洞賓（純陽子），是民間影響最大的八仙之一。據說他得神仙之秘訣，誓願普渡天下眾生，時常為民除暴安良，斬妖伏魔。

三、京西戒台寺

「戒台寺」是神州第一壇。以「戒壇、青松、古洞」聞名於世。如果自己開車，走108國道可以直達。否則乘1號地鐵到底站蘋果園，再換公車931也行。戒台寺位於門頭溝區的馬鞍山上，始建於唐武德五年（西元622年），原名「慧聚寺」。遼代高僧法鈞在此建戒壇，四方僧眾多來受戒，故又名戒壇寺。

寺內因擁有全國最大的佛寺戒壇而久負盛名。寺院坐西朝東，中軸線上依次排列山門殿、鐘鼓二樓、天王殿、大雄寶殿、千佛閣（遺址）、觀音殿和戒台殿。其中戒台是中心建築。殿宇依山而築，層層高升，甚為壯觀。西北院有中國最大的戒壇，與泉州開元寺、杭州昭慶寺戒壇並稱中國三大戒壇。

「潭柘以泉勝，戒台以松名，一樹具一態，巧與造物爭」，這裡除了道院古剎，還有活動松、自在松、九龍松、抱塔松和臥龍松，合稱戒台五松。每當微風徐來，松濤陣陣，形成了戒台寺特有的「戒台松濤」景觀。

　　廟裡的隋代建築很特殊，有許多大型的石碑都因為年代久遠而風化。聽說清恭親王奕訢曾在這裡隱居10年。主要是院內幽雅清靜，自清代以來，這裡以種植丁香、牡丹聞名，尤其是黑牡丹等稀有品種，更是錦上添花，故稱牡丹院。

　　戒台寺是中國北方目前保存遼代文物最多、最完整的寺院。最特別的是保留了佛塔，經幢、戒壇等遼代佛教中十分罕見的珍品。兩塔之間有抱塔松也實在很稀奇，經過五六百年，雖然有受到一些摧殘，還依舊屹立不搖。塔裡的文物雖沒有開放，大鐘還可敲，聲音清脆宏亮。

四、白塔寺

　　白塔可能到處都有，但是北京妙應寺的白塔，卻是中國現存年代最早、規模最大的喇嘛塔。妙應寺位於趙登禹路和阜成門內大街的拐角處，無論搭乘地鐵或者公車都很容易到達。

　　門口的說明牌上寫得很清楚，這座白塔是元世祖忽必烈親自查看選址修建的。經帝師八思巴推薦，由尼泊爾人阿尼哥設計建造。因為塔身通體為白色，故曰白塔。塔內有釋迦牟尼佛的舍利子。建塔完成後，忽必烈又下令以白塔為中心建造大聖壽萬安寺（1279年），這是皇室在京師進行佛事活動的中心，又是最早譯印蒙、維文佛經的場所。

　　白塔寺的主要建築有山門、鐘鼓樓、天王殿、三佛殿和七世佛殿。當時是以塔頂處射出的弓箭測定範圍為十六萬平方米。因為位於元大都城西，又名西苑。忽必烈去世後，白塔兩側曾經建有神禦殿以供祭拜。據說在元貞元年的一場法會，參加者竟然有七萬人，難以想像這個現在看來如此規模的地方，當年皇家佛事舉辦時候香火鼎盛的盛況。

　　八國聯軍曾經來這裡把法器和供器搜刮一空。清朝中葉以後，僧人把配殿和空地出租，於是這裡就成了北京城著名的廟會，有所謂「八月八，走白塔」的習俗。每年10月25日白塔落成日，這裡還有轉塔的習俗，誦經奏樂熱鬧非凡。1966年文化大革命時，白塔被破壞得很嚴重，現在還可以看到整個白玉石獅子的頭被砍下來的痕跡。當時白塔寺被佔用成了商場，直到1998年才逐漸修復，「打開山門、亮出白塔」。

北京白塔寺的白塔目前正在整修中。（建築物後方）

上圖 白塔寺的阿尼哥像。
下圖 白塔寺也可見在文化大革命
時受到的破壞。

　　據說白塔裡面發現有乾隆手寫的經咒，精雕細刻的小赤金舍利壽佛、一套綴有千餘粒寶石的袈裟和五色哈達。不過現在進入天王殿和大覺寶殿，還是可以看到裡面供奉有數以萬計的銅佛和銅鎏金佛，偉大壯觀。大覺寶殿又稱意珠心境殿，裡面是藏傳萬佛造像藝術展。七佛寶殿原來供奉的是「過去七佛」，現供奉移自護國寺的元代整樘精木三世佛像，屏風後供奉葉衣佛母像，兩側供奉明代十八尊銅鎏金護法神像。

　　後院裡可以看到一尊阿尼哥（1244～1306）的塑像。阿尼哥出生於尼泊爾首都加德滿都，自幼就熟習佛書並且精通梵文，長大以後善於畫塑和鑄金為像。1260年，忽必烈命人在吐蕃建黃金塔，阿尼哥自願成為該國80個工匠的首領，當時年僅17歲。塔修成之後，阿尼哥被大將八思巴推薦給元世祖。元世祖問他：汝為何來？他說是為蒼生而來。元世祖又拿了一尊壞了的針灸銅人像給他修補，他補好之後，令所有工匠折服，此後只要是修廟建塔，都讓他參與。

阿尼哥自此開始主持大型工事，有塔三座、大寺九座、祠祀兩座、道宮一座。歷史上特別有名的是：西園之「凌空」玉塔、大聖壽萬安寺塔，五臺山佛塔，大都護國仁王寺之莊嚴佛像，涿州護國寺及所塑摩訶葛刺（大黑天神）主從之像，大都東花園寺所鑄丈六金身佛像，聖壽萬寧寺所塑千手千眼菩薩及所鑄五方如來，大都和上都國學文廟所祀之孔夫子及十哲肖像，元世祖和察必皇后之織像，真金和其長妃闊闊真之織像等。

白塔是阿尼哥最富盛名的作品。這是一座尼泊爾式塔，因塔座、塔身通體用石灰粉妝，故俗稱「白塔」。這座「釋迦舍利靈通之塔」，建於至元八年，高50.9米，磚造，塔基上建二重複合式方形折角須彌座，其上為覆蓮承托之圓瓶形碩大塔身，塔頸作圓錐形相輪狀，頂端華蓋直徑9.9米，其周邊懸掛36個銅質透雕之流蘇和風鈴，其上之塔頂為一銅質小塔（原為一寶瓶）。由於這些功勞，元朝察必皇后派人帶著五百兩黃金到尼泊爾把他的妻子接了過來，並且授與他光祿大夫、大司徒等封號，直到他去世還加贈他開府儀同三司、太師和涼國公等稱號，算得上是備極哀榮。

後院是三世佛殿，正面供奉三世佛像。上懸乾隆御賜「具六神通」匾額，西牆前供奉清代釋迦牟尼佛，東牆前供奉明代毘盧遮那佛，東西兩側懸掛八幅清代唐卡。門前有不少人正在綁著經幡，有各式各樣的顏色，隨風招展。

五、五塔寺

搭上地鐵4號線到「國家圖書館」站，出C東南口，往前不久順著河邊走，經過首都溜冰場和動物園的停車場，不久就看見一側的門牌。然後，再經過另一個安檢房，就可以看到正面高聳雲天的五塔寺。

五塔寺又名真覺寺，是中國保存最完整的金剛座寶塔。根據記載，這是在明

代成化九年（1473年）所建，仿印度形式的佛陀迦耶精舍。1987年，北京又把1,700多件石刻都收藏在這裡，因此這裡又是一座「石刻藝術博物館」。塔在中間，四周是露天石刻，分成八個區，邊緣有三個陳列室、紀念品販售處，還有一個很精緻的特展「硯文化展」，裡面布置得清靜高雅，庭園綠地，舒適宜人。

從右邊往裡頭走，首先看到的都是記載修橋、補路、治河、興辦教育等活動的「記事碑」和兩通形式的「寺觀碑」，其中最高大有氣勢的是雍正皇帝御制的《廣寧門外石道碑》，足有兩層樓高，真不知道當年的石刻匠是怎麼完成裝上去的。長廊一側嵌入著許多石刻文字。有一部分是《會館碑刻》，記載著從明嘉慶到隆慶年間北京的四百多所同鄉、同業會館，這些碑刻就是說明每個會館的創建、沿革及其作用。還有的記載著聚會、行規和捐款等內容。

石刻藝術博物館珍藏有北京地區現存年代最早的石刻《漢故幽州書佐秦君之神道》柱及石闕構件；有珍貴的北朝造像、唐明清歷代墓誌、金元石雕、清代石享堂和名家書法刻石等等。由於年代久遠，許多都已風化或被人為破壞了，於是這裡還有一個修繕的石刻房，負責維修和保護。最近所修繕的14件文物就包括了浮雕童子戲蓮門框、守墓石人、石麒麟、晏公祠石殿。

其中三個展廳的主題是《北京石刻文化展》，非常詳細的說明了「北京石刻

文物與拓片精品」、「北京石刻調查與保護」等內容，令人印象深刻的是耶穌會士利瑪竇和畫家郎世寧的墓碑拓樣也都在這裡，分別用中文和義大利文記載他們的生平。唯一可惜的是對於各種介紹的文字所同步形成的英文翻譯，錯字太多，有很多讀來啼笑皆非。這也是北京各種景區，包括機場都常犯的毛病。

仔細看看這座寶塔。門前有兩株五百年歷史的大樹，彷彿是保護神。這是百果樹也就是銀杏樹，細看會發現上頭長滿銀杏果，綠葉成蔭。寶塔內磚外石，通高15.70米，南北長18.60米，東西寬15.73米。寶塔本來屬於真覺寺，但真覺寺的大小殿宇樓閣200多間都已經被毀，現在只剩下寶塔。

據說最早是明永樂年間，一位印度高僧到中國，向明成祖敬獻了五尊金佛和金剛寶座塔的規式，成祖因此建了真覺寺和金剛寶座塔。中間一座較高，四座較小。塔座上雕刻有精美的梵文，四壁有五方座像1,561尊。塔內有44級台階，盤旋而上，但自2008年以後，為保護文物，禁止登樓參觀。

根據百度百科的說明，明代成化九年（1473）塔建成後，為了保護這座金剛寶座塔，官府曾將塔表面的石刻全部用「血料」保護起來。「血料」就是用豬血和上膩子、麵粉，再加上糯米汁調勻後，刷在塔身上，並在上面貼上一層麻布，在麻布上刷兩遍大漆，待大漆乾後，再黏上第二層麻布，再上兩遍大漆，就這樣一直達到一定的厚度為止。現在，在金剛寶座塔上的佛龕和雕刻的凹陷處，仍可以看見暗紅色的痕跡，並且也因此使塔的表面呈現出一層淡橙黃色。另據有關資料介紹，真覺寺在20世紀20年代初還保留著原來的建築。後來，北洋軍閥政府的蒙藏院將寺院賣給了一個商人，這人將寺中所有的殿堂建築拆毀，把拆下的樑柱都當木料給賣掉了，使這座具有四百多年歷史的皇家寺院毀於一旦，只餘下這座金剛寶座塔孤立寺中，飽受風雨的磨難。

歷史、風景、文物和收藏，若是缺少世人的關注和欣賞，不免淒涼。

上圖　五塔寺的塔面雕刻。
下圖　遠看可以看到塔面泛出一層顏色。

中華民族園

　　「中華民族園」規模宏大，一整天也走不完。門票每人90元人民幣，算是很貴的景點了。這裡占地面積有50公頃，裡面建設有中國56個民族的博物館和景區，是個了不起的構想和設計，可惜距離開放日1994年6月18日至今已經17年，整體看來已經沒落，遊人非常稀少，設施多半荒蕪。

　　對於不瞭解中國的人或者想要明白中國各民族生活起居和文化禮儀的人，這裡可以說是一應俱全。走進大門可以在路邊找到一個很大的指標牌，上面是「中

中華民族博物院的入口處。

華民族博物院」參觀指南。每天上午09：10到下午17：00都安排了各館各族不同的活動：包括藏族、羌族、土族、苗族、傣族、白族、土家族和蒙古族。

「中華民族園」如果定位成為「中華民族博物院」應該是比較恰當的：如果當作是類似迪士尼樂園或是一般文化園區的地方，那可能就可惜了，因為無論是園內的建築物、園藝設計、介紹文字和文物展示，都可以說是一流的。景區規劃為北園和南園兩個部分，兩個大區中間有座特別有特色的橋，橫跨在大馬路上，任何到奧林匹克公園附近的人們都不會看不到。

對於56個民族的研究，相信一般人是很少涉獵得如此完整的。特別是建築風格，能夠原汁原味的呈現在旅遊者的面前真不容易，肯定是耗費巨大的心力和財力才可能促成。北園內建有民族村寨16個，臺灣景區前面還可以看到模擬的阿里山神木。北園裡有不少平時很難聽到的或看到的少數民族，例如景頗族、達幹爾族、鄂溫克族、鄂倫春族和赫哲族。當年要照著1：1的比例還原這些民族的住宅區與生活方式，非常不簡單。南園有24組民族分館、1組博物館分館以及大型會展中心。

在這裡最開心的莫過於可以看到消失很久的滿族博物館——皇堂子。皇堂子是清朝皇家進行政治與宗教活動的重要場所之一。北京最初的皇堂子是在順治元年九月（1644年）建立的，位在長安左門之外，光緒26年（1900年）被毀。第二年重建於東長安街北側（現在的北京飯店貴賓樓附近），1950年左右被拆毀。堂皇子原來四周圍有高大宮牆，內由三個院落組成：外院、內院和儀樹院。

堂子的建制與歷代傳統廟堂不同，祭神場所包括祭神殿、寰殿與上神殿，主體建築拜天寰坐南朝北，與漢族的以北為尊傳統觀念相反。另一個區別是堂子內都沒有塑像。堂子裡主要的薩滿祭祀十分複雜，主要有元旦祭天、堂子月祭、春秋立竿大祭、尚錫神亭月祭、堂子浴佛祭、為馬祭神與凱旋出征祭等等。其中元旦祭天與凱旋出征祭都是由天子親自主持，禮儀隆重，場面浩大。為此還著有

上左圖　中華民族園內的侗族碉樓。
上右圖　中華民族園裡的特色小亭。
　下圖　中華民族園內少數民族的實體建築。

《欽定滿洲祭神祭天典禮》，詳載各種祭典的祭期、祭品、儀注、祝辭以及各種祭祀器皿形式圖。

　　滿族博物館裡面有著滿族的起源與傳說：傳說在長白山東北布庫哩山有一座叫做布勒瑚里的湖泊，有一天來了三個仙女洗澡，有一隻神鵲銜來一個紅色的果實，第三個仙女佛庫倫看著喜歡就含在嘴裡，沒想到這個果子溜到仙女肚裡就成胎，生下的孩子可以立即說話。仙女告訴兒子說，你將來可以安邦定國，於是就找一隻小船讓這孩子順流而下。這時候長白山東南麓有三個姓氏的人正互相爭戰，有一個人到河邊取水，看到這個孩子氣宇非凡，就找這三個姓氏的人來看。孩子說，你們不要再爭戰，我是天女佛庫倫所生，我姓愛新覺羅，名字叫做布庫里雍順。眾人相信他的話之後就不再吵了，從此以他為王，定國號為滿洲。

　　園中也有些表演和手藝活兒可以參觀。經過民族大橋到達南園之後，可以到苗族博物館去參觀，接著是佤族、土族和布朗族。景頗寨門上刻印著龍齒鋸紋，塗有黑紅顏色，是為驅鬼避邪所用。在每一個景頗山寨旁都有一片神林，為山寨保護神的居所，神林中建一座茅屋，是全寨集體供鬼的地方。景頗族人口12萬，聚居於雲南德宏傣族景頗族自治州，主要從事農業，有自己的文字「景頗文」。

　　羌族的石板屋也是很有特色的建築物。羌族博物館是按照四川汶川地區茂縣羌族傳統民居建築1：1復原，由當地工匠按照本民族習俗和傳統建築工藝在北京搭建而成。整體有四戶相連碉式石樓民居、邛籠、祭山塔、觀音廟、晾穀架、轉山路和索橋共同組成石堡式山寨。陳列物品均按羌族傳統生產與生活方式原狀復原陳列。所有展品徵集自四川汶川地區，年代為清代至近代，約三百年歷史。

　　繼續往中華民族百姓傳統生活飾品區參觀，這裡琳琅滿目的收集了各種中國人傳統的飾品，真是洋洋大觀：有粉撲、耳套、刺繡、鞋墊、功夫茶、喜餅、酒壺、文房四寶、煙槍、刀劍、弓箭、項鍊、頭飾、帽子、香包、三寸金蓮等等，可以想像當年是如何辛苦才能收集得如此完整在這裡展示。

橫跨南北兩區的大橋。

　　隨後進入一個大廣場，是白族的本主廟，廟內供奉的本主是大理國王段宗榜。越過民族園唐人街，到了土家山寨、和三塔廣場以及納西古城四方街。這裡也可以看到著名的東巴文化宮和納西族博物館，牆上畫著東巴戰神舞，還有東巴的神鳥、各種象形文字、多姿多彩的服飾。接下來是湘西土家族工藝：藍染。現場還有人在製作手藝，土家族擅長十字繡，多用福祿壽喜來裝飾，象徵吉祥如意。還有一個區域展覽各種糕餅印模，共有170件作品。

　　最後來到巨大的石窟洞廣場，天大的字寫著唐人街。繼續往瑤族走，然後是毛南族館、蒙古族的雷宅、貴州省的億佬族、雄偉的敦煌石窟、長城和塔塔爾族。

　　這裡實在是個太好而神奇的地方，位置就在奧林匹克體育中心西側，隨時都可以去細賞，只不過要有走完全程的體力可不簡單。

18 北京
郊區
掠影

北京農村的現代房。

平谷桃花節

　　北京全市土地面積為**16,410**平方公里。大約是台北市面積的六十倍；新北市的八倍。其中，平原面積為**6,338**平方公里，占**38.6%**。山區面積**10,072**平方公里，占**61.4%**。城區面積很小，只有**87.1**平方公里。因此，北京市真正精釆的地方是近郊和遠郊區。

　　北京城內的六個區是：海淀區、朝陽區、西城區（宣武區）、東城區、石景山區、豐台區，每個區的大小面積不同。遠郊區則是指平谷區、門頭溝區、大興區、通州區、房山區、昌平區、順義區、密雲縣、延慶縣、懷柔區，這些地方雖然有的有地鐵，但是很遙遠。

　　北京都市裡的人口，都漸漸遷往郊區生活，就像台北人會到三重、永和、內湖去住意思一樣。還有，一些遠郊區往往有山有水，是假日北京市民的休閒好去處。因此，認識北京的郊區無論對於本地或者外地人來說，都至關重要。未來，北京的各個新城都會在郊區發展，這是難以避免的趨勢與事實。

　　限於篇幅，這裡僅介紹幾個具有知名度和代表性，筆者也曾經去過或者參與過的地點與活動簡略說明，讀者如果有興趣，可以進一步瀏覽相關網站，或者親自來體驗一把北京郊區的別樣生活。即使是所謂郊區，其實已經與大市區內的環境差不多，人口分布和商業活動也很相似。

　　平谷屬於北京市的一個轄區，位於北京的東北部，天津的西北部。距離北京市區約70公里，天津市區約90公里，在北京和天津兩大中心城市之間。根據2010年的不完全統計資料，總人口約42萬，類似台北的中永和地區。平谷東西長35.5公里，南北寬30.5公里，總面積1,075平方公里，東、南、北三面環山，山區、淺山區、平原各占1/3，其中山區面積占59.7%，耕地面積11.51萬畝，轄14鎮、2鄉、2個辦事處，275個行政村。

　　由北京東直門總站搭乘852路公車，就可以到平谷。目前已經具有知名度的大致有幾個景區：

　　第一，金海湖。有小北戴河之稱。4A級景區。水域面積6.5平方公里。景區有八景。有度假村可以玩水上摩托、水上飛傘等水上活動。

　　第二，黃崖關長城。黃崖關長城建於西元556年，明代名將戚繼光任薊鎮總兵時，曾重新設計、包磚大修。這裡有第一座長城博物館和一座當代長城碑林。

　　第三，京東大峽谷。京東大峽谷旅遊區由大峽谷與井台山兩大遊覽區組成，總面積20平方公里。其中有龍門湖、丹鳳雙龍廳、環翠廳、五龍潭（驚潭、險潭、怪潭、靈潭、響潭）、萬丈崖、龍首崖、臥龍洞、通天峽、鐵索吊橋、冷魂谷、井台山等著名景點。

　　第四，丫髻山。因為山頂有兩塊峰岩，像是丫頭的髮髻而得名，海拔363米，是京東著名的道觀，康熙和乾隆都來過兩次，最有名的是玉皇閣和碧霞元君祠，每年四月都有廟會，延續四百年，當年是華北地區四大廟會之一。

　　除此之外，平谷區產桃，每年一度的桃花節，也是地方上的重頭戲。俗話說桃花舞春風，每年到平谷去賞桃花和採摘大桃的人們，絡繹不絕。因此而形成的北京國際平谷桃花節，在每年四月中旬舉辦時，萬人空巷。

　　大桃之鄉平谷有二十二萬畝桃園，是世界最大的桃鄉。如果開車走京平高速，在東高村下，就可以看到平谷，大約一個小時。或者可以乘坐地鐵1號線到達四惠站，然後乘坐八通線，在通州北苑站下車，接著乘坐郊88路，在東寺渠站下車也行。這裡有好幾個鎮都可以賞桃花，峪口鎮、劉家店鎮、大華山鎮、山東莊鎮、南獨樂河鎮、金海湖鎮，當然是在四月初到五月初之間。

　　桃花多數是粉紅色的，桃樹不是很高，可以讓人在裡面走來走去。有道是「人面桃花相映紅」，這是一種美好的情趣。配合每年的桃花節，還有許多不同的活動，例如徒步活動或者音樂節活動等等，以迎合旅行者的需要。

　　據說，平谷桃花節最佳觀賞地點是：平谷峪口鎮小峪子村和桃花海景區小金山觀景。另有洙水賞花區位於金海湖附近，桃花面積比較大，觀賞效果顯著；行宮、桃花源、桃花海賞花區位於劉家店、大華山兩地，由於設施建設比較早、桃花面積較大、較集中，所以現今是最受歡迎的賞花區；小金山賞花區位於大華山鎮前北宮村，由於緊鄰桃花海，可居高俯瞰桃花海，備受遊客喜愛。

　　當然，平谷桃花節一日遊不只是看看桃花，照照相而已，還可以在這裡的農家樂吃吃特色菜，然後享受大人小孩在一起的採摘樂趣，當然，摘下來的蟠桃可不是免費帶回家的，只是自己採摘的感覺會不同而已。同時，可以就近到京東大峽谷風景區去看瀑布和岩洞，享受春天大自然的美好樂趣。

　　如果是冬天到平谷，就要去漁陽滑雪場或者大溶洞。大溶洞冬暖夏涼，漁陽滑雪場可以滑雪，又可以打高爾夫，位於青龍山，占地6,000多畝，是北京目前集雪上運動、高爾夫、生態園餐廳、住宿、拓展訓練、會議、休閒、採摘、垂釣於一體的最大綜合滑雪旅遊勝地。

通州草莓音樂節

　　聽到要去採草莓，大人小孩都會快樂的期待。北京市郊區的草莓採摘熱，當然也不遑多讓。草莓可以在露天裡栽種，也可以在大棚裡培養，無論哪一種方式，都很歡迎遊客現場光臨，也形成了一種假日遊的風潮。

　　在北京，只要搭上公車就可以到郊外去採草莓了，幾個小時來去，就可以有個大豐收，實在很有樂趣。在網路上找一下旅遊攻略，很容易就得到不少的推薦，這些地方大致有：

　　（1）昌平區：世紀龍地草莓園、樹峰種植園、娟子草莓摘採園。

　　（2）通州區：北京多多美莊園、北京碧海園生態農業觀光有限公司、孫雙生家草莓園。

　　（3）大興區：北京大東農業觀光園。

　　（4）門頭溝區：北京如意園、北京飛飛鴻運草莓種植中心、上庄翠湖旅遊觀光農業園。

　　（5）房山區：長陽鎮廣陽大地觀光採摘園。

　　（6）懷柔區：橋梓鎮草莓採摘園。

　　換句話說，無論往東南西北哪個方向去找，假日都可以找到可以一日遊的大型草莓園。當然，這些地方都有網站可以確認路線，而且可吃可住可玩可採摘。

　　每年八月，這些郊區的草莓園開始種草莓，到十二月就可以開始採摘，一直延續到五月底。農民休息三個月，又開始新一輪的種植，為了要有不同的口味，

還有的農場用牛奶來餵養草莓，有的用機器人採摘，非常有趣。草莓有四十多種，富含維他命C，怕水，喜歡陽光，清晨摘採最適合。

2013年，北京市舉辦了「首屆北京農業嘉年華」，從3月23日到5月12日，地點在昌平草莓博覽園。搭地鐵1號線到東單轉5號線到天通苑北站，然後搭公車537路就到，交通費總共三元。這裡有一站是草莓博覽園（香屯），下車就能看到萬頭鑽動的嘉年華會。

嘉年華當然少不了有輕歌曼舞，所以開始就有草莓炫舞音樂節為期三天，三館兩園在舉辦期間還有各種娛樂項目和攝影比賽，有鄉村大舞台和花車遊行、兒童遊樂區和3D電影。美食坊裡有各國各地的美食，包括老北京小吃、臺灣美食、內蒙古烤全羊、臺灣蚵仔煎、大腸包小腸、泰國榴槤酥、土家族豆腐、廣東蝦餃、湖南臭豆腐等等。

同時，自2009年開始，配合草莓採摘季，北京每年還舉辦「通州草莓音樂節」，地點在通州運河公園，無論搭公車或地鐵都可以到。通州運河公園，位於通州區北運河通州新城，在原有的運河文化廣場、運河奧體公園、生態公園上擴建、改造、整合成的一個大型的綠色生態公園，是集休閒娛樂教育，體育競技健身、水上遊樂觀光為一體的綜合性場所，也是目前京東面積最大的城市公園。總面積368萬平方米，其中水面占92萬平方米，綠化率達95%。

2014年，北京的「通州草莓音樂節」預計在5月1日勞動節舉辦，地點相同在通州運河公園，將設三個舞臺，邀請包括港台藝人在內的國內60組樂隊、歌手演出，風格多樣。

通州就是北京市的通州區，位於北京市東南部，在京杭大運河北端。區域面積906平方公里，人口109萬（大約是三個新北市烏來區的面積和兩個板橋區的人口），有4個街道、10個鎮、1個鄉。通州在春秋戰國時代就屬於燕國，到1958年才劃歸北京市。通州地理位置顯赫，古有「一京（北京）、二津（天津）、三通州」的說法。

通州也有很多值得遊覽的名勝古蹟，以下列舉一些有名的景點：

（1）京杭大運河：京杭大運河全長兩千多公里，是世界上最長、最古老的運河。

（2）三教廟：有儒教的文廟、佛教的佑勝教寺和道教的紫清宮。形成三廟一塔。

（3）燃燈塔：位於通州北城、大運河北端。建於北周，磚木結構。

（4）李卓吾墓：位於西海子公園內。李卓吾又名李贄，明代著名的思想家、史學家和文學家。

（5）通州博物館：兩進仿古四合院，主要紀載了通州過去2,200年的歷史。

（6）宋庄：這裡聚集了三千多個藝術家，是文化創意產業基地。

（7）寶光寺：原名法華寺，建於元大德元年（1297年），有一口大鐘是鎮館之寶。

（8）伏魔大帝宮：就是關帝廟。

（9）漢路縣城遺址：位於胡各庄鄉古城村東北，保留西漢時期，路縣縣的城牆。

左圖　通州運河公園河岸。
右圖　通州草莓節。

發展中的北京宋庄。

（10）北齊長城遺址：位於通州舊城南門外迤東堯廣村。

（11）通州清真寺：是北京地區四大清真寺之一。

（12）中國民兵武器裝備陳列館：收集了自革命以來所有的地面武器，以及世界上其他國家的武器共有一萬餘件。

2010年，現代化的國際通州新城開始建設。總面積155平方公里，核心區域48平方公里，預計會有一百萬人口進駐。引入低碳生態、綠色宜居、自主創新理念，這裡也將是北京第一個新城。未來將有八條輕軌從此間交錯。分成三個主要區域，分別是文化商務休閒區、會展綜合服務區以及高端商貿居住區。新城將於2020年完成。

密雲吃活魚

如果有人要去密雲，不必問，十之八九，是去吃活魚。就像是去桃園石門水庫附近一樣，密雲水庫周遭也密集的蓋了幾百家活魚餐店，還有不少活漁村，標榜著活魚幾吃，各家生意都很好，因為新鮮不貴又好吃。

從北京到密雲，如果自己開車，可以走京承高速和京密路國道；沒有車，就在東直門搭980快公車（或其他線的快慢車）也可以到，大約一個多小時。從地圖上看，密雲在北京的東北方向，距離北京首都機場比較近。

密雲縣是北京市最大的區縣，面積2,229.45平方千米，人口約五十萬，有十七個鎮，是北京的水源地。全縣森林覆蓋率達62.3%，也是北方第一個國家生態縣。密雲縣別名漁陽，在歷史上也是響叮噹的地方。長恨歌裡一句：「漁陽鼙鼓動地來，驚破霓裳羽衣曲」，人人都會背誦。

密雲縣歷史悠久，根據史記記載，舜帝曾在這裡築「共工城」，「共工城」距今有4,100年，是北京歷史上最老的古城。1958年密雲縣被劃歸由北京市管轄。地理環境上，這裡是燕山與華北平原交界處。三面環山，中間是水庫，西南部是沖積平原。

同時，密雲縣還是全國休閒農業與鄉村旅遊示範縣，這裡有生態養殖業的奶牛、肉雞和柴雞、蜂蜜；綠色林果業的板栗、蘋果、梨；特色種植業的無公害蔬菜、有機雜糧和花卉。

由於有山有水，又有密雲水庫，這裡的旅遊業也很發達。特別知名的有：

在密雲水庫岸邊釣魚的民眾。

　　第一，古北水鎮。也就是著名的司馬台長城。這是一個綜合性的旅遊度假區。司馬台長城被英國泰晤士報稱為全世界不可錯過的二十五處風景之首，主要是因為頂峰有個「望京樓」可以遙望北京城。

　　第二，桃源仙谷。位於密雲縣的石城鄉，總面積16平方公里，景區內有一湖六瀑十三潭，天然森林則有群山環繞，桃源仙湖可以游泳、垂釣、划船、騎車，峽谷裡還有一個「金龜影」的傳說，據說是二郎神當年趕太陽的時候留下來的。谷內還種植著大量的鬱金香和山櫻花。

　　第三，溪翁庄鎮。著名的風景區與修養地，生長板栗、蘋果和櫻桃，還有各式蔬菜。全鎮有六個民俗村，可以採摘、吃魚、還可以睡農家大火坑，體驗農家生活。附近還有雲龍澗風景區和黑山寺。

　　第四，白河遊樂園。比鄰密雲國際遊樂場，主要是有個碧雲湖和月牙湖，可以騎馬射箭和垂釣，而且駿馬還是從內蒙古引進的。這裡還有一個二柳垂釣湖以及小木屋可以住宿休閒。

　　第五，雲蒙山。是著名的國家森林公園。又稱為小黃山或者雲夢山，傳說是女媧和伏羲氏的女兒雲夢的化身，鬼谷子曾經在這裡為龐涓和孫臏傳授兵法。標

高1,414米。有四多：奇松怪石多、仙山古洞多、飛瀑流泉多、瑞木瑤草多。目前已經開發出四十多個景點，氣溫比山下低6～7度，適合夏季避暑。

第六，巴蜀文化園。在密雲水庫白河主壩腳下。園區30公頃。有18個景點，大部分建在山上，主要有屈原祠、白帝城、武穆祠、昭君故里、太白岩和豐都鬼文化城。喜歡巴蜀文化的可以來看看。附近還有南山滑雪場和北京綠色渡假村。

第七，黑龍潭。人人都知道麗江有個黑龍潭，但是密雲也有個黑龍潭。這是一條長達四公里的峽谷，總共有三個瀑布和十八個潭錯落在其間。據說，古代有兩條龍，長大分家時，性格憨厚的黑龍主動把白龍潭讓給弟弟白龍，自己單身一人來到了古樓峪。大西山的雲蒙老祖看著黑龍又憨厚又勤快，就送給他一條彩帶和十八條珍珠，黑龍把珍珠灑在了古樓峪內，因此形成了現在的十八個奇潭。

第八，白龍潭。既然有上述的故事，那就有白龍潭了。白龍潭在燕山腳下，密雲東北方三十公里的白龍山裡面。這裡有三潭瀉玉，意思就是三潭的潭水先從第一個瀉下來，落在第二個潭，再瀉下來落入第三個潭。據說在清朝康熙乾隆年間，這裡香火鼎盛，建有四殿、十八庭台和大戲樓。

第九，京都第一瀑。位於黑龍潭北三公里。是北京郊區流水量最大的瀑布。景區全長三公里，水源是從雲蒙山而來，有名的是六潭連珠，就是有六個潭連接起來的景色，還有十個造型奇特的瀑布，光是十公尺高的瀑布就有四個。

第十，楊令公廟。楊令公就是楊繼業，北宋名將。著名的楊家將故事就是說這一家的忠心赤膽，雖然當年楊令公是在山西雁門關和大同一帶打仗，但是為了感懷楊繼業的偉大，這裡也有個楊令公廟。整個廟大約1,200平方米，有前、後殿，院內還有千年翠柏。

看完這些好玩的地方，總該去吃魚了。學生說，最好是每年九月水庫開漁的時候去吃比較好，至於哪一家？見仁見智。比較正宗的餐廳都在水庫南邊的美食一條街上，愛吃魚的人可以來嚐嚐鮮魚的美味。

延慶賞冰燈

　　如果開車往北京的西北部走，就會到達延慶縣。延慶是有名的「夏都」，熱天可以避暑；然而到了冬天，延慶龍慶峽的冰燈節又是人人都期待的好活動。如果只有一天的時間在北京想找個地方玩玩，無論在夏天或是冬天，到延慶縣走走都是個好主意。

夏天綠意盎然的延慶。

　　延慶縣是個環山面水的區域，人口不足三十萬，地廣人稀。境內有**72.8%**都是山區，其餘**26.2%**屬於平地。從地圖上看，最受矚目的是一個很大的官廳水庫和一個康西草原；靠東北方向，離開延慶縣中心區大約十來分鐘就是幾處著名的滑雪場。這也是北京市打算申辦冬季奧運的主要場地之一。

　　其實，延慶縣還有四大生態走廊，除了龍慶峽和水庫，媯河生態走廊和北山觀光帶也頗具名氣。其中海坨山標高**2,233.2**米，十分高聳，野鴨湖渡假村、矽化木國家地質公園、山戎陳列館、松山自然保護區、和古崖居遺址都是值得探究的景點。

　　驅車駛近延慶，大約十多分鐘就可以見到延慶縣的地標，再過去一點就可以看見「夏都」兩個大字。這裡地廣人稀，沒有污染，還有風電廠和太陽能發電，發展成老年或休閒養生的地方，都是非常好的。特別有名的吃食是豆腐宴，純粹是當地的農家手工菜，值得品嘗。

　　夏都橋兩邊是寧靜開闊的夏都公園。不遠處，還有一處媯水公園，是建築在媯水河旁的人工水上公園。媯水河，據說是堯帝嫁兩個女兒給舜帝的地方。河水清澈，來自北京第二高峰海坨山，注入官廳水庫。這個公園水面積有五千畝，全長八公里，完成於**2003**年。入口處是義大利式的羅馬建築，四周都是草坪和台地，裡面分成台地園、清風園、靜心園、幽靜園、幽徑園和雅荷園，由於沒有污染，這裡的天看來特別藍，雲朵特別白。

　　官廳水庫位於張家口市與延慶縣界內，原來是北京老百姓生活飲水的主要來源，後來因為嚴重汙染，在使用四十多年以後的**1997**年，不再成為主要的北京供水水源地。其實官廳水庫面積與密雲水庫不相上下，是當年中國第一個大水庫，長年水面積高達**130**平方公里，總庫容量**21.9**億立方米，灌溉面積達**150**萬畝。現在主要種植酸棗，還有養殖水庫裡的魚和甲魚。

官廳水庫。

　　延慶的八達嶺長城，人盡皆知。但這裡其實還有八達嶺水關長城、八達嶺殘長城自然風景區、八達嶺國家森林公園，都是一個系列的景點。如果特別喜歡看長城，還可以去九眼樓長城景區。水關長城是八達嶺長城的東段，因為有個箭樓在古代有水門的作用，所以叫做水關長城。九眼樓長城位於火焰山上，因為有座防敵樓的每個邊有九個箭窗，故名九眼樓。

　　八達嶺長城西側有個康西草原，依山傍水，草原面積三萬多畝，有蒙古包和牛羊馬，與塞外草原無異。夏季可以去避暑，秋季還有那達慕活動，可以欣賞騎馬、射箭與摔跤等表演。附近的玉渡山位於龍慶峽上游，分為六大景區，地廣人稀，還有很多重點保護的野生動物。

　　龍慶峽位於延慶縣城東北十公里的古城河口，古代稱為古城九曲，現代稱為「小灘江」。龍慶峽南面是八達嶺長城，西北為松山森林公園，正西方是海坨

延慶八達嶺長城。

山。景區内的古城水庫有雙曲拱壩，非常壯觀。1987年開始，每年冬天還要舉辦龍慶峽冰燈節，吸引大量遊客前往參觀。

冰燈節每年的主題不同，但是水庫大壩流下來的冰瀑，卻年年叫人驚嘆。冰宮區域面積很大，利用冰塊鑿成各種大型的建築物或者魔幻圖案，再配合雷射燈光音樂以及各種活動，大人小孩都會有非常不同的驚喜感受。

2014年龍慶峽冰燈節自1月10日到二月底，分為彩燈區、雪雕區、冰展區、龍慶峽盃國際冰雕大獎賽區。一共有350餘件冰燈、200件冰雕、100餘件雪雕、200餘組花燈，700餘棵樹燈，數千公尺的長城燈和數萬盞裝飾燈，將夜晚的龍慶峽裝扮成如夢如幻的神奇世界。

左圖　龍慶峽滑雪場。
右圖　龍慶峽冰燈節目，冰宮的光彩與天空的燈飾極為耀眼。

　　考古發現，六、七千年前的延慶縣就有人類活動。春秋時期，延慶縣還曾經是山戎族的活動地區。因此，延慶縣還有個山戎陳列館。山戎族是春秋時期北方的一支較強大的少數民族，在戰國晚期才逐漸銷聲匿跡。山戎陳列館位於縣城西北13公里的複鐘山下，是中國第一座以古代少數部族文化命名的古墓群現場陳列館。山戎墓葬發現於1984年，經過考古隊5年多的調查與發掘，共發掘墓葬600座，出土金、青銅、陶、蚌、瑪瑙等文物一萬餘件。

　　延慶還有個中華第一迷宮的「古崖居」。位於延慶西部大約二十公里的峽谷內。這是北京地區已發現最大的古代洞窟聚落遺址，共有洞穴117個，開鑿於崖壁的沙礫花崗岩石上，據說是唐朝、五代時期「奚人去諸部」所鑿成的。

　　延慶未來還會有個三里河濕地公園，這是北京市第一個濕地生態公園，位於縣城西北。這是一個西北東南走向的狹長自然濕地林帶公園，途經三里河、上水磨、下水磨、北關、王莊、西關等鎮、村，全長兩千多公尺，規劃面積一千兩百畝，首期工程己完成510畝河道、村莊、林地的改造與建設，未來可以增進北京人對濕地的了解。

懷柔雁棲湖

「懷柔雁棲湖」，單單看一下這幾個字，就會讓人神往。「懷柔」指的是北京市懷柔區，屬於遠郊區，它的東邊是密雲縣、南邊是順義和昌平、西邊是延慶。北邊就是河北省，不屬於北京市管轄了。

根據歷史記載，早在1,300多年前，唐朝就已經有了「懷柔」這個名稱。明朝設置的懷柔縣與今天的懷柔區管轄範圍基本相同。在古代漢語中，懷是來的意思，柔是安撫的意思。「懷柔」這兩個字，就與現代的懷柔政策意義相同。

懷柔區，最早打開人們的視野是在1994年舉辦的第四屆世界婦女大會；而如今，這裡也將會是世界媒體聚焦的地方，因為2004年的APEC會議，預定將會在懷柔舉行。懷柔能夠承辦舉世矚目的會議，當然有其不凡的身價。

雁棲湖之所以得名，是因為每年春秋會有成群的大雁、仙鶴來此棲息。如果從北京開車得大約兩小時車程到達懷柔，所以如果是在東直門搭916到懷柔三中，再乘城北二路或乘936支直達懷柔，都得兩個小時以上。雁棲湖旅遊風景區距離懷柔縣城區還有八公里，可以說是並不近，沒車的想到這來玩必須很早出門。

懷柔區的北部五個鄉鎮，是北京密雲水庫的主要水源地。區內有四級以上河流17條，大中小型水庫16座，可以說是水上樂園。雁棲湖三面環山，北面據說還可以看到長城，西邊有紅螺寺，南邊是華北平原，東邊是元寶山、金燈山，景色優美。湖邊四周沒有甚麼屏障，湖面可以一望無際的盡收眼底。

懷柔雁棲湖。

　　雁棲湖四周有很多高級酒店，有大片綠地和戶外棚架可以閑坐；也可以沿著湖邊走到小山邊去看瀑布。湖邊經常有些孩子在嬉戲，水很深，有船來回穿梭。酒店內各種功能一應俱全，有大型歌舞廳，健身房，游泳池，大型運動場，高爾夫球練習場等等，全都整理的乾乾淨淨。

　　其實懷柔有名的風景區不只是雁棲湖，更有名的應該是紅螺寺。紅螺寺是千年古剎，建立於東晉咸康四年（西元338年），原名大明寺，後來因為有紅螺仙女的傳說，因而改名為紅螺寺。

　　紅螺仙女是誰？眾說不一。傳說是玉皇大帝的兩個女兒，來到人間遊玩，看見人間有座環境優雅的古寺，就住了下來。白天聽佛經，晚上化身成為兩個紅螺，躲在寺前的放生池裡面。後來這件事情被玉皇大帝發現，讓她們回到天庭。人間百姓為了紀念她們就把這裡的山稱為紅螺山，這裡的湖稱為紅螺湖，這裡的廟稱為紅螺寺。

　　每年春節，北京人都會來紅螺寺趕廟會，上香祈福。這裡是中國北方最大的佛教園林，也是千年的佛教聖地。康熙皇帝曾經親駕紅螺寺，並且擴建整修。紅螺寺景區總面積八百公頃，歷來對於這所古剎的傳說不斷，添增了很多神奇的故事。

　　據說，紅螺寺的開山始祖佛圖澄通曉靈異。他本姓帛氏，西域人，九歲出家，來到洛陽的時候已經七十九歲，後來來到襄國（河北省邢台市），幫助石勒建立趙國，石勒對他十分敬重。史上說他能夠「役使鬼神」，預知未來，還擅醫

術。享年一百一十七歲。據《高僧傳》記載，佛圖澄在後趙弘法30餘年，先後建寺達893所，紅螺寺即其中之一。

　　慈禧太后來看過紅螺寺後，對這裡的竹林大加讚賞，還題字贈送。事實上，紅螺寺周圍有各種樹木600多種，植物種類60多個，樹林內有著多種鳥類和野生小動物，林木覆蓋率達90%以上。東側的松林浴園生長著一千多畝茂盛的古松林樹，百年以上的古樹就逾萬株，是北京市重要的古樹群之一。

　　此外，大雄寶殿後面有一株數百年樹齡的平頂松，附近有兩株碗口粗的紫藤如龍蛇飛舞一樣繞生在松樹上，形成一個巨大的傘蓋，稱為紫藤寄松。每年春末夏初，藤蘿花如串串紫色珍珠一樣掛滿枝頭，碧綠的松枝與紫色的藤花相繼爭奇鬥豔，令遊人歎為觀止，也是紅螺寺一大景觀。

　　對紅螺寺有興趣的人，還可以看二十集的連續劇《紅螺寺傳奇》。劇情描寫乾隆年間兩大奇案。主人公紀御使的兒子紀東本，是一名閉門讀書的官宦子弟。他的人生理想是搏取功名，報效朝庭。但意外的變故讓他莫名其妙的捲入了一系列的案件中，其父也因此被革職。在紅螺女紅羽及紅顏知己蘭欣的幫助下，破譯了《心經》，揭露了惡人的陰險面目。

　　雁棲湖向北大約五公里處，還有一個「九谷口夾扁樓」。九谷口是個地名，而「夾扁樓」則是一個烽火台。位於懷北鎮的河防口。據說這裡在明清時代是軍事重鎮，目前已經開發成為風景區，有曲廊餐廳、別墅小屋、沙灘運動場、滑草場、熱氣球、農家套餐，還可以垂釣虹鱒和燒烤。

　　離開懷柔以前，還可以去一趟「星美影視基地」。原來，中國懷柔影視基地又稱中國影都，位於北京市懷柔區楊宋鎮。中國的電影製作都是在這裡完成的。星美小鎮影視基地，是中國北方最大的影視節目外景和後期製作基地。這裡拍攝過《大宅門》等100多部電影電視。外景區以仿明清建築為主，還有江南水鄉、北方小鎮、御花園等，就像台北的中影文化城，進去參觀有時候還可以遇見大明星。

上圖　紅螺寺一景。
下圖　紅螺寺仙女的雕像
　　　與噴泉。

【後記】

兩岸需要高級翻譯

　　北京于總是個臺灣通，多年來與台商打交道，經常應邀訪台演講。有一回聊天，他提到一句話很有意思：「我常在兩岸當翻譯。」這話乍聽之下有些蒙。兩岸不是都說普通話嗎？哪會聽不懂還要翻譯？但經過這幾年在北京居住，特別是有許多來自臺灣的鄉親父老來京短暫停留或經商，他們的經歷，讓人了解到，的確是需要有人協助他們做個「兩岸翻譯」。

　　原因在哪兒？詞彙不同是個基本的原因；更多的是背後的思維方式不同。舉個很簡單的例子，前兩天應邀作客《海峽衛視》，主持人提到一個問題，說是有陸客到臺灣迷了路，就問街邊的人路怎麼走？年輕人立即拿出手機Google一下找到方位，再仔細告訴對方，大陸人回應了一句話：臺灣人怎麼那麼「簡單」？

　　這個回饋如果是臺灣人聽到肯定心裡不爽。我這麼辛苦幫你忙，你還說我「簡單」？「簡單」一詞使人聯想到「頭腦簡單、四肢發達」。如果用於形容一個人很「簡單」，那是一個損人的代名詞。比方說，這麼「簡單」你還不懂，簡直是白癡。這句話在臺灣是常用的，尤其是年輕人的聚會裡，表示對方沒腦筋，很笨。

　　接著，主持人又問，大陸人很「複雜」嗎？這句話我無言以對。我沒有對大陸的朋友說過：你很複雜。不知道對方的感覺是甚麼，也好像沒有聽過人這樣在街上說過。「複雜」，北京人可能會翻譯為：這人想法太多。但是如果臺灣人說這個人很複雜，表示這個人背景不單純，與思考複雜不複雜沒甚麼關係。在臺灣人的思維裡，這個人不「簡單」！表示很肯定對方有卓越的成就；這個人有點「複雜」！表示這個人來龍去脈交代不清或思路有問題。

　　再舉一個經常用的例子。比方在大陸，一件事情想徵詢對方的意見會問：

「這件事，您怎麼看？」這個問句如果是臺灣人聽見，理解會是：這件事我不同意，或是我的看法不能苟同，但是想聽聽你是否也不同意。但大陸這裡的問話，並沒有事先預設立場的意思，只是很正常的想知道對方的看法而已。所以，每當學生在QQ裡問我一句，您怎麼看，我雖然有些不太高興，但是也知道對方沒有抬高自己身分或者鄙視我的意思。

于總舉出最經典的例子是，每當他把台商介紹給大陸朋友，台商總會介紹自己：我們公司「小小的」。于總聽了很生氣──「小小的」還來大陸做甚麼？要來大陸做生意就要把自己說的很牛，甚麼叫「小小的」？這話就像我剛來北京，吃完飯總贊一句「好好吃」，讓主人認為很「小家子氣」一樣。但如果以臺灣人的想法，我的企業無論再大，也還有更大的，所以永遠會說，我家「小小的」，公司也「小小的」，做個「小小的」生意。可這「小小的生意」也許每年的稅後盈餘都上億。

隨著大幅度的開放，以及隨後兩岸事業的交叉經營，「高級翻譯」的工作可能愈顯重要。簡單的詞彙可以藉助「兩岸大辭典」來翻譯，但是真正文化上的差異性所產生的誤解，有時候會造成很冗長的解釋過程，或者更麻煩的，會造成雙方的誤會。這些語法上的差異，很難用翻譯機或大辭典來解釋清楚，需要借助時間和人力。

再舉一個例子，大陸最近與很多臺灣中南部的農漁業者簽約，名為「讓利」。這個名詞在大陸可能是個純商業的想法，「讓利」就是多買點東西，讓老百姓的產品可以有個去處。但這個字眼給臺灣人聽來，就不是滋味，有「佈施」、「救濟」的含意在裡面。臺灣人更多的是喜歡聽到「互惠」、「互利」、「雙贏」而不是「讓利」。

「高級翻譯」必須很細心的觀察兩岸所想的是否有顯著的差異，所以這樣的人要能深切的瞭解兩岸的語詞與文化，充當橋樑，在某些交往不順暢的時候，找出癥結點來，化誤解於無形。

我們需要更多和事佬，或者蘇秦和張儀。

http://blog.ifeng.com/2437033.html（鳳凰博客）

感謝

　　這是我平生著作的第二十六本書,也是我長期居住在北京的第九年。能夠完成這本過去八年的點滴心得,首先要感謝我已逝去的父母。他們是道地的北京人,從小讓我熟知北京的一切,而今他們音容宛在,我也夜夜在夢中與他們相會。希望這本書能夠告慰他們在天之靈。天知道他們是多麼期望有一天能回來看看。

　　其次要感謝我高中的國文老師董桂生。我從高中開始練習寫散文,從大學開始正式寫日記至今,若是有些許成就,文字的功夫,都得力於恩師在校時候的啓迪。畢業後我經常去看她老人家,總是在黃昏前離開她家,她思念故國尤甚,總不會忘記她掛在口邊的一句陸游的詩:「王師北定中原日,家祭勿忘告乃翁。」董老師,您的弟子這本書,是感謝您四十年前的提攜。

　　接著要感謝的是我的老公鄧文祥。九年前我離開台北安康的窩,隻身來到北京,其他人都在狐疑我們是怎麼了?但老公在城光教會分享的時候說,他支持老婆到北京,視野開闊,還可以藉著教育培訓的工作,北自克拉瑪依,南到海口到處講課,欣賞人文。由於他的支持,沒有後顧之憂,我才能獨自在神洲徜徉。

　　當然要感謝教會給我的支柱。我知道鄺牧師和師母經常為我禱告,上帝聽見他們的聲音,賜我出入平安,福恩滿溢。同時在寫作過程當中,往往不知道該如

何下筆，躊躇滿志的當下，就會有神來之筆，讓靈感如泉水湧來，多少次禱告都無法平復我心中那份感恩。感謝奇異恩典。

　　本書完成，還要謝謝三朵的宜靜，她在偶而看見一篇旺報羅印沖的報導中，得知我有意願寫一本為臺灣人更了解北京的書。而這時，也正好是春節前後的空檔期，才能讓我在天時地利人和的情況下，順利快捷的寫完這個作品。這本書完成後，多經磨難才能出版，非常感謝旺報宋秉忠副總編輯的推薦，最後才能由秀威資訊順利出版，可謂好事多磨。也感謝秀威的編輯群努力不懈地從我上千張的圖片中不斷修正配圖。最後還多虧北京王金嶺（王金岭）先生賜助，將他的一些美照分享到本書當作插圖，讓本書更加豐富多彩。

　　但願，這本書能為兩岸和平發展、了解溝通做出一點微薄的貢獻。

2015年春・北京

釀旅人16　PE0076

 發現新北京
　　──深度探索胡同人家的百種風貌

作　　者	石詠琦
攝　　影	石詠琦、王金嶺
責任編輯	陳思佑
圖文排版	賴英珍、張慧雯
封面設計	蔡瑋筠

出版策劃	釀出版
製作發行	秀威資訊科技股份有限公司
	114 台北市內湖區瑞光路76巷65號1樓
	電話：+886-2-2796-3638　傳真：+886-2-2796-1377
	服務信箱：service@showwe.com.tw
	http://www.showwe.com.tw
郵政劃撥	19563868　戶名：秀威資訊科技股份有限公司
展售門市	國家書店【松江門市】
	104 台北市中山區松江路209號1樓
	電話：+886-2-2518-0207　傳真：+886-2-2518-0778
網路訂購	秀威網路書店：http://www.bodbooks.com.tw
	國家網路書店：http://www.govbooks.com.tw
法律顧問	毛國樑　律師
總 經 銷	聯合發行股份有限公司
	231新北市新店區寶橋路235巷6弄6號4F
	電話：+886-2-2917-8022　傳真：+886-2-2915-6275

出版日期	2015年5月　BOD一版
定　　價	450元

國家圖書館出版品預行編目

發現新北京：深度探索胡同人家的百種風貌 / 石詠琦著. --
一版. -- 臺北市：釀出版, 2015.05
　　面；　公分. --(釀旅人 ; PE0076)
BOD版
ISBN 978-986-445-005-3(平裝)

1. 人文地理　2. 北京市

671.094　　　　　　　　　　　　　　　104006486

讀者回函卡

感謝您購買本書，為提升服務品質，請填妥以下資料，將讀者回函卡直接寄回或傳真本公司，收到您的寶貴意見後，我們會收藏記錄及檢討，謝謝！
如您需要了解本公司最新出版書目、購書優惠或企劃活動，歡迎您上網查詢或下載相關資料：http:// www.showwe.com.tw

您購買的書名：＿＿＿＿＿＿＿＿＿＿＿＿＿＿＿＿＿＿＿＿＿＿＿＿＿＿＿

出生日期：＿＿＿＿＿＿年＿＿＿＿＿＿月＿＿＿＿＿日

學歷：□高中 (含) 以下　　□大專　　□研究所 (含) 以上

職業：□製造業　□金融業　□資訊業　□軍警　□傳播業　□自由業
　　　□服務業　□公務員　□教職　　□學生　□家管　　□其它＿＿＿＿

購書地點：□網路書店　□實體書店　□書展　□郵購　□贈閱　□其他

您從何得知本書的消息？

　□網路書店　□實體書店　□網路搜尋　□電子報　□書訊　□雜誌
　□傳播媒體　□親友推薦　□網站推薦　□部落格　□其他＿＿＿＿＿＿＿

您對本書的評價：（請填代號　1.非常滿意　2.滿意　3.尚可　4.再改進）

　封面設計＿＿　版面編排＿＿　內容＿＿　文／譯筆＿＿　價格＿＿

讀完書後您覺得：

　□很有收穫　□有收穫　□收穫不多　□沒收穫

對我們的建議：＿＿＿＿＿＿＿＿＿＿＿＿＿＿＿＿＿＿＿＿＿＿＿＿＿＿

＿＿＿＿＿＿＿＿＿＿＿＿＿＿＿＿＿＿＿＿＿＿＿＿＿＿＿＿＿＿＿＿＿＿

＿＿＿＿＿＿＿＿＿＿＿＿＿＿＿＿＿＿＿＿＿＿＿＿＿＿＿＿＿＿＿＿＿＿

＿＿＿＿＿＿＿＿＿＿＿＿＿＿＿＿＿＿＿＿＿＿＿＿＿＿＿＿＿＿＿＿＿＿

11466
台北市內湖區瑞光路 76 巷 65 號 1 樓

秀威資訊科技股份有限公司　　收

　　　　　BOD 數位出版事業部

‥‥‥‥‥‥‥‥‥‥‥‥‥‥‥‥‥‥‥‥‥‥‥‥‥‥‥‥‥‥‥

（請沿線對折寄回，謝謝！）

姓　　名：＿＿＿＿＿＿＿＿　年齡：＿＿＿＿　性別：□女　□男

郵遞區號：□□□□□

地　　址：＿＿＿＿＿＿＿＿＿＿＿＿＿＿＿＿＿＿＿＿＿＿＿＿

聯絡電話：(日) ＿＿＿＿＿＿＿＿＿＿　(夜) ＿＿＿＿＿＿＿＿＿＿

E - m a i l：＿＿＿＿＿＿＿＿＿＿＿＿＿＿＿＿＿＿＿＿＿＿＿＿